CLASSIQUES JAUNES

Littératures francophones

Écrits sur les États-Unis

Réimpression de l'édition de Paris, 2012.

Condorcet

Écrits sur les États-Unis

Édition critique par Guillaume Ansart

PARIS
CLASSIQUES GARNIER
2021

Guillaume Ansart est spécialiste du siècle des Lumières. Il a consacré dans un premier temps ses travaux aux romans du XVIIIe siècle selon une double perspective formelle et sociologique. Il a étendu son champ d'étude à l'histoire des idées et à l'étude des théories politiques, plus particulièrement dans les œuvres de Raynal, Condorcet et Diderot. Nous lui devons notamment *Libertés des Lumières*.

Couverture :
« Surrender of Lord Cornwallis » par John Trumbull, 1817
Propriété du gouvernement américain, Washington D.C.

ISBN 978-2-8124-1835-8
ISSN 2417-6400

ABRÉVIATIONS

Édition Mazzei : Condorcet, *Influence de la Révolution de l'Amérique sur l'Europe*, « Supplément », dans Filippo Mazzei, *Recherches historiques et politiques sur les États-Unis de l'Amérique Septentrionale*, 4 vol., Colle (Virginie) et Paris, chez Froullé, 1788, t. 4, p. 237-283, 284-364.

Édition Cabanis : *Œuvres complètes de Condorcet*, éd. Mme M.-L.-S. de Condorcet, A.-A. Barbier, P.-J.-G. Cabanis et D.-J. Garat, 21 vol., Brunswick, chez Vieweg, et Paris, chez Henrichs, Fuchs, Kœnig, Levrault et Schoell, 1804.

Édition Arago (*OC*) : *Œuvres de Condorcet*, éd. A. Condorcet O'Connor et M. F. Arago, 12 vol., Paris, Firmin Didot, 1847.

SE : Condorcet, *Sur les élections, et autres textes*, textes choisis et revus par O. de Bernon, Paris, Fayard, 1986.

INTRODUCTION

Condorcet et l'Amérique

Condorcet (1743-1794), le dernier des grands philosophes des Lumières, était un fervent américaniste, l'un des plus éminents parmi les nombreux intellectuels libéraux français qui accueillirent l'indépendance américaine avec un enthousiasme sans réserve[1]. Dans une certaine mesure, ses écrits sur les États-Unis présentent un reflet caractéristique de leur époque. La France de la fin du dix-huitième siècle, particulièrement l'intelligentsia progressiste et réformiste des philosophes – écrivains, hommes de science, membres des académies, administrateurs éclairés, etc. qui prônaient le plus énergiquement les valeurs rationalistes des Lumières –, fut prise d'un engouement pour la Révolution américaine qui donna lieu, pendant la période allant du début de la rébellion dans les colonies anglaises jusqu'aux premiers mois de la Révolution française, à la publication d'un riche corpus d'œuvres sur les États-Unis. Ce corpus comprend essentiellement deux types de textes : des relations écrites par des observateurs directs de la société américaine (volontaires, officiers du corps expéditionnaire français, voyageurs, diplomates, etc.), et des ouvrages de nature plus purement politique ou philosophique, dont les auteurs n'avaient pas d'ordinaire une connaissance directe des États-Unis mais s'appuyaient sur des sources écrites ou d'autres informations de seconde main. Parmi les plus importants récits d'observateurs directs de l'Amérique à cette époque, il faut citer les *Lettres d'un cultivateur américain* de Saint John de Crèvecœur (1784, version remaniée de l'original paru en anglais en 1782 sous le titre *Letters from an American Farmer*), *Voyages dans l'Amérique Septentrionale* (1786) par le marquis de Chastellux, officier dans l'armée de Rochambeau, et *Nouveau voyage dans les États-Unis de l'Amérique Septentrionale* (1791), dans lequel Brissot de Warville, le futur

1 Outre Condorcet, les américanistes les plus en vue à la veille de la Révolution étaient Lafayette, bien sûr, Brissot de Warville, Dupont de Nemours, le duc de La Rochefoucauld d'Enville, Crèvecœur, et le marquis de Chastellux.

leader girondin, retrace son voyage aux États-Unis en 1788. Dans la catégorie des ouvrages plus purement politiques figurent les chapitres sur l'Amérique coloniale et la Révolution américaine de l'*Histoire philosophique et politique des établissements et du commerce des Européens dans les deux Indes* (1770-1780) de l'abbé Raynal[1], *Observations sur le gouvernement et les lois des États-Unis d'Amérique* (1784) de l'abbé de Mably, et les *Recherches historiques et politiques sur les États-Unis de l'Amérique Septentrionale* (1788) de l'entrepreneur et diplomate italien, ami et voisin de Jefferson en Virginie, Filippo Mazzei[2].

Les écrits de Condorcet sur les États-Unis appartiennent à ce dernier groupe de textes, œuvres politiques dont les auteurs, à l'exception notable de Mazzei, n'avaient jamais voyagé en Amérique. Néanmoins, Condorcet, qui avait une bonne connaissance de l'anglais, était très bien informé sur les réalités américaines. Certes, comme la plupart des philosophes, il était idéologiquement prédisposé à l'adoption de positions pro-américaines pouvant aller jusqu'à l'idéalisation, jusqu'à voir dans les États-Unis une nouvelle terre promise où règnerait enfin la philosophie. En même temps, il avait une connaissance approfondie de l'histoire américaine récente. De nombreuses sources d'information étaient à sa disposition. Des sources imprimées : la littérature de voyage en français qui vient d'être mentionnée ; livres et journaux en provenance d'Angleterre ou des États-Unis ; les documents politiques de la Révolution

1 Raynal n'est pas le seul auteur de l'*Histoire des deux Indes*. Plusieurs autres collaborateurs y ont contribué, tout particulièrement Diderot (voir M. Duchet, *Diderot et l'*Histoire des deux Indes *ou l'Écriture fragmentaire*, Paris, Nizet, 1978). Dans l'édition « définitive » de 1780, les chapitres 1 à 5 et 18 à 30 du livre XVII et 1 à 37 du livre XVIII se rapportent à l'Amérique coloniale ; les chapitres 38 à 52 du livre XVIII traitent de la Révolution américaine. Voir Guillaume-Thomas Raynal, *Histoire philosophique et politique des établissements et du commerce des Européens dans les deux Indes*, 10 vol., Genève, Jean-Léonard Pellet, 1780. La première édition critique de l'*Histoire des deux Indes*, préparée par une équipe internationale de chercheurs sous la direction d'Anthony Strugnell, est en cours de publication par le Centre international d'étude du XVIIIe siècle, Ferney-Voltaire.

2 Filippo Mazzei, *Recherches historiques et politiques sur les États-Unis de l'Amérique Septentrionale*, 4 vol., Colle (Virginie) et Paris, chez Froullé, 1788. Cette histoire des États-Unis, l'une des premières, consacre deux de ses quatre volumes à réfuter les réserves émises par Raynal et Mably concernant l'avenir de la nouvelle république. Deux essais de Condorcet sont insérés dans les deux autres volumes : *Influence de la Révolution de l'Amérique sur l'Europe* (t. 4, p. 237-283), et *Lettres d'un bourgeois de New Haven à un citoyen de Virginie, sur l'inutilité de partager le pouvoir législatif entre plusieurs corps* (t. 1, p. 267-371), un texte théorique important sur le choix social, que cependant nous n'incluons pas dans la présente édition car il ne porte pas directement sur les États-Unis.

américaine, qui furent disséminés en France très rapidement – dès 1777, des traductions françaises de la *Déclaration d'indépendance*, des *Articles of Confederation*, et des constitutions de plusieurs états avaient été publiées, et en 1787, le texte du projet de constitution fédérale fut traduit pour la première fois deux mois seulement après sa signature[1]. De plus, il pouvait facilement consulter ses amis qui avaient séjourné en Amérique, comme Lafayette, Mazzei ou Brissot, et ses contacts américains à Paris. Franklin s'était rendu en France en 1767 et 1769 avant de s'établir à Paris pour un séjour de presque dix ans (1776-1785) et Condorcet le connaissait fort bien. Ils étaient tous deux membres de l'Académie Royale des Sciences. Condorcet était encore plus proche de Jefferson, qui vécut à Paris de 1784 jusqu'à l'automne 1789 et succéda à Franklin en tant qu'ambassadeur des États-Unis en France, et de Thomas Paine, qui vint à Paris pour la première fois en 1781 et fit de longs séjours en France à partir de 1787[2]. Paine, à qui la nationalité française avait été accordée, fut comme Condorcet membre de la Convention Nationale en 1792-1793, et l'un et l'autre faisaient partie de son comité chargé de rédiger une nouvelle constitution. En tant que membre de l'*American Philosophical Society*, Condorcet avait également accès à des collègues aux États-Unis avec lesquels il pouvait correspondre. Enfin, son poste de secrétaire perpétuel de l'Académie des Sciences lui assurait un vaste réseau international de relations. De tous les auteurs français de l'époque qui s'intéressèrent à la Révolution américaine, il était certainement l'un des mieux informés. Aussi ses écrits sur les États-Unis se distinguent-ils par la pénétration et l'originalité de leur analyse.

D'autres facteurs relèvent encore la portée de ces textes. Condorcet fut le seul des grands philosophes à vivre jusqu'à la Révolution et à y participer activement. Son envergure et son influence en tant que théoricien du droit constitutionnel se sont avérées considérables. Ayant

1 Voir D. Echeverria, *Mirage in the West : A History of the French Image of American Society to 1815*, New York, Octagon Books, 1966 (1957), p. 71, 162, et D. Lacorne, *L'invention de la république. Le modèle américain*, Paris, Hachette, 1991, p. 78-79, 196-197 (n. 113).

2 Sur Condorcet et Jefferson, voir M. Albertone, « Condorcet, Jefferson et l'Amérique », *Condorcet, homme des Lumières et de la Révolution*, édit. A.-M. Chouillet et P. Crépel, Fontenay/Saint-Cloud, ENS Éditions, 1997, p. 187-199. Sur Condorcet et Paine : A. O. Aldridge, « Condorcet et Paine : Leurs rapports intellectuels », *Revue de littérature comparée*, n° 32, 1958, p. 49-65. Condorcet connaissait aussi John Adams, mais les deux hommes étaient en profond désaccord en matière politique. Voir D. Huggins, « John Adams et ses réflexions sur Condorcet », dans Chouillet et Crépel, *Condorcet*, p. 207-221.

graduellement élaboré une philosophie politique républicaine, radicale et constitutionaliste rejetant aussi bien le réformisme conservateur d'un Lafayette que la politique terroriste des Jacobins, il joua un rôle essentiel dans les débats constitutionnels qui précédèrent la Terreur. Il siégea à l'Assemblée Législative en 1791-1792 (comme président en février 1792) et à la Convention Nationale en 1792-1793. Surtout, il fut le principal architecte du projet de constitution présenté à la Convention en février 1793, qui ne fut en fait jamais soumis au vote des députés, mais qui n'en eut pas moins plus tard une influence importante : la constitution dite girondine[1].

Pourtant, malgré la portée et l'influence de l'œuvre constitutionnelle de Condorcet, ses réflexions sur les États-Unis sont restées dans un relatif oubli depuis deux siècles[2]. Par la présente édition, nous espérons aider

1 Les neuf membres du comité de constitution de la Convention étaient : Condorcet, Paine, Sieyès, Brissot, Danton, Barère, Pétion, Vergniaud et Gensonné. Sur la constitution girondine, voir : *Plan de constitution, présenté à la Convention nationale les 15 et 16 février 1793*, *OC*, t. 12, p. 333-501 ; et également D. Williams, *Condorcet and Modernity*, Cambridge, Cambridge University Press, 2004, p. 266-276 ; K. M. Baker, *Condorcet, raison et politique*, Paris, Hermann, 1988, p. 417-429 ; V. G. Rosenblum, « Condorcet as Constitutional Draftsman », *Condorcet Studies I*, édit. L. C. Rosenfield, Atlantic Highlands (New Jersey), Humanities Press, 1984, p. 187-205 ; L. Cahen, *Condorcet et la Révolution française*, Paris, Alcan, 1904, p. 467-515 ; F. Alengry, *Condorcet, guide de la Révolution française, théoricien du droit constitutionnel et précurseur de la science sociale*, Paris, Giard et Brière, 1903, p. 189-309. Sur l'influence posthume de Condorcet et de la Girondine, voir : B. Gainot, « La réception de Condorcet dans les milieux néo-jacobins sous le Directoire », dans Chouillet et Crépel, *Condorcet*, p. 263-271 ; K. M. Baker, « Condorcet », *Dictionnaire critique de la Révolution française*, édit. F. Furet et M. Ozouf, 4 vol., Paris, Flammarion, 1992, t. 1 (« Acteurs »), p. 122-127 ; Alengry, *Condorcet*, p. 338-354.

2 La question de la réception de l'œuvre de Condorcet au XIXe siècle (et après) est complexe. Ses idées radicales et républicaines en ont souvent fait une figure controversée. – Son projet de science sociale rationnelle est resté une référence fondamentale pour les idéologues sous le Directoire et l'Empire. Plus tard, Saint-Simon et Comte ont prétendu reprendre et développer sa philosophie du progrès, mais ils l'infléchissaient dans une direction étrangère à l'esprit de Condorcet. Sa théorie des élections a connu quelques prolongements chez Laplace et Poisson, avant d'être redécouverte dans la seconde moitié du XXe siècle. Seules ses réflexions sur l'instruction publique sont demeurées influentes à travers tout le XIXe siècle. – Parmi les textes politiques, les écrits sur les États-Unis semblent être tombés rapidement dans l'oubli. Constant, habitué du salon de Mme de Condorcet depuis avant la Révolution et des grands penseurs libéraux du XIXe siècle le plus proche de Condorcet, indique sa dette envers le philosophe dans ses analyses célèbres des différences entre la liberté des anciens et celle des modernes (voir Benjamin Constant, *De l'esprit de conquête et de l'usurpation, dans leurs rapports avec la civilisation européenne* [1814], éd. É. Harpaz, Paris, GF-Flammarion, 1986, p. 165 [note] [seconde partie, chap. VII : « De l'espèce de liberté qu'on a présentée aux hommes à la fin du siècle dernier »], et « De la

à rendre la place qu'ils méritent dans l'histoire des idées à ces exemples essentiels de la pensée libérale française à la veille et au début de la Révolution. Les études révolutionnaires, dans le domaine français aussi bien qu'américain, devraient bénéficier de ce réexamen tardif. Voilà des œuvres d'un philosophe majeur, d'un théoricien du droit constitutionnel de tout premier plan, qui confirment de la manière la plus claire l'impact qu'a eu la Révolution américaine sur la Révolution française. En même temps, les observations de Condorcet sur l'Amérique font ressortir une importante différence d'orientation entre les deux révolutions. Montesquieu a bien sûr été une référence et une source d'inspiration constantes dans les débats constitutionnels américains[1]. De même, les écrits de Condorcet sur les États-Unis abondent en références à *De l'esprit des lois* (1748). Mais leur teneur est presque toujours critique. Étudier comment Condorcet, l'un des penseurs les plus influents de la fin du dix-huitième siècle, a interprété, évalué ou critiqué la science politique de Montesquieu dans le cadre de ses textes américanistes devrait contribuer à une meilleure compréhension aussi bien des divergences que des convergences entre les Révolutions américaine et française.

L'attitude critique de Condorcet vis-à-vis des principes constitutionnels de Montesquieu était dans une certaine mesure représentative du climat politique en France à la fin des années 1780 et au début des années 1790. Encore très admiré comme ennemi implacable du despotisme et de l'intolérance, Montesquieu avait été critiqué, par Rousseau et Turgot entre autres, pour son trop grand respect des traditions établies et sa réticence à recommander de profondes réformes. Sa nette préférence, en termes constitutionnels, pour une monarchie dans laquelle une noblesse privilégiée joue le rôle de pouvoir intermédiaire modérateur ne faisait que renforcer l'image conservatrice qui était la sienne parmi les réformateurs libéraux. Si bien que dès la fin de l'année 1789, il était

liberté des anciens comparée à celle des modernes » [1819], dans *De l'esprit de conquête et de l'usurpation*, p. 270) ; mais il ne fait aucune mention, dans ses œuvres politiques, des textes de Condorcet sur les États-Unis. Quant à Tocqueville, il ne fait jamais allusion à Condorcet dans *De la démocratie en Amérique* (1835-1840). Ce silence n'a d'ailleurs rien de surprenant si l'on considère son attitude généralement critique vis-à-vis des philosophes (voir *L'Ancien Régime et la Révolution* [1856], liv. III, chap. I).

1 D. S. Lutz a établi la prééminence de Montesquieu comme auteur de référence dans la littérature révolutionnaire américaine ; voir « The Relative Influence of European Writers on Late Eighteenth-Century American Political Thought », *American Political Science Review*, vol. 78, n° 1, 1984, p. 189-197.

clair que le modèle anglais vanté dans l'*Esprit des lois* et la *Constitution de l'Angleterre* (1771) de Jean-Louis de Lolme ne semblait pas une option désirable à la majorité des révolutionnaires français[1]. Après la chute de la monarchie en août 1792, il n'est plus resté à ceux qui continuaient à demander des réformes fondamentales que deux partis possibles, ceux que Benjamin Constant appellerait plus tard la liberté des modernes et la liberté des anciens[2] : la vision résolument moderne de Condorcet, basée sur la reconnaissance des droits universels de l'individu et sur le progrès devant résulter d'une politique démocratique au service de la raison, ou une transposition de l'esprit communautaire et volontariste des républiques anciennes, conjuguée au culte jacobin de la nature, inspirés en partie par Rousseau[3]. Comme on sait, la liberté des anciens, avec Robespierre et la Montagne, l'a finalement, mais seulement temporairement, emporté après l'échec de la constitution girondine au printemps 1793. Ainsi, les analyses de Condorcet sur la Révolution américaine, qui l'ont aidé à élaborer ses principes constitutionnels, peuvent être considérées comme anticipant sur une période cruciale de l'histoire révolutionnaire, comprise entre la chute de la monarchie et la Terreur.

Influence de la Révolution de l'Amérique sur l'Europe (1786) fut initialement écrit en réponse à un prix proposé par l'abbé Raynal, l'auteur de l'*Histoire des deux Indes*, sur la question suivante : « La découverte de l'Amérique a-t-elle été nuisible ou utile au genre humain[4] ? » Le premier et le plus important des ouvrages de Condorcet sur l'Amérique, il se distingue par son universalisme radical et la ferme conviction qui s'y exprime que les États-Unis vont s'avérer un puissant agent de progrès dans le monde. Le texte regarde résolument vers l'avenir : Condorcet

1 Voir : B. Manin, « Montesquieu », dans Furet et Ozouf, *Dictionnaire de la Révolution française*, t. 4 (« Idées »), p. 315-338 ; J. Appleby, « America as a Model for the Radical French Reformers of 1789 », *William and Mary Quarterly*, vol. 28, n° 2, 1971, p. 267-286. La défaite des Monarchiens, partisans d'une constitution à l'anglaise, est survenue les 10 et 11 septembre 1789, lorsque l'Assemblée Nationale se prononça contre la division du corps législatif en deux chambres et contre le veto royal illimité.

2 Constant, « De la liberté des anciens comparée à celle des modernes », dans *De l'esprit de conquête et de l'usurpation*, p. 265-291.

3 Voir K. M. Baker, « Political languages of the French Revolution », *The Cambridge History of Eighteenth-Century Political Thought*, édit. M. Goldie et R. Wokler, Cambridge, Cambridge University Press, 2006, p. 626-659, et du même auteur, « Condorcet », dans Furet et Ozouf, *Dictionnaire de la Révolution française*, t. 1 (« Acteurs »), p. 113-128.

4 *Influence de la Révolution de l'Amérique sur l'Europe*, « Introduction », p. 50 *infra*.

s'occupe moins de facteurs historiques que de principes politiques généraux, il s'intéresse moins au passé qu'à la signification de l'émergence des États-Unis pour l'avenir de l'humanité.

De manière symptomatique, ce premier essai débute par une évocation poétique sur le thème de la recherche de la vérité[1]. Car s'il n'est guère dans les habitudes de Condorcet de citer les poètes, l'un des traits saillants de sa pensée politique est certainement un souci constant de s'appuyer sur des valeurs universelles. Mathématicien de formation, il n'a jamais perdu son goût de l'abstraction. La structure d'ensemble de l'*Influence de la Révolution de l'Amérique sur l'Europe* est tout à fait révélatrice à cet égard : l'auteur commence par poser une série de principes politiques généraux et universellement valides, et poursuit en examinant comment les lois et le gouvernement des États-Unis illustrent ces principes et comment ces mêmes principes, tels qu'ils s'incarnent dans la Révolution américaine, peuvent influencer les affaires de l'Europe en général et de la France en particulier.

L'essentiel de l'introduction est consacré à une réflexion sur les meilleurs moyens d'assurer le bonheur collectif d'une nation. Comme la plupart des philosophes, Condorcet considérait le bonheur public la mesure ultime de la légitimité de tout gouvernement. Pour lui, cependant, le bonheur public n'est pas une notion relative qui dépend du climat, des mœurs ou de l'opinion publique ; il repose avant tout sur le respect de « la règle immuable de la justice », c'est-à-dire le respect de quelques droits naturels inaliénables. L'opinion publique peut être tyrannique et fondée sur des préjugés, elle peut mettre en danger les droits naturels. D'accord en cela avec les physiocrates et son mentor Turgot, Condorcet était convaincu qu'une opinion publique éclairée et rationnelle est la seule forme valide d'opinion publique[2]. Seule une opinion publique éclairée peut donner une plus grande légitimité aux lois et aux institutions politiques car seule une opinion publique éclairée

1 *Révolution de l'Amérique*, « Introduction », p. 49 *infra*.

2 Par contre, le concept d'esprit général chez Montesquieu (voir *De l'esprit des lois*, livre XIX) et les positions de Diderot, très proches de celles de Montesquieu, sur le rôle de l'opinion publique (telles qu'elles s'expriment, par exemple, dans les chapitres 35 et 39 du livre XVIII de l'*Histoire des deux Indes*, sur l'Amérique) font une part bien plus grande à l'influence de la tradition nationale. Voir notre étude, « Variations on Montesquieu : Raynal and Diderot's *Histoire des deux Indes* and the American Revolution », *Journal of the History of Ideas*, vol. 70, n° 3, 2009, p. 399-420, en particulier p. 407-408.

peut contribuer à réaliser la seule fin légitime de tout gouvernement : assurer aux citoyens la jouissance de leurs droits naturels. Ces derniers sont, par ordre d'importance :

1. la liberté et la sûreté des personnes ;
2. la sûreté des biens ;
3. l'égalité devant la loi : les lois doivent être générales et universelles, c'est-à-dire s'appliquer à tous les citoyens sans aucun arbitraire ;
4. la participation au gouvernement, soit directement, soit par l'élection de représentants[1].

Il est à noter que ce qui définit la démocratie au sens le plus étroit, la participation au gouvernement, arrive en dernier dans la courte liste proposée par Condorcet. En effet, « dans une société très nombreuse, il doit arriver presque nécessairement que le dernier de ces droits se trouve presque nul pour le plus grand nombre des habitants d'un pays[2] », et il « n'est important pour la prospérité publique qu'autant qu'il assure la jouissance des autres[3] ». Par conséquent, « relativement au bonheur public, une république qui aurait des lois tyranniques peut être fort au-dessous d'une monarchie[4] ». Car les lois doivent être considérées « non comme l'expression de la volonté arbitraire du plus grand nombre mais comme des vérités déduites rationnellement des principes du droit naturel. En d'autres termes, la rationalité des lois a beaucoup plus d'importance que l'attribution du pouvoir législatif[5] ». La liberté, selon Condorcet, repose moins sur la démocratie au sens limité de gouvernement représentatif que sur l'autorité de la loi, son caractère rationnel, et ce que nous appelons aujourd'hui « la société civile ». Les conceptions modernes de la liberté, qui mettent l'accent sur les libertés individuelles, sont donc radicalement différentes de celles qui pouvaient avoir cours, par exemple, dans les républiques communautaires de l'antiquité. Cette idée joue un rôle

1 *Révolution de l'Amérique*, « Introduction », p. 51 *infra*.
2 *Révolution de l'Amérique*, « Introduction », p. 52 *infra*.
3 Condorcet, *Lettres d'un citoyen des États-Unis, à un Français, sur les affaires présentes* (1788), *OC*, t. 9, p. 102. Autre texte qui, malgré son titre, ne porte pas directement sur les États-Unis. Il y est surtout question de la situation politique en France en 1788.
4 *Révolution de l'Amérique*, « Introduction », p. 52 *infra*. Voir également *Idées sur le despotisme* (1789), section 17, p. 120 *infra*.
5 Baker, *Condorcet*, p. 278.

central dans la science politique de Condorcet : l'exemple des républiques anciennes est fondamentalement inutile lorsqu'il s'agit de construire la liberté dans le cadre de grandes nations modernes, la principale raison de cette disqualification étant que les anciens n'avaient aucune connaissance claire des droits naturels et donc aucune notion précise sur les libertés individuelles et civiles. Partisan déterminé de la liberté des modernes, Condorcet est à cet égard en profond désaccord avec Rousseau.

Outre la jouissance des droits naturels, Condorcet indique également d'autres moyens, moins essentiels, de parvenir au bonheur public. Ceux-ci ont trait à l'amélioration des conditions matérielles de l'existence et à la préservation de la paix avec les puissances étrangères. Parmi ces moyens secondaires, l'un d'entre eux est considéré particulièrement important, l'égalité dans la distribution des richesses : « C'est dans la distribution plus égale [des] jouissances que l'on doit chercher le bonheur public, c'est à maintenir ou à rétablir cette égalité entre les membres d'une nation sans nuire au droit de propriété, sans gêner l'exercice légitime de la liberté, que doivent tendre toutes les lois civiles, toutes celles qui ont le commerce pour objet[1]. » Ici, Condorcet semble d'accord avec Montesquieu en ce qui concerne le rôle crucial de l'égalité dans une république[2], ainsi qu'avec une image de l'Amérique établie de longue date, largement acceptée à la fin du dix-huitième siècle, et qui venait encore d'être relayée par Raynal et Diderot dans l'*Histoire des deux Indes* et par les *Lettres d'un cultivateur américain* de Crèvecœur : celle d'une société égalitaire. Condorcet est en effet persuadé que de grandes inégalités dans la distribution des richesses conduisent inévitablement à l'émergence de classes privilégiées et donc à une situation d'inégalité politique et sociale *de facto*. Les *Lettres d'un bourgeois de New Haven*, l'un de ses essais les plus célèbres, se terminent sur l'avertissement suivant :

> Nulle part le citoyen domestique, ouvrier, fermier d'un citoyen très riche, n'est son égal ; nulle part l'homme dégradé, abruti par la misère, n'est l'égal de l'homme qui a reçu une éducation soignée. Il s'établit donc nécessairement deux classes de citoyens partout où il y a des gens très pauvres et des gens très riches ; et l'égalité républicaine ne peut exister dans un pays où les lois civiles, les lois de finance, les lois de commerce rendent possible la longue durée des grandes fortunes[3].

---

1 *Révolution de l'Amérique*, « Introduction », p. 53 *infra*.

2 *De l'esprit des lois*, liv. V, chap. III-VII.

3 *Lettres d'un bourgeois de New Haven* (1787), *SE*, p. 271-272.

Cependant, dans son analyse de la Révolution américaine, Condorcet dirige plutôt son attention vers la forme plus abstraite – et plus essentiellement liée à la jouissance des droits naturels – d'égalité « républicaine » qui résulte de l'absence de rigide stratification en classes sociales ou états (tels que clergé, noblesse et tiers état sous l'Ancien Régime), avec des privilèges spéciaux attachés à certaines classes[1]. Le nivellement des classes sociales en Amérique aura des conséquences d'une portée considérable, prévoit Condorcet. Les valeurs aristocratiques, issues de la chevalerie et de l'esprit guerrier de la noblesse féodale, y sont condamnées à disparaître. Une nation telle que les États-Unis, sans aristocratie, sera nécessairement une nation paisible[2]. Le sens de l'honneur n'y sera plus la fausse prérogative d'une seule classe mais sera partagé par l'ensemble de la population[3]. Par conséquent, l'énergie ou l'ambition du peuple américain va s'orienter dans des directions utiles : le commerce, les sciences, les arts. De sorte que Condorcet est convaincu que les États-Unis se révèleront bientôt un facteur majeur de progrès des connaissances :

> L'Amérique offre un pays d'une vaste étendue, où vivent plusieurs millions d'hommes que leur éducation a préservés de préjugés, et disposés à l'étude, à la réflexion. Il n'y existe aucune distinction d'état, aucun attrait d'ambition qui puisse éloigner ces hommes du désir si naturel de perfectionner leur esprit, de l'employer à des recherches utiles, d'ambitionner la gloire qui accompagne les grands travaux ou les découvertes, et rien n'y retient une partie de l'espèce humaine dans une abjection qui la dévoue à la stupidité, comme à la misère. Il y a donc lieu d'espérer que l'Amérique, d'ici à quelques générations, en produisant presque autant d'hommes occupés d'ajouter à la masse des connaissances que l'Europe entière, en doublera au moins les progrès, les rendra au moins deux fois plus rapides. Ces progrès embrasseront également les arts utiles et les sciences spéculatives[4].

---

1 Tocqueville verra dans l'égalité des conditions l'essence même de la démocratie en tant que phénomène social. Voir le tout début de *De la démocratie en Amérique*, éd. F. Furet, 2 vol., Paris, GF-Flammarion, 1981, t. 1, p. 57 (Introduction).

2 *Révolution de l'Amérique*, chapitre deux, p. 67 *infra*.

3 Montesquieu lui-même, en définissant l'honneur comme le principe de la monarchie et le privilège d'une noblesse héréditaire, avait précisé que, philosophiquement parlant, cet honneur était faux (*De l'esprit des lois*, liv. III, chap. VII). Néanmoins, Condorcet ne laisse pas passer l'occasion d'une allusion critique à l'*Esprit des lois* : « Nous [les Européens] disions il n'y a pas encore longtemps, que le sentiment de l'honneur ne peut exister dans toute sa force que dans certains états, et qu'il fallait avilir la plus grande partie d'une nation afin de donner au reste un peu plus d'orgueil. » (*Révolution de l'Amérique*, chapitre premier, p. 62 *infra*)

4 *Révolution de l'Amérique*, chapitre trois, p. 68 *infra*. Benjamin Franklin fournissait bien sûr à Condorcet une illustration parfaite de ce que pouvait être ce nouveau type d'homme,

Ainsi, la position théorique initiale de Condorcet, selon laquelle le bonheur public est surtout fonction de la jouissance des droits naturels par des citoyens socialement égaux, trouve son illustration la plus complète dans la Révolution américaine et ses déclarations de droits. Son universalisme radical le porte naturellement à juger l'exemple de liberté politique donné par les Américains de très loin supérieur à celui des Anglais. Pour devenir rationnelle, la politique devait se libérer du poids de l'histoire et de la tradition. Certains, comme Raynal et Diderot dans l'*Histoire des deux Indes*, pouvaient voir dans les États-Unis un prolongement de la longue pratique anglaise de la liberté, Condorcet, quant à lui, préfère souligner la profonde nouveauté de l'expérience américaine :

> « Le genre humain avait perdu ses titres, Montesquieu les a retrouvés et les lui a rendus. » [Voltaire] Mais il ne suffit pas qu'ils soient écrits dans les livres des philosophes et dans le cœur des hommes vertueux, il faut que l'homme ignorant ou faible puisse les lire dans l'exemple d'un grand peuple.
>
> L'Amérique nous a donné cet exemple. L'acte qui a déclaré son indépendance est une exposition simple et sublime de ces droits si sacrés et si longtemps oubliés. Dans aucune nation ils n'ont été ni si bien connus, ni conservés dans une intégrité si parfaite[1].

Ainsi commence le premier chapitre de l'*Influence de la Révolution de l'Amérique sur l'Europe.* Dès le départ, Condorcet met en avant le caractère unique de la nouvelle nation, la première de l'histoire, dit-il, à avoir pleinement reconnu les droits naturels de l'homme et à les avoir inscrits dans ses documents fondateurs (la *Déclaration d'indépendance* mais aussi les déclarations de droits figurant dans les constitutions de plusieurs états). Pour lui, ces documents solennels, qui admettent l'existence de certains droits naturels fondamentaux et universels, représentent la contribution capitale de l'Amérique à la cause de la liberté car ils constituent la meilleure protection contre la tyrannie, danger toujours présent même sous les gouvernements représentatifs. Une déclaration de droits est donc un préambule indispensable à toute constitution libre. Ce principe est essentiel dans la philosophie constitutionnelle de Condorcet et il y revient à travers toute son œuvre et dans un autre texte présenté ici : *Idées sur le despotisme*[2].

---

l'Américain éclairé.

1 *Révolution de l'Amérique*, chapitre premier, p. 55 *infra*.

2 Sect. 18-23, p. 120-127 *infra*. La même insistance sur la nécessité d'une déclaration de droits se retrouve dans les longues notes qui accompagnent la traduction française du

Mais tout en étant unique, l'exemple américain est aussi doté, paradoxalement, d'une validité universelle : « Le spectacle d'un grand peuple où les droits de l'homme sont respectés, est utile à tous les autres, malgré la différence des climats, des mœurs et des constitutions. Il apprend que ces droits sont partout les mêmes[1]... » La référence à « la différence des climats, des mœurs et des constitutions » est bien sûr une allusion critique à l'*Esprit des lois*. Il est clair qu'afin de démontrer l'exemplarité du modèle américain, Condorcet avait le sentiment qu'il lui fallait réfuter le relativisme de Montesquieu. Ce qui voulait dire battre en brèche non seulement sa théorie du climat[2] mais aussi celle de l'équilibre des pouvoirs[3], car ces deux théories allaient l'une comme l'autre à l'encontre de la conviction de Condorcet que la législation doit être l'expression d'une pure rationalité :

> En observant comment les Américains ont fondé leur repos et leur bonheur sur un petit nombre de maximes qui semblent l'expression naïve de ce que le bon sens aurait pu dicter à tous les hommes, on cessera de vanter

---

pamphlet de John Stevens, faussement attribué à William Livingston, *Observations on Government* (1787) (*Examen du gouvernement d'Angleterre, comparé aux constitutions des États-Unis*, Londres et Paris, chez Froullé, 1789). Voir dans l'appendice ci-dessous l'ensemble de la note 19, p. 169-172, et la note 28, p. 175-176. Depuis la mise au point de Brissot dans *Le Patriote français* (n° 443, 25 octobre 1790, p. 2-3), les notes anonymes de cette traduction sont habituellement attribuées à Condorcet, Pierre-Samuel Dupont de Nemours et Jean-Antoine Gauvin-Gallois. Cependant, l'avertissement des éditeurs, qui indique que « quelques écrivains américains, italiens, français, ont concouru à cet ouvrage » (p. VII), suggère la participation d'autres auteurs, probablement Mazzei et peut-être Jefferson et Paine. Cahen (*Condorcet et la Révolution française*, p. XVIII) a identifié les notes dont il est sûr qu'elles ont été rédigées par Condorcet : il en existe des manuscrits partiels conservés à la bibliothèque de l'Institut, où se trouvent la plupart des papiers de Condorcet (ms. 865-15, f° 269bis-274. Je tiens à remercier ici Alberto Petix et Nicolas Rieucau de m'avoir signalé l'existence de ces manuscrits et permis d'en consulter des reproductions photographiques). Les notes 19 et 28, les plus pertinentes pour cette édition, n'en font pas partie, mais on ne peut rien en déduire de catégorique puisque ces manuscrits sont incomplets, comme le sont souvent les manuscrits de Condorcet parvenus jusqu'à nous. La note 19 est probablement de Dupont de Nemours. Quant à la note 28, la continuité entre le supplément aux *Recherches sur les États-Unis* de Mazzei et cette note nous porte à croire que ce dernier texte, comme le premier, est de Condorcet et Mazzei. D'ailleurs, et comme y invite l'avertissement des éditeurs lui-même (« On y reconnaîtra [dans cet ouvrage] des plumes différentes, mais des principes très semblables » [p. VII]), on peut légitimement considérer les notes à l'*Examen du gouvernement d'Angleterre* comme un ouvrage collectif qui reflète des opinions partagées par l'ensemble des auteurs anonymes.

1 *Révolution de l'Amérique*, chapitre premier, p. 56 *infra*.

2 *De l'esprit des lois*, liv. XIV-XVII.

3 *De l'esprit des lois*, liv. XI.

ces machines si compliquées où la multitude des ressorts rend la marche violente, irrégulière et pénible, où tant de contrepoids, qui, dit-on, se font équilibre, se réunissent dans la réalité pour peser sur le peuple. Peut-être sentira-t-on le peu d'importance, ou plutôt le danger de ces subtilités politiques trop longtemps admirées, de ces systèmes où l'on veut forcer les lois, et par conséquent la vérité, la raison, la justice, leurs bases immuables, à changer suivant la température, à se plier à la forme des gouvernements, aux usages que le préjugé a consacrés, et même aux sottises adoptées par chaque peuple, comme s'il n'eût pas été plus humain, plus juste et plus noble de chercher dans une législation raisonnable des moyens de l'en désabuser[1].

Entre la vérité, la raison, et la justice d'une part, et la législation de l'autre, Montesquieu avait introduit le médium réfracteur des paramètres locaux : un bon système de lois doit aussi refléter les circonstances locales ou s'y adapter. Condorcet croit davantage au pouvoir de la législation d'influencer et de changer la société dans la direction des vérités universelles. Malgré cela, le principal facteur d'évolution dans l'histoire reste en fin de compte le progrès général des connaissances :

Occupé à méditer depuis longtemps sur les moyens d'améliorer le sort de l'humanité, je n'ai pu me défendre de croire qu'il n'y en a réellement qu'un seul, c'est d'accélérer le progrès des lumières. Tout autre moyen n'a qu'un effet passager et borné. Quand même on avouerait que des erreurs, des fables, des législations combinées, non d'après la raison, mais d'après les préjugés locaux, ont fait le bonheur de quelques nations, on serait forcé d'avouer aussi que partout ce bien trop vanté a disparu en peu de temps, pour faire place à des maux que la raison n'a pas encore pu guérir après plusieurs siècles. Que les hommes soient éclairés, et bientôt vous verrez le bien naître sans effort de la volonté commune[2].

Ceci nous amène aux leçons ou aux avantages spécifiques que l'Europe et le reste du monde pourront tirer de la Révolution américaine. L'un d'entre eux est précisément une accélération dans la création et la diffusion des connaissances. Comme nous l'avons déjà noté, la liberté et l'égalité conduiront naturellement les Américains à diriger leur

1 *Révolution de l'Amérique*, chapitre premier, p. 60 *infra*. On se rappelle la fameuse formule de Montesquieu : « Pour qu'on ne puisse abuser du pouvoir, il faut que, par la disposition des choses, le pouvoir arrête le pouvoir. » (*De l'esprit des lois*, éd. R. Derathé, 2 vol., Paris, Classiques Garnier, 1973, t. 1, p. 167 [liv. XI, chap. IV])

2 *Révolution de l'Amérique*, chapitre trois, p. 69 *infra*. D'où le rôle crucial de l'instruction publique dans la science politique de Condorcet. Elle établit le lien indispensable entre l'opinion publique et la volonté générale d'une part, et la rationalité de la loi d'autre part.

ambition vers les sciences et les arts. Loin de montrer aucune trace de l'influence de la théorie de la dégénérescence américaine[1], comme c'était le cas de l'*Histoire des deux Indes*, l'essai de Condorcet développe un argument contraire. Sûr de la perfectibilité de l'espèce humaine et persuadé que les États-Unis vont jouer un rôle de catalyseur dans ce domaine, l'auteur propose ce qu'on pourrait appeler une « théorie de la régénération américaine » selon laquelle l'Amérique est destinée à contribuer de manière décisive au progrès des connaissances. Cet accent mis sur le progrès constitue une différence majeure entre la vision de l'Amérique de Condorcet et l'image courante d'un pays où règnent vertu et simplicité, image encore présente dans l'*Histoire des deux Indes* et les *Lettres d'un cultivateur américain.*

Dans le domaine des libertés individuelles, l'expérience américaine montre que la liberté de la presse et les libertés religieuses ne représentent aucun danger pour l'ordre et la tranquillité publics. Au contraire, elles encouragent un esprit de fraternité et de respect de la loi[2].

Enfin, les États-Unis seront une force favorable à la paix et au développement du commerce dans le monde. On a vu ci-dessus qu'une nation sans aristocratie, une nation démocratique, doit être moins portée à glorifier la guerre. La nouvelle république va former, aux côtés de la Grande-Bretagne, la Hollande et la France, une grande nation commerçante éclairée supplémentaire. Il en résultera une augmentation du commerce international, une concurrence accrue et une baisse des prix[3]. En ce qui concerne la France en particulier, l'Amérique devrait fournir un important nouveau marché à l'exportation pour ses produits manufacturés ainsi qu'une source de matières premières. Et même d'un point de vue purement moral, la croissance du commerce sera bénéfique

1 C'est le philosophe néerlandais Cornelius de Pauw, auteur des *Recherches philosophiques sur les Américains* (1768), qui contribua le plus à la diffusion de cette théorie dont l'influence fut relativement importante dans la seconde moitié du dix-huitième siècle. Inspiré par la théorie du climat de Montesquieu et surtout par Buffon, qui avait affirmé que la flore et la faune du Nouveau Monde étaient incomplètement développées en comparaison de celles de l'Ancien, de Pauw élargit la thèse jusqu'à inclure les populations humaines, aussi bien indigènes que transplantées d'Europe. Selon cette théorie, le climat de l'Amérique est si peu propice à la vie que les populations humaines du Nouveau Monde montrent rapidement des signes de dégénérescence physique et mentale. L'ouvrage classique sur ce sujet est le livre d'Antonello Gerbi, *La disputa del Nuovo Mondo; storia di una polemica, 1750-1900*, Milan, Ricciardi, 1955.

2 *Révolution de l'Amérique*, chapitre premier, p. 58-60 *infra*.

3 *Révolution de l'Amérique*, chapitre quatre, p. 75 *infra*.

en réduisant les inégalités, au moins à l'intérieur de chaque pays. Mais dans l'une des très rares remarques critiques sur la législation américaine qui se trouvent dans l'*Influence de la Révolution de l'Amérique sur l'Europe*, Condorcet regrette simplement que les États-Unis imposent encore des taxes sur le commerce et ne soient donc pas devenus le premier pays à adopter une politique de libre échange total[1]. Le point essentiel, cependant, est qu'à cet égard également l'indépendance américaine signale l'aube d'une nouvelle période de l'histoire. L'époque de la liberté sera aussi celle du commerce. Ou encore, comme Constant le dira plus tard, l'époque du commerce a remplacé celle de la guerre : les échanges commerciaux, et non plus les conflits armés, doivent nécessairement être le principal mode de relation entre les nations modernes[2].

En 1788, Condorcet contribua au supplément aux *Recherches sur les États-Unis* de Mazzei. Ce supplément contient une traduction du projet de constitution fédérale (1787) et le commentaire de Condorcet sur ce dernier, le premier commentaire sur la nouvelle constitution américaine à paraître en France et probablement dans toute l'Europe[3]. Comparé à l'enthousiasme qui s'exprime dans l'essai de 1786, le ton de ce commentaire est beaucoup plus tiède. L'attitude de Condorcet reste favorable, mais la ferveur n'y est plus. De manière générale, il reproche à la nouvelle constitution d'être inutilement complexe, de s'écarter de la simplicité et de la cohésion qui étaient celles des *Articles of Confederation* (1777)[4]. Il formule également des objections spécifiques concernant plusieurs provisions importantes :

1 *Révolution de l'Amérique*, chapitre quatre, p. 76-77 *infra*. Condorcet était un partisan résolu du libre échange et de l'élimination de toutes les taxes sur le commerce parce qu'il pensait que ces dernières étaient contreproductives économiquement parlant et constituaient des violations des droits naturels à la liberté et à la propriété.

2 Constant, *De l'esprit de conquête et de l'usurpation*, p. 86-89 (première partie, chap. II : « Du caractère des nations modernes relativement à la guerre »).

3 Voir H. Dippel, « Condorcet et la discussion des constitutions américaines en France avant 1789 », dans Chouillet et Crépel, *Condorcet*, p. 204.

4 Sous les *Articles of Confederation*, la première constitution des États-Unis, le congrès, c'est-à-dire en l'occurrence le pouvoir fédéral dans son ensemble, était composé d'une seule chambre dans laquelle les délégations des états avaient chacune une voix. Cette chambre unique réunissait des fonctions législatives et exécutives : elle nommait un président (le président du congrès), un comité des états, comprenant un membre de chaque état, qui gouvernait en dehors des sessions ordinaires du congrès, et d'autres comités ou officiers.

1. Diviser le pouvoir législatif en deux chambres séparées est inutile et même dangereux, surtout dans un pays sans aristocratie. À cette occasion, Condorcet rappelle l'un de ses principes politiques fondamentaux, celui de la simplicité et de l'unité dans la forme du gouvernement : « Toutes complications de système, toutes distinctions sont mauvaises de leur nature, et ne peuvent être justifiées que par la nécessité[1]. » Son hostilité envers le bicaméralisme provient de son opposition générale à la théorie de l'équilibre des pouvoirs de Montesquieu et plus particulièrement de son rejet du modèle constitutionnel anglais, qui partage le pouvoir législatif entre chambre haute (les pairs) et chambre basse (les communes). Il a donc tendance à voir dans le bicaméralisme l'expression d'un esprit conservateur et aristocratique[2]. Plus spécifiquement, la chambre des représentants et le sénat reflètent des principes politiques contradictoires. La première assemblée sera élue au suffrage populaire et chaque état y aura une représentation proportionnelle ; la seconde sera élue par les corps législatifs des états et chaque état y aura une représentation égale. Ainsi, la chambre des représentants représentera le peuple, et le sénat les états. De l'avis de Condorcet, il y a là une dangereuse complication : « On a tort de se flatter de pouvoir concilier des principes opposés. De tels expédients serviront peut-être quelquefois comme remèdes momentanés, jamais ils ne formeront la base d'un édifice bien solide. Il faut donc se déterminer, soit pour un parti, soit pour l'autre. Les principes doivent être fixes et certains, et tout doit tendre à les soutenir[3]. »
2. Le privilège d'*habeas corpus* ne doit jamais être suspendu[4].

Néanmoins, le congrès et le gouvernement fédéral avaient une juridiction très limitée ; la plupart des pouvoirs restaient du ressort des états.

1 « Supplément », p. 94 *infra*.

2 Sur l'opposition de Condorcet au bicaméralisme, voir les *Lettres d'un bourgeois de New Haven*, lettre 4, *SE*, p. 258-272, ainsi que : « Condorcet and the Americans : bicameralism and the separation of powers », dans *Condorcet. Foundations of Social Choice and Political Theory*, éd. et trad. I. McLean et F. Hewitt, Aldershot (GB) et Brookfield (Vermont), Edward Elgar, 1994, p. 64-69.

3 « Supplément », p. 95 *infra*.

4 « Supplément », p. 96 *infra*.

3. Le congrès devrait être obligé de rendre compte de sa gestion des finances publiques à des intervalles réguliers et fréquents[1].
4. Trop de pouvoir est accordé au président. De manière générale, Condorcet préférait un exécutif faible et considérait un président puissant comme une menace pour la liberté[2].
5. Le jugement par jury ne doit pas être limité aux procès criminels mais doit s'étendre également aux causes civiles[3].

L'année suivante, dans un second commentaire sur la nouvelle constitution américaine, Condorcet regrettait en outre l'omission d'une protection contre la tyrannie aussi essentielle qu'une déclaration de droits, et ajoutait une sérieuse réserve supplémentaire, relative cette fois au pouvoir du gouvernement fédéral par rapport à celui des états : « Une fois que la constitution fédérative serait établie, telle qu'elle est proposée, et qu'elle aurait pris consistance, il n'est aucun objet dont le congrès ne pût se mêler, et dont il ne pût dépouiller les gouvernements des états respectifs[4]. »

Il ne fait aucun doute que les premiers documents politiques de la Révolution américaine, en particulier la déclaration de droits de la Virginie (1776)[5], la *Déclaration d'indépendance*, la première constitution de la Pennsylvanie (1776)[6], et les *Articles of Confederation*, correspondaient de plus près aux préférences constitutionnelles de Condorcet que la constitution fédérale de 1787. Comme la constitution adoptée par la Pennsylvanie en 1776, le plan de constitution présenté à la Convention par Condorcet en 1793 propose un corps législatif unicaméral et un conseil exécutif élu[7]. Il trouvait la nouvelle constitution fédérale beaucoup trop influencée par le système de gouvernement anglais et par la théorie de l'équilibre des pouvoirs de Montesquieu. Surtout, il regrettait profondément l'institution de deux assemblées législatives, complication, nous l'avons noté, qu'il considérait inutile et même dangereuse car d'esprit

1 « Supplément », p. 96 *infra*.
2 « Supplément », p. 97, 103 *infra*. Voir aussi l'*Examen du gouvernement d'Angleterre*, note 28, p. 175, 178 *infra*.
3 « Supplément », p. 98 *infra*.
4 *Examen du gouvernement d'Angleterre*, note 28, p. 177-178 *infra*.
5 Voir *Idées sur le despotisme*, sect. 21, p. 123-125 *infra*.
6 Voir *Éloge de M. Franklin* (1790), p. 147-148 *infra*.
7 Voir *Plan de constitution, présenté à la Convention nationale les 15 et 16 février 1793. Exposition des principes et des motifs du plan de constitution*, *OC*, t. 12, p. 354-374.

aristocratique. La meilleure protection contre une possible tyrannie du pouvoir législatif ne réside pas dans un régime bicaméral, pensait Condorcet, mais dans une déclaration de droits inaliénables précisant les limites de ce pouvoir et dans une censure exercée par les assemblées primaires ou locales[1]. Certes, il était persuadé que le pouvoir législatif, en tant qu'expression la plus directe de la souveraineté populaire, devait être prééminent. D'où sa préférence pour un système unicaméral au niveau national et pour un conseil exécutif plutôt faible au lieu d'un président. Mais il était également convaincu, et pour la même raison ayant trait à la souveraineté populaire, que le pouvoir législatif devait être largement décentralisé et résider pour une bonne part dans les assemblées primaires. Il fut donc inquiet de voir que la constitution fédérale américaine accordait un si grand pouvoir aux institutions du gouvernement central, le congrès et le président, par rapport aux états. Et elle ne contenait aucune déclaration de droits.

Pourtant, l'optimisme foncier de Condorcet concernant les États-Unis ne fut pas fondamentalement affecté par ces réserves, quelle que soit leur importance. Ce qu'il avait déclaré en 1786 restait valable : « Toutes les lois établies depuis l'acte d'indépendance ne sont pas également justes et sages, mais aucune partie de la législation politique, de la législation criminelle, n'offrira d'erreurs grossières, de principes oppresseurs ou ruineux[2]. » D'ailleurs, une fois que des principes généraux conformes à la justice ont été solidement établis, avec le temps les erreurs et les abus cèderont nécessairement à la logique de ces principes : « Si on peut faire aux Américains des reproches fondés, ils n'ont pour objet que des erreurs particulières ou d'anciens abus que les circonstances n'ont pas permis de corriger. Il leur suffira d'être conséquents pour tout réparer[3]. » Cette même idée, trait caractéristique de l'américanisme de Condorcet, est reprise en 1789 dans les notes à l'*Examen du gouvernement d'Angleterre* : « Les déclarations de droits faites par les divers états de l'Amérique unie ne sont ni complètes, ni suffisamment méthodiques ; mais toutes les vérités qu'elles contiennent sont indubitables. Le trait de génie est de les avoir mises en avant. Il suffit à présent de la raison

1 Voir : *Lettres d'un bourgeois de New Haven*, lettres 2 et 3, *SE*, p. 210-258 ; *Exposition du plan de constitution*, *OC*, t. 12, p. 340-354.

2 *Révolution de l'Amérique*, chapitre quatre, p. 77 *infra*.

3 *Révolution de l'Amérique*, chapitre premier, p. 56 *infra*.

et de la logique, pour en développer les conséquences, pour remonter à leurs véritables principes, et pour arranger les uns et les autres dans un ordre méthodique[1]. » C'est la reconnaissance des droits naturels qui importe avant tout, leur extension et leur application universelles suivront nécessairement, tôt ou tard.

Condorcet écrivit son dernier texte sur les États-Unis à l'occasion de la mort de Franklin en 1790, événement qui suscita une vive émotion dans la France révolutionnaire[2]. L'avant-dernier des éloges qu'il composa pour l'Académie Royale des Sciences, et l'un des plus longs, l'*Éloge de M. Franklin* est généralement considéré son plus achevé. C'est en effet un remarquable exercice de rhétorique à la gloire des Lumières. Condorcet y marie les informations biographiques et historiques et les commentaires politiques et philosophiques, riches et nombreux, pour produire un manifeste éloquent où s'exprime son engagement de philosophe et d'homme de science. Son sujet se prêtait bien sûr de façon idéale à cette entreprise et il l'exploite à merveille. Qui mieux que Franklin, inventeur-philosophe-philanthrope-révolutionnaire, aurait pu illustrer les valeurs des Lumières auxquelles Condorcet était si passionnément attaché ?

Les éléments biographiques sur lesquels insiste l'*Éloge* sont hautement significatifs, à commencer par les origines très simples de Franklin. De ce point de vue, il apparaît comme le premier *self-made man*, l'archétype de cette nouvelle possibilité spécifiquement américaine. Franklin était issu d'une famille modeste, le quinzième des dix-sept enfants d'un fabricant de chandelles de Boston, et sa scolarité fut rudimentaire. Mais il était doué d'un esprit indépendant et discipliné. Condorcet décrit comment, à l'âge de quinze ans, le jeune Benjamin s'initia seul à l'art de l'écriture

---

1 *Examen du gouvernement d'Angleterre*, note 22, p. 200-201. Cette note est probablement de Dupont de Nemours.

2 Comme on sait, Franklin était très populaire en France où il avait adroitement su tirer parti, pour sa mission diplomatique, des stéréotypes positifs selon lesquels les Américains étaient un peuple éclairé, épris de liberté, et en même temps un peuple dont les mœurs et l'esprit reflétaient la simplicité de la nature. Outre celui de Condorcet, les plus importants éloges de Franklin furent ceux prononcés par Mirabeau à l'Assemblée Nationale, le 11 juin 1790, par le duc de La Rochefoucauld à la *Société de 1789* le 13, par l'abbé Fauchet au nom de la commune de Paris, le 21 juillet, et par Vicq d'Azyr, secrétaire de la Société Royale de Médecine, le 14 mars 1791. L'*Éloge* de Condorcet se distingue de ces autres discours par son caractère marqué de manifeste philosophique. Voir A. O. Aldridge, *Benjamin Franklin et ses contemporains français*, Paris, Didier, 1963, p. 209-230 pour les éloges.

en imitant des articles du *Spectateur*, le célèbre journal anglais publié par Addison et Steele[1]. Comme sa formation professionnelle d'imprimeur, ce détail annonce d'ailleurs un trait essentiel de la future carrière de Franklin : son engagement de toute une vie dans l'« espace public[2] ». Pendant un premier séjour à Londres, Franklin, encore très jeune, a pu directement observer le développement de l'espace public en Angleterre. Les journaux et les clubs anglais firent sur lui une si forte impression, rapporte Condorcet, qu'à son retour en Amérique il fonda son propre journal, *La Gazette de Pennsylvanie*, et son propre club dans sa ville adoptive de Philadelphie[3]. À la même époque, il commença à publier l'almanach qui allait plus tard devenir célèbre sous le titre du *Bonhomme Richard*. Plusieurs des premières pages de l'*Éloge* sont consacrées à ces premiers efforts et Condorcet souligne les avantages importants qu'ils procuraient au public : « Il voulait qu'aucune classe de citoyens ne restât sans instruction, qu'aucune ne fût condamnée à ne recevoir que des idées fausses par des livres destinés à flatter sa crédulité ou à nourrir ses préjugés. Un simple imprimeur faisait alors pour l'Amérique ce que les gouvernements les plus sages avaient eu l'orgueil de négliger, ou la faiblesse de craindre[4]. » Franklin était déjà le pourvoyeur d'un service public.

Les qualités personnelles attribuées à Franklin dans l'*Éloge* – frugalité, simplicité, une bonté naturelle, de la discipline dans le travail – étaient celles couramment associées aux Américains dans les cercles intellectuels de la fin du dix-huitième siècle. Son style, sa conversation et sa façon d'être en société sont qualifiés de simples et naturels. L'un des détails qui illustrent le caractère de Franklin est particulièrement révélateur : sa négociation réussie avec les Amérindiens au nom de l'assemblée de Pennsylvanie. « Ils ne parlaient comme lui qu'une seule langue, celle du bon sens et de la bonne foi[5] », écrit Condorcet. Plus généralement, l'*Éloge* suggère qu'une profonde unité sous-tend toutes les entreprises de Franklin : à la base aussi bien de ses découvertes dans les sciences physiques que de ses principes moraux se trouve la même affinité avec

1 *Éloge de M. Franklin*, p. 130 *infra*.
2 Voir J. Habermas, *L'Espace public : archéologie de la publicité comme dimension constitutive de la société bourgeoise*, Paris, Payot, 1978.
3 *Éloge de M. Franklin*, p. 132-134 *infra*.
4 *Éloge de M. Franklin*, p. 133 *infra*.
5 *Éloge de M. Franklin*, p. 140 *infra*.

la nature : « L'éducation de M. Franklin ne lui avait pas ouvert la carrière des sciences, mais la nature lui en avait donné le génie. Ses premiers essais sur l'électricité annoncent qu'il connaissait très peu même cette partie de la physique. [...] Cependant, il devina bientôt la cause immédiate des phénomènes électriques[1]. » Et avant de se convaincre de l'existence d'une morale naturelle, Franklin la pratiquait déjà de manière intuitive : « Dans sa jeunesse, il avait porté le pyrrhonisme jusque sur les fondements de la morale ; la bonté naturelle de son cœur, la droiture de son esprit étaient ses seuls guides, et ils l'égarèrent rarement. Plus tard, il reconnut qu'il existait une morale fondée sur la nature de l'homme, indépendante de toutes les opinions spéculatives, antérieure à toutes les conventions[2]. » Entre la nature et l'homme « qui [lui] avait arraché [...] un de ses secrets[3] », il existait une harmonie intime, un rapport de sympathie permettant au savant-philosophe de pénétrer à la fois le monde physique et le monde moral.

Par conséquent, Franklin repoussait tous les systèmes artificiels et dogmatiques, que ce soit dans les sciences, en politique, en morale ou en religion. Prenant plaisir à « l'application des sciences physiques aux usages de la vie, à l'économie domestique[4] », il était d'abord et avant tout un homme à l'esprit pratique, la parfaite incarnation de cet idéal des Lumières selon lequel toute philosophie doit déboucher sur une praxis. De même, sa carrière politique s'est caractérisée par l'absence de dogmatisme : « M. Franklin ne s'était pas formé un système général de politique ; il examinait les questions à mesure que l'ordre des événements ou sa prévoyance les présentaient à son esprit, et il les résolvait avec les principes qu'il puisait dans une âme pure et dans un esprit juste et fin[5]. »

Non seulement le caractère et les principes de Franklin, tels que l'*Éloge* les dépeint, incarnaient-ils une image de l'Américain typique largement acceptée parmi les élites intellectuelles de la fin de l'Ancien Régime, mais ils correspondaient également à la conception que se faisait Condorcet du philosophe idéal. De sorte que Franklin est comparé à Voltaire pour son rôle dans la lutte contre le fanatisme religieux[6]. Son

1 *Éloge de M. Franklin*, p. 138 *infra*.
2 *Éloge de M. Franklin*, p. 157 *infra*.
3 *Éloge de M. Franklin*, p. 160 *infra*.
4 *Éloge de M. Franklin*, p. 157 *infra*.
5 *Éloge de M. Franklin*, p. 159 *infra*.
6 *Éloge de M. Franklin*, p. 134-135 *infra*.

patriotisme désintéressé est rapproché de celui de Socrate[1]. Il est même jugé supérieur à Pythagore dans ses entreprises visant à l'éducation morale du genre humain : « Le philosophe grec voulait, par force de l'habitude, substituer aux sentiments, aux impulsions naturelles, les principes qu'il croyait nécessaire d'inspirer aux hommes ; le philosophe d'Amérique voulait seulement épurer, fortifier, diriger les mouvements de la nature. L'un s'était proposé d'asservir l'homme et de le transformer, l'autre n'aspirait qu'à l'éclairer et à le perfectionner[2]. » Comme les grands sages du passé, Franklin avait su se rendre maître du moi et de ses passions : « Il s'était formé une méthode, à l'aide de laquelle on pouvait espérer de parvenir à se rendre meilleur, au moyen d'un petit nombre de règles dont l'observation journalière devait détruire insensiblement ces habitudes de la faiblesse et des passions qui nuisent au bonheur et corrompent la morale, et donner ensuite à la sagesse et à la vertu toute la force d'un penchant naturel[3]. » Mais la nature est toujours restée son guide ultime : « Plus d'une fois il s'est plu dans ses ouvrages à opposer le bon sens naïf des Indiens à l'orgueilleuse raison des hommes civilisés, leur calme inaltérable et leur indifférence profonde aux passions qui nous agitent pour des intérêts imaginaires. Il paraissait croire que le sauvage différait moins que la plupart d'entre nous, de ce que serait l'homme perfectionné par la raison, sans cesser d'être soumis à la nature[4]. »

L'une des principales qualités que Condorcet associait à l'image du philosophe idéal était le dévouement au service du bien public et du progrès social en général. C'est l'aspect de la vie et de la carrière de Franklin sur lequel l'*Éloge* met le plus l'accent. Nous avons vu que les premières pages présentent une description détaillée des dispositions précoces de Franklin dans ce domaine. Il devait bientôt confirmer son esprit civique en fondant plusieurs établissements publics à Philadelphie, notamment une bibliothèque, un hôpital, un collège et une académie. Et plus tard, bien sûr, le plus important des services qu'il devait rendre au public irait jusqu'à contribuer de façon essentielle à déterminer la destinée de son pays.

---

1 *Éloge de M. Franklin*, p. 152 *infra*.
2 *Éloge de M. Franklin*, p. 136 *infra*.
3 *Éloge de M. Franklin*, p. 135 *infra*.
4 *Éloge de M. Franklin*, p. 140 *infra*.

La carrière de Franklin en politique et dans la diplomatie fournit à Condorcet l'occasion de revenir sur la Révolution américaine et sur les événements historiques qui y conduisirent, surtout à partir de la guerre de sept ans. En ce qui concerne la Révolution elle-même, il réitère ses réserves sur la nouvelle constitution fédérale en affirmant que Franklin avait partagé les mêmes doutes[1]. Par contre, il fait l'éloge de la première constitution de la Pennsylvanie, dont Franklin avait été l'un des principaux architectes, ajoutant au passage quelques remarques éclairantes sur ce qu'il considérait le réflexe conservateur motivant le bicaméralisme :

> La constitution de cet état [la Pennsylvanie] fut en partie son ouvrage. Elle se distingue de la plupart des autres par une égalité plus grande, et de toutes en ce que le pouvoir législatif y est confié à une seule chambre de représentants ; la voix de M. Franklin décida seule cette dernière disposition. Il pensait que les lumières devant naturellement faire des progrès rapides, surtout dans un pays à qui la révolution allait donner des relations nouvelles, il fallait y favoriser les moyens de perfectionner la législation, et non les entourer d'obstacles étrangers [...].
>
> Il savait qu'une constitution compliquée peut convenir à un peuple que des circonstances passagères ont entraîné vers la liberté sans l'aimer ou sans la connaître ; mais qu'une constitution simple est seule digne d'un peuple où l'amour de la liberté est le premier sentiment de tous les citoyens, et l'étude de ses principes, le premier usage de leur raison. M. Franklin n'ignorait pas qu'on peut trouver dans la forme des délibérations d'une seule assemblée tout ce qui est nécessaire pour donner à ses décisions cette lenteur, cette maturité, qui répond de leur vérité et de leur sagesse ; au lieu que l'établissement de deux chambres ne fait éviter des fautes nouvelles qu'en perpétuant les erreurs établies. L'opinion contraire à la sienne tient à cette philosophie décourageante qui regarde l'erreur et la corruption comme l'état habituel des sociétés ; les moments de vertu et de raison comme des espèces de prodiges qu'il ne faut pas espérer de rendre durables. Il était temps qu'une philosophie à la fois plus noble et plus vraie présidât aux destins de l'espèce humaine, et M. Franklin était digne d'en donner le premier exemple[2].

Un système bicaméral a tendance à entériner le statu quo et à rendre difficiles les réformes.

Nul doute en partie à cause de la forte influence anglaise reflétée dans la nouvelle constitution fédérale – sans oublier l'adoption toute récente d'une nouvelle constitution bicamérale par la Pennsylvanie en

1 *Éloge de M. Franklin*, p. 155-156 *infra*.
2 *Éloge de M. Franklin*, p. 147-148 *infra*.

1790 –, l'*Éloge* ne souligne pas la nouveauté de l'exemple américain aussi nettement que l'avait fait l'*Influence de la Révolution de l'Amérique sur l'Europe*. Condorcet oppose encore le Nouveau Monde à l'Ancien quand il écrit : « Les hommes s'accordent aisément quand une douce égalité les a préservés des sophismes de l'intérêt et de la vanité ; la vérité est facile à trouver pour un peuple naissant et sans préjugés, et c'est surtout contre les erreurs systématiques de la corruption et de l'habitude que les vieilles nations ont besoin de toutes les ressources de l'instruction, de toutes les forces du génie[1]. » Mais il mentionne également le rôle déterminant de l'héritage politique anglais dans la formation de la liberté américaine :

> Les Américains avaient toujours été libres. Ils étaient régis par les lois anglaises ; mais ces lois étaient celles de leurs ancêtres. Ils ne les avaient pas reçues, mais ils les avaient apportées avec eux ; et cependant, ce qu'il y a dans ces lois de plus contraire à la liberté civile s'en était trouvé naturellement écarté, et ils n'avaient pu souffrir, ni de ces restes de la féodalité, ni de ces atteintes portées au droit d'exercer librement son industrie, qui déshonorent la législation anglaise. Leurs chartes les mettaient à l'abri de tous les attentats du pouvoir arbitraire. Nulle taxe ne pouvait être levée sur eux que de leur consentement. Une égalité entière entre les hommes, une indépendance religieuse beaucoup plus grande, les rendaient réellement plus libres que les Anglais. La nécessité d'obtenir, pour leurs lois particulières, la sanction d'un gouverneur envoyé d'Angleterre, et l'interdiction d'un commerce direct avec les étrangers, étaient les seules marques de leur dépendance. Il s'agissait donc pour eux, non de conquérir leur liberté, mais de la défendre, non de rentrer dans leurs droits usurpés, mais de les conserver[2].

Par rapport à l'Angleterre, la Révolution américaine représente à la fois une continuité et un progrès. Les Américains ont su donner à la liberté anglaise un caractère universel et authentiquement démocratique.

Le progrès est le thème dominant des dernières pages de l'*Éloge*. La figure de l'homme de science-philosophe-législateur incarnée par Franklin, et aussi bien sûr par Condorcet lui-même, marque l'aboutissement d'un long processus historique commencé à la Renaissance, quand l'invention de l'imprimerie élargit considérablement la diffusion des connaissances :

---

1 *Éloge de M. Franklin*, p. 146 *infra*.

2 *Éloge de M. Franklin*, p. 142-143 *infra*. « Le grand avantage des Américains est d'être arrivés à la démocratie sans avoir à souffrir de révolutions démocratiques, et d'être nés égaux au lieu de le devenir » (*De la démocratie en Amérique*, t. 2, p. 130 [deuxième partie, chap. III]), écrira Tocqueville, qui développera cette idée de continuité pour en faire un thème central dans *De la démocratie en Amérique* (voir notamment t. 1, première partie, chap. II).

> La découverte de l'imprimerie avait établi une communication rapide entre des nations où le latin était la langue commune de tous les hommes instruits. Elles avaient cessé d'être étrangères l'une à l'autre, et tous les hommes qui savaient lire étaient devenus compatriotes. Pendant longtemps, des disputes religieuses furent presque le seul fruit de cette réunion ; mais lorsque, par le progrès des lumières, une véritable science eut remplacé les systèmes, et qu'une philosophie fondée sur la nature et sur l'observation eut succédé aux préjugés des écoles, les hommes éclairés de tous les pays commencèrent à ne former qu'un seul corps, dirigé par les mêmes principes, et marchant vers un but unique. Alors la raison et la liberté eurent partout de paisibles apôtres, indépendants dans leurs opinions, mais réunis par le culte qu'ils rendaient à ces divinités bienfaisantes[1].

Cette dernière phrase annonce une idée capitale dans la vision du progrès de Condorcet : l'humanité a atteint un stade de son histoire où la raison et la liberté, la science et la politique, ou, comme le disait souvent l'académicien, les sciences physiques et morales, doivent nécessairement connaître des progrès parallèles. Il était persuadé que les sciences morales pouvaient devenir aussi exactes et rigoureuses dans leur description des phénomènes que les sciences physiques[2]. Ici, l'auteur de l'*Éloge* se projette si complètement sur son sujet qu'il est clair qu'il attribue à Franklin ses propres opinions en le décrivant comme « un homme qui savait que le monde moral est assujetti comme le monde physique à des lois certaines[3] », et qui donc pouvait prévoir « que la révolution de la France, comme celle de l'Amérique, était un de ces événements que la raison humaine peut soustraire à l'empire du hasard et des passions[4] ». De plus, sans le soutien des sciences la liberté ne peut jamais reposer sur des bases solides, « car, dans l'ordre naturel, les lumières politiques marchent à leur suite, s'appuient sur leurs progrès, ou ne jettent, comme chez les anciens, qu'un éclat incertain, passager et troublé d'orages[5] ». Aussi l'*Éloge* se termine-t-il en insistant sur le rôle politique que joue la science en favorisant l'émergence d'une pensée critique et indépendante :

---

1 *Éloge de M. Franklin*, p. 149 *infra*.

2 « En méditant sur la nature des Sciences morales, on ne peut en effet s'empêcher de voir qu'appuyées comme les Sciences physiques sur l'observation des faits, elles doivent suivre la même méthode, acquérir une langue également exacte et précise, atteindre au même degré de certitude » (*Discours de réception à l'Académie Française* [1782], *SE*, p. 183). Voir aussi le début du « discours préliminaire » de l'*Essai sur l'application de l'analyse à la probabilité des décisions rendues à la pluralité des voix* (1785), *SE*, p. 9.

3 *Éloge de M. Franklin*, p. 152 *infra*.

4 *Éloge de M. Franklin*, p. 153 *infra*.

5 *Éloge de M. Franklin*, p. 161 *infra*.

> Toujours libres au milieu de toutes les servitudes, les sciences communiquent à ceux qui les cultivent quelque chose de leur noble indépendance ; ou elles fuient les pays soumis au pouvoir arbitraire, ou elles y préparent doucement la révolution qui doit le détruire ; elles y forment une classe nombreuse d'hommes accoutumés à penser par eux-mêmes, à placer leurs jouissances dans la recherche de la vérité, et dans le suffrage de leurs égaux, trop éclairés enfin pour ne pas connaître leurs droits, lors même qu'ils sont assez prudents pour attendre en silence le moment de les recouvrer[1].

Telle est la leçon suprême qu'enseigne la vie exemplaire de Franklin : la science et la liberté se soutiennent toujours l'une l'autre, elles sont les manifestations inséparables du même processus d'émancipation. Une nation qui néglige de cultiver les sciences et de promouvoir l'éducation ne peut jamais être vraiment libre. Ou comme le déclare Condorcet dans la toute dernière phrase de l'*Éloge*, « même sous la constitution la plus libre, un peuple ignorant est toujours esclave[2] ».

Avec les chapitres sur la Révolution américaine composés par Raynal et Diderot pour l'*Histoire des deux Indes*, les écrits de Condorcet sur les États-Unis représentent sans aucun doute les plus importants des textes politiques sur la jeune république à avoir été publiés par des philosophes américanistes vers la fin de l'Ancien Régime. Comme le souligne Durand Echeverria dans son étude exhaustive sur l'image de l'Amérique en France jusqu'en 1815, les élites intellectuelles libérales de la France prérévolutionnaire se partageaient entre deux points de vue différents sur la société américaine[3]. Ces interprétations associaient toutes les deux les États-Unis aux notions de lumières et de liberté, mais l'une préférait des images de vertu et de simplicité, alors que l'autre mettait l'accent sur l'idée de progrès[4]. L'*Histoire des deux Indes* est plus proche du

1 *Éloge de M. Franklin*, p. 160 *infra*. Et de même que l'esprit scientifique engendre nécessairement l'esprit de liberté, seule une constitution libre peut véritablement favoriser le progrès des sciences (voir l'extrait de l'*Influence de la Révolution de l'Amérique sur l'Europe* cité plus haut, p. 18, ainsi que le *Fragment sur l'Atlantide, ou Efforts combinés de l'espèce humaine pour le progrès des sciences* [1793], dans *Esquisse d'un tableau historique des progrès de l'esprit humain, suivi de Fragment sur l'Atlantide*, éd. A. Pons, Paris, GF-Flammarion, 1988, p. 297-348).

2 *Éloge de M. Franklin*, p. 161 *infra*.

3 *Mirage in the West*, p. 144-161. Le livre d'Echeverria reste l'étude indispensable de la vaste littérature sur l'Amérique produite en France au dix-huitième et au début du dix-neuvième siècles.

4 La figure de Franklin revêt une signification d'autant plus forte qu'elle réunit ces deux dimensions fondamentales du mythe américain.

paradigme de la vertu et la simplicité. Raynal et Diderot ont tendance à concevoir l'Amérique comme la re-création d'un passé idéal d'égalité et de frugalité ranimant l'esprit des républiques de l'antiquité. Condorcet, par contre, offre probablement le meilleur exemple du paradigme du progrès. Sa vision de l'Amérique insiste sur de nouvelles conceptions, plus modernes, de la liberté, et sur le potentiel de progrès que représentent les États-Unis dans le domaine des sciences, de l'industrie, et du commerce international. Ainsi, les réflexions de Condorcet sur les États-Unis occupent une place privilégiée à la fois dans ses écrits politiques et dans l'histoire de la Révolution française. Elles l'ont aidé à élaborer un modèle constitutionnel inspiré par les premiers documents de la Révolution américaine, modèle résolument tourné vers l'avenir, progressiste et ancré dans la modernité. Fondé sur la reconnaissance des droits naturels et sur des institutions devant favoriser un débat démocratique éclairé et ouvert menant à des prises de décision collectives rationnelles, ce modèle est d'une importance cruciale dans la mesure où il est devenu pour les révolutionnaires français l'une des trois grandes sources possibles d'inspiration en matière constitutionnelle, les deux autres étant la distillation de l'essence du gouvernement de l'Angleterre par Montesquieu[1], c'est-à-dire le système de séparation et d'équilibre des pouvoirs, avec deux assemblées législatives représentant des intérêts différents, et la reformulation de l'esprit républicain communautaire de l'antiquité, développée par Rousseau dans *Du contrat social* (1762).

Comme le montre l'*Éloge de M. Franklin*, Condorcet est resté américaniste jusqu'au bout. Il était pleinement conscient du fait que la constitution fédérale était en partie le produit d'une lutte inévitable entre les principes universels de la liberté et de la justice d'une part, et d'autre part les facteurs locaux ou les restes de préjugés. Des compromis ont dû être trouvés ; parfois les anciens préjugés ont eu le dessus, notamment sur la question de l'esclavage. Mais il était convaincu qu'avec le temps les principes universels finiraient par l'emporter. Et dans une certaine mesure, il avait raison. Certes, sur le point qui était le plus important à ses yeux, l'histoire lui a donné tort : l'Amérique n'est jamais revenue au système unicaméral que Condorcet avait admiré dans la première constitution de la Pennsylvanie et dans les *Articles of Confederation*, système que la Révolution française, elle, adopta. Par contre, une déclaration de

1 *De l'esprit des lois*, liv. XI, chap. VI.

droits fut rapidement ajoutée à la constitution américaine[1], le jugement par jury a été étendu aux causes civiles[2], l'esclavage a finalement été aboli[3], les sénateurs ne sont plus élus par les parlements des états mais, comme les membres de la chambre des représentants, par suffrage populaire direct[4], et le président est maintenant limité à deux mandats[5].

Condorcet est resté foncièrement optimiste sur les possibilités ouvertes par la Révolution américaine tout comme quelques années plus tard, même quand son tour est venu d'être rangé parmi les contre-révolutionnaires, même confronté à la persécution jacobine, il a continué à croire à la justice de la Révolution en France. En juin 1793, la Révolution française abandonna la voie du constitutionalisme libéral pour se rapprocher de plus en plus d'un gouvernement par la terreur et l'exploitation des mouvements d'insurrection populaire, évolution à laquelle Condorcet ne pouvait que s'opposer, attaché comme il l'était aux libertés individuelles et à l'autorité de la loi. Il fit paraître une protestation écrite contre l'imposition hâtive d'une constitution jacobine[6], la Convention décréta son arrestation le 8 juillet, et il fut forcé de passer dans la clandestinité. Le défenseur d'un constitutionalisme progressiste était devenu la victime de la politique radicale et terroriste des Jacobins. Or, dans le dernier et le plus célèbre de ses ouvrages, l'*Esquisse d'un tableau historique des progrès de l'esprit humain* (1795), œuvre posthume écrite dans la clandestinité pendant la Terreur durant les derniers mois qui précédèrent son arrestation et sa mort en prison en mars 1794, Condorcet critique les révolutionnaires américains pour avoir, à la différence des Français, trop souvent substitué « l'identité des intérêts » au principe de l'égalité des droits[7]. La persécution et la tyrannie n'avaient pas ébranlé sa foi en la rectitude des principes de la Révolution française. De même, en dépit de ses réserves concernant la constitution fédérale, il a continué à croire à la capacité de la jeune république américaine à réaliser avec le temps tout le potentiel de ses idéaux démocratiques :

---

1 Le *Bill of Rights*, ou les dix premiers amendements à la constitution (1791).
2 7ᵉ amendement.
3 13ᵉ amendement (1865).
4 17ᵉ amendement (1913).
5 22ᵉ amendement (1951).
6 *Aux citoyens français, sur la nouvelle constitution* (juin 1793), *OC*, t. 12, p. 653-675. La constitution jacobine ne fut jamais appliquée du fait de l'établissement du gouvernement révolutionnaire.
7 *Esquisse d'un tableau historique des progrès de l'esprit humain*, éd. A. Pons, Paris, GF-Flammarion, 1988, p. 234, 237.

> L'une de ces révolutions [la Révolution française] devait être plus entière et plus prompte, mais plus orageuse ; l'autre [la Révolution américaine] plus lente, plus incomplète, mais plus tranquille ; dans l'une, on devait acheter la liberté et le bonheur par des maux passagers ; dans l'autre, on évitait ces maux, mais en retardant pour longtemps, peut-être, la jouissance d'une partie des biens *que cependant elle devait infailliblement produire*[1].

Ayant repensé l'Histoire comme le déploiement progressif de la Raison – dans le domaine des connaissances aussi bien que dans celui de l'organisation sociale –, l'optimisme fondamental de Condorcet n'avait pas à se reposer sur le succès immédiat d'une quelconque révolution particulière ; plutôt, il pouvait placer ses espérances dans la perfectibilité humaine, potentiel virtuellement infini qui, malgré tous les obstacles, assure le progrès continuel vers une société libre et rationnelle.

1 *Esquisse*, p. 233 (nous soulignons). La cause essentielle de ce contraste entre les deux révolutions est indiquée dans l'*Esquisse* elle-même et dans la *Lettre de Junius à William Pitt* (1793, datée à tort de février 1792 dans l'édition Arago ; voir Cahen, *Condorcet et la Révolution française*, p. XVII, et Alengry, *Condorcet*, p. 329) : si « la révolution française a certainement été beaucoup plus sanglante qu'il n'eût été à désirer pour le bonheur et le prompt affranchissement de l'humanité » (*OC*, t. 12, p. 328), c'est que, « en France, [...] la révolution devait embrasser l'économie tout entière de la société, changer toutes les relations sociales, et pénétrer jusqu'aux derniers anneaux de la chaîne politique » (*Esquisse*, p. 236) ; au contraire, « la révolution d'Amérique a été paisible, parce que le peuple n'avait à changer que la distribution des pouvoirs politiques, et que toutes les lois, toutes les institutions, presque toutes les formes ont pu être conservées » (*OC*, t. 12, p. 330). Voir M. Ludassy, « La tradition libérale divisée : Condorcet et Burke devant les révolutions anglaise, américaine et française », *Condorcet, mathématicien, économiste, philosophe, homme politique*, édit. P. Crépel et C. Gilain, Paris, Minerve, 1989, p. 346.

REPÈRES CHRONOLOGIQUES

1743. 17 septembre : naissance de Marie-Jean-Antoine-Nicolas Caritat, marquis de Condorcet, à Ribemont en Picardie. Les Caritat de Condorcet, protestants reconvertis au catholicisme, sont une vieille famille de la noblesse du Dauphiné. Le père de Condorcet, capitaine d'un régiment de cavalerie, est tué au cours de manœuvres d'entraînement cinq semaines après la naissance de son fils. L'enfant est élevé par sa mère, bourgeoise très pieuse, entièrement dévouée à ce fils unique.

1754-1758. Études à Reims chez les Jésuites.

1758-1759. Études au Collège de Navarre à Paris. Septembre 1759 : à seize ans, Condorcet soutient une thèse d'analyse qui suscite l'intérêt de d'Alembert.

1762. Condorcet s'installe à Paris, rue Jacob, pour se consacrer aux mathématiques.

1763. Condorcet fait la connaissance de Lagrange. Fin de la guerre de sept ans. La France perd la quasi-totalité de ses colonies en Amérique du Nord. L'Angleterre, très endettée par la guerre, cherche à imposer de nouvelles taxes à ses colonies.

1765. *Du calcul intégral.* D'Alembert, dont Condorcet est devenu le protégé, introduit celui-ci dans le salon de Mlle de Lespinasse où il commence à fréquenter les philosophes et les encyclopédistes.

1767. *Du problème des trois corps.*

1768. *Essais d'analyse.*

1769. À vingt-cinq ans, Condorcet est reçu à l'Académie Royale des Sciences. Il se lie d'amitié avec Turgot.

1770. Septembre-octobre : séjour de deux semaines chez Voltaire à Ferney, en compagnie de d'Alembert.

1772. Franklin devient membre de l'Académie des Sciences.

1774. Mai : mort de Louis XV. Août : ministère Turgot, qui tente, sans succès, d'introduire de profondes réformes économiques, financières, administratives et politiques dans le royaume.

1775. Janvier : Condorcet est nommé Inspecteur Général des Monnaies. Il le restera jusqu'en 1790. Il est élu membre de l'*American Philosophical Society*, fondée par Franklin. Début de la guerre d'indépendance américaine. *Lettres sur le commerce des grains.*

1776. Condorcet devient secrétaire perpétuel de l'Académie des Sciences. Mai : chute de Turgot. Condorcet essaye de démissionner de sa charge d'inspecteur des monnaies mais sa démission est refusée. 12 juin : adoption de la première déclaration de droits américaine, celle de la Virginie. 4 juillet : *Déclaration d'indépendance* des États-Unis. 28 septembre : ratification de la première constitution de la Pennsylvanie. Décembre : arrivée de Franklin à Paris comme envoyé américain en France. Nommé officiellement ambassadeur des États-Unis en 1778, il restera en France jusqu'en 1785.

1777. Rédaction de la première constitution des États-Unis, les *Articles of Confederation* (ratifiés en 1781). Victoire américaine à la bataille de Saratoga.

1778. Traité d'alliance entre la France et les États-Unis.

1780. *Observations de Condorcet sur le 29e livre de l'*Esprit des lois.

1781. *Réflexions sur l'esclavage des nègres.* Victoire franco-américaine décisive à la bataille de Yorktown.

1781-1784. Les travaux scientifiques de Condorcet portent surtout sur le calcul des probabilités et ses applications à l'étude des phénomènes sociaux.

1782. *Discours de réception à l'Académie Française.*

1783. Traité de Paris, qui met fin à la guerre d'indépendance américaine.

1784. Arrivée de Jefferson à Paris.

1785. *Essai sur l'application de l'analyse à la probabilité des décisions rendues à la pluralité des voix.* Jefferson succède à Franklin en tant qu'ambassadeur des États-Unis en France. Il le restera jusqu'en septembre 1789. Condorcet devient, à titre honoraire, bourgeois de la ville de New Haven (Connecticut). *Vie de Voltaire* ; *Œuvres complètes de Voltaire* (1785-1789), éditées par Beaumarchais, Condorcet et Decroix (édition de Kehl).

1786. *Influence de la Révolution de l'Amérique sur l'Europe.* Condorcet épouse Marie-Louise-Sophie de Grouchy, de vingt-et-un ans sa cadette. Leur mariage sera heureux, malgré la différence d'âge, du fait de la communauté d'intérêts qui unit les deux époux. Jeune femme brillante, Sophie de Condorcet tiendra un salon très en vue à l'Hôtel des Monnaies, quai de Conti. On pouvait notamment y rencontrer Lafayette, Jefferson, Thomas Paine, Malesherbes, Mirabeau, Beccaria, Adam Smith, Destutt de Tracy, Cabanis, Garat, Volney, Marmontel, Grimm, l'abbé Morellet, Beaumarchais, Suard, La Harpe, Chamfort, Chénier, Olympe de Gouges, Mme de Staël, Benjamin Constant... Révolte des shaysites dans le Massachusetts (1786-1787). *Vie de Monsieur Turgot.*

1787. Convention à Philadelphie et rédaction d'une nouvelle constitution des États-Unis (ratifiée en 1788).

1788. Condorcet commente la nouvelle constitution fédérale américaine dans le supplément aux *Recherches historiques et politiques sur les États-Unis de l'Amérique Septentrionale* de Filippo Mazzei, ouvrage dans lequel sont également insérés deux de ses essais : une reprise d'*Influence de la Révolution de l'Amérique sur l'Europe* et les *Lettres d'un bourgeois de New Haven à un citoyen de Virginie, sur l'inutilité de partager le pouvoir législatif entre plusieurs corps.* Il devient membre de la *Société des amis des noirs*, société abolitionniste fondée par Brissot au début de l'année. Il en sera le président l'année suivante. *Essai sur la constitution et les fonctions des assemblées provinciales* ; *Lettres d'un citoyen des États-Unis, à un Français, sur les affaires présentes.*

1789. Mars-mai : Condorcet prépare le cahier de doléances de la noblesse de Mantes mais ne parvient pas à se faire élire pour la représenter aux États généraux. Il participe également à la rédaction du cahier de la noblesse de Paris mais échoue de nouveau aux élections : il n'est choisi ni par la noblesse, ni par le tiers état. Il ne siégera donc pas à l'Assemblée Nationale Constituante. Septembre : Condorcet est élu à l'assemblée municipale de Paris. Décembre : Condorcet est élu président du comité chargé de rédiger un nouveau plan de municipalité pour Paris. *Idées sur le despotisme* ; *Sur la forme des élections* ; *Examen sur cette question : est-il utile de diviser une assemblée nationale en plusieurs chambres ?* Condorcet contribue aux notes ajoutées à la traduction française d'un pamphlet de John Stevens, *Examen du gouvernement d'Angleterre, comparé aux constitutions des États-Unis.*

1790. Printemps : Condorcet fonde, avec Sieyès, la *Société de 1789*, club de réformateurs modérés actif jusqu'au début de 1791, et dirige, avec Dupont de Nemours, le *Journal de la société de 1789*, qui paraît de juin à septembre et dans lequel il publie *Sur l'admission des femmes au droit de cité.* 17 avril : mort de Franklin. Août : Condorcet perd son siège à l'assemblée de la commune de Paris. Novembre : *Éloge de M. Franklin.* Adoption d'une nouvelle constitution bicamérale par la Pennsylvanie. Naissance de la fille de Condorcet, Éliza.

1791. *Cinq mémoires sur l'instruction publique*, qui paraissent dans la *Bibliothèque de l'homme public* (1790-1792), périodique co-dirigé par Condorcet. Avril : sur la recommandation de Mirabeau, le roi nomme Condorcet l'un des six administrateurs de la Trésorerie. Après la fuite du roi en juin, Condorcet devient républicain et démissionne de son poste à la Trésorerie. Juillet : massacre du Champ de Mars. Rupture avec Lafayette. Septembre : Condorcet est élu à l'Assemblée Législative. Octobre : Condorcet est élu président du comité d'instruction publique de la Législative. Ratification du *Bill of Rights*, la déclaration de droits ajoutée à la constitution américaine.

1792. Février : Condorcet est élu président de l'Assemblée Législative. Juillet : Condorcet devient président de la Commission des Vingt-et-un de la Législative, véritable pouvoir exécutif. Août : chute de la monarchie. Septembre : Condorcet est élu à la Convention Nationale. Octobre : Condorcet est élu au comité de constitution de la Convention, dont il sera le rapporteur. Décembre : procès du roi.

1793. 21 janvier : exécution de Louis XVI. Condorcet avait voté pour la condamnation du roi mais contre la peine de mort. Février : Condorcet présente la constitution girondine à la Convention, projet dont il est le principal rédacteur (*Plan de constitution, présenté à la Convention nationale les 15 et 16 février 1793*). Mai : la Girondine est écartée par la Convention sans même avoir fait l'objet d'un vote. 2 juin : la Convention décrète l'arrestation des Girondins. Condorcet, proche des Girondins mais resté indépendant, est pour l'instant épargné. 24 juin : imposition hâtive d'une constitution jacobine, qui ne fut en fait jamais appliquée. Condorcet proteste dans *Aux citoyens français, sur la nouvelle constitution*. Juin-juillet : publication du *Journal d'instruction sociale*, dirigé par Condorcet et Sieyès, dans lequel paraît le *Tableau général de la science qui a pour objet l'application du calcul aux sciences politiques et morales*. 8 juillet : la Convention ordonne l'arrestation de Condorcet. Il se réfugie rue des Fossoyeurs (actuelle rue Servandoni), près du Luxembourg, chez une veuve qui loue des chambres, Mme Vernet. 28 juillet : décret de la Convention déclarant les Girondins traîtres à la patrie. Bien qu'épargné par ce décret, Condorcet proteste violemment dans une *Lettre à la Convention nationale*. Septembre : début de la Terreur. 3 octobre : Condorcet est inclus dans le décret d'accusation contre les Girondins voté par la Convention. 31 octobre : exécution des Girondins. Rédaction de l'*Esquisse d'un tableau historique des progrès de l'esprit humain* ; *Fragment sur l'Atlantide, ou Efforts combinés de l'espèce humaine pour le progrès des sciences* ; *Fragment de justification* ; *Lettre de Junius à William Pitt* ; *Sur les élections*.

1794. 25 mars : craignant sa retraite découverte, Condorcet quitte la rue des Fossoyeurs et se rend à pied chez ses anciens amis les Suard, à Fontenay-aux-Roses, mais ceux-ci sont absents. Il erre dans la campagne environnante jusqu'au surlendemain. 27 mars : en début de matinée, Condorcet trouve enfin les Suard chez eux mais ne peut s'y réfugier.

Il est arrêté en début d'après-midi dans une auberge, à Clamart, et ensuite conduit à la prison de Bourg-la-Reine. 29 mars : Condorcet est trouvé mort dans sa cellule. On ignore s'il s'est suicidé ou si, plus probablement, il a succombé à l'épuisement. 27 juillet (9 thermidor an II) : chute de Robespierre.

1795. Publication posthume de l'*Esquisse d'un tableau historique des progrès de l'esprit humain*. La Convention ordonne l'achat et la distribution dans les écoles de trois mille exemplaires de l'*Esquisse.*

NOTE SUR L'ÉTABLISSEMENT DES TEXTES

– *Influence de la Révolution de l'Amérique sur l'Europe*

Notre texte de base est celui de l'édition Mazzei, la dernière parue du vivant de Condorcet :

Influence de la Révolution de l'Amérique sur l'Europe, dans Filippo Mazzei, *Recherches historiques et politiques sur les États-Unis de l'Amérique Septentrionale*, 4 vol., Colle (Virginie) et Paris, chez Froullé, 1788, t. 4, p. 237-283.

Nous donnons en notes les quelques légères variantes du pamphlet original (O), très rare, mais dont un exemplaire, auquel malheureusement manque la page de titre, est conservé à la Bibliothèque Nationale (cote 8-PB-4016) :

[*Influence de la Révolution de l'Amérique sur l'Europe*], s. l., s. n., s. d. [1786].

Nous donnons également les variantes significatives des manuscrits conservés à la bibliothèque de l'Institut (ms. 857, f° 529-561) : un brouillon autographe (A) et une copie (C) d'une autre main, corrigée et augmentée par Condorcet. Cette copie est incomplète et s'arrête à la fin du premier chapitre. Nous signalons aussi les différents états du texte (A, C ou O) en indiquant entre crochets celui dans lequel le passage qui suit apparaît pour la première fois, que ce soit ou non sous la forme définitive du texte imprimé.

– « Supplément »

Nous suivons le texte de l'édition Mazzei, la seule parue du vivant de Condorcet :

« Supplément », dans Filippo Mazzei, *Recherches historiques et politiques sur les États-Unis de l'Amérique Septentrionale*, 4 vol., Colle (Virginie) et Paris, chez Froullé, 1788, t. 4, p. 284-364.

– *Idées sur le despotisme*

L'édition originale, très probablement sous forme de pamphlet, est introuvable. Nous donnons donc le texte de l'édition Arago, qui est restée jusqu'ici l'édition de référence pour cet opuscule :

Idées sur le despotisme, dans *Œuvres de Condorcet*, éd. A. Condorcet O'Connor et M. F. Arago, 12 vol., Paris, Firmin Didot, 1847, t. 9, p. 145-173.

– *Éloge de M. Franklin*

L'*Éloge de M. Franklin* ne figure pas, comme il le devrait, dans le dernier volume de la série *Histoire et mémoires de l'Académie royale des sciences* (1699-1790), correspondant à l'année 1790. En effet, ce volume omet la partie « Histoire » dans laquelle se trouvent normalement les éloges des académiciens décédés dans l'année. Il n'a d'ailleurs été publié qu'en 1797 et n'a pas été préparé par Condorcet. Nous suivons donc le texte de l'édition originale (O), la seule parue du vivant de Condorcet :

Éloge de M. Franklin, Paris, chez Pyre et chez Petit, 1791.

Nous donnons en notes les variantes significatives des manuscrits conservés à la bibliothèque du Congrès à Washington : un brouillon autographe (A) et trois copies successives d'autres mains (C1, C2 et C3), corrigées et augmentées par Condorcet. C1 et C3 sont incomplètes et ne présentent qu'environ les deux premiers tiers du texte. C2 est de la main d'Étienne Cardot, le secrétaire de Condorcet. Nous indiquons les différents états du texte comme pour *Influence de la Révolution de l'Amérique sur l'Europe*.

L'orthographe a été modernisée, y compris celle des noms propres. Par contre, nous avons conservé la ponctuation originale, sauf quand celle-ci s'éloignait de l'usage moderne jusqu'à gêner la compréhension du texte.

Les notes appelées par des chiffres arabes et placées en bas de page sont les nôtres, sauf celles précédées de la mention « [Note de l'auteur] », qui sont de Condorcet. Les notes où figurent les variantes, appelées par des lettres romaines, apparaissent en fin de texte.

Enfin, nous tenons à remercier Nicolas Rieucau, qui nous a très généreusement fait partager sa profonde connaissance des manuscrits de Condorcet, ainsi que, pour son aide précieuse, Julie Miller, du département des manuscrits à la bibliothèque du Congrès.

INFLUENCE DE LA RÉVOLUTION DE L'AMÉRIQUE SUR L'EUROPE (1786)

À M. le Marquis de Lafayette[1],

Qui, à l'âge où les hommes ordinaires sont à peine connus dans leur société, a mérité le titre de Bienfaiteur des deux Mondes.

Par un habitant obscur de l'ancien hémisphère[a].

INTRODUCTION

[A] Le chemin de la vérité, dit le poète Sadi[2], est étroit et placé entre deux précipices. Le moindre faux pas fait rouler au fond, on se relève étourdi de la chute, on gravit avec peine pour se rapprocher du sommet, on croit y toucher, on fait un dernier effort et l'on retombe de l'autre côté.

L'Amérique avait à peine déclaré son indépendance et nos politiques voyaient déjà clairement que la ruine de l'Angleterre et la prospérité de la France[b] devaient être la conséquence nécessaire de cette heureuse révolution. Cette indépendance est reconnue, assurée, ils semblent la

1 Condorcet et Lafayette furent très proches jusqu'en 1790. Ils furent tous les deux membres fondateurs de la *Société de 1789*, club de réformateurs modérés actif en 1790 et au début de 1791. La rupture définitive entre les deux hommes aura lieu en 1791 à l'occasion de la fuite du roi en juin et du massacre du Champ de Mars en juillet, massacre dans lequel Lafayette est directement impliqué en tant que commandant de la Garde Nationale. Condorcet devient alors fermement républicain, tandis que Lafayette passe progressivement dans le camp contre-révolutionnaire (voir *Fragment de justification* [1793], *OC*, t. 1, p. 583-584).

2 Célèbre poète persan du XIII[e] siècle, très apprécié de Voltaire qui fut, avec Turgot et d'Alembert, l'un des mentors de Condorcet.

voir avec indifférence[c] et ne s'avisent de douter de leurs prédictions qu'à l'instant où l'événement commence à en vérifier la dernière partie.

J'ai cru que ce moment où l'opinion semble s'égarer en sens contraire, était précisément celui où il pouvait être utile de discuter tranquillement les conséquences de ce grand événement et je vais tâcher d'être prophète de sang-froid.

Le prix proposé par M. l'abbé Raynal[1], sur le bien et le mal qui ont résulté pour l'Europe de la découverte du Nouveau Monde, avait excité mon intérêt ; j'avais osé entreprendre de résoudre cette question, mais j'ai senti que ce travail était au-dessus de mes forces, et je n'ai sauvé de l'incendie que le chapitre où j'examinais l'influence que l'indépendance de l'Amérique aurait sur l'humanité[d], sur l'Europe, sur la France en particulier, et l'analyse des principes d'après lesquels j'essayais de trouver une méthode de mesurer les différents degrés du bonheur public.

Une nation prise en corps étant un être abstrait, elle ne peut être ni heureuse, ni malheureuse. Ainsi quand on parle du bonheur d'une nation collectivement, on ne peut entendre que deux choses, ou une espèce de valeur moyenne regardée comme le résultat du bonheur et du malheur des individus, ou les moyens généraux de bonheur[e], c'est-à-dire, de tranquillité et de bien-être que le sol, les lois, l'industrie, les rapports avec les nations étrangères peuvent offrir à la généralité des citoyens. Il suffit d'avoir quelque idée de justice pour sentir que l'on doit s'en tenir au dernier sens.

Autrement il faudrait adopter la maxime trop répandue chez les républicains anciens et modernes, que le petit nombre peut être légitimement sacrifié au plus grand, maxime qui met la société dans un état de guerre perpétuelle et soumet à l'empire de la force, ce qui ne devrait l'être qu'à la raison et à la justice[2].

1 En 1781, Raynal avait en effet fondé un prix à l'Académie de Lyon sur la question suivante : « La découverte de l'Amérique a-t-elle été nuisible ou utile au genre humain ? S'il en résulte des biens, quels sont les moyens de les conserver et de les accroître ? Si elle a produit des maux, quels sont les moyens d'y remédier ? » Il avait lui-même répondu à la question de manière plutôt négative dans le dernier chapitre de sa monumentale *Histoire des deux Indes* (« Réflexions sur le bien et le mal que la découverte du Nouveau-Monde a fait à l'Europe », dans Guillaume-Thomas Raynal, *Histoire philosophique et politique des établissements et du commerce des Européens dans les deux Indes*, 10 vol., Genève, Jean-Léonard Pellet, 1780, t. 10, p. 469-480).

2 Allusion rapide à une idée centrale dans la pensée politique de Condorcet : le gouvernement populaire et électif doit être conçu « comme un moyen de parvenir à la vérité », et

Les moyens généraux de bonheur pour l'homme en société peuvent se partager en deux classes. La première comprend tout ce qui assure, tout ce qui étend la jouissance libre de ses droits naturels. La seconde renferme les moyens de diminuer le nombre des maux auxquels l'humanité est assujettie par la nature, de pourvoir à nos premiers besoins plus sûrement et avec moins de travail, de nous procurer un plus grand nombre de jouissances par l'emploi de nos forces et l'usage légitime de nos industries, et par conséquent les moyens d'augmenter notre force et notre industrie doivent être rangés dans la même classe[f].

Les droits de l'homme sont :

1. La sûreté de sa personne, sûreté qui renferme l'assurance de n'être troublé par aucune violence, ni dans l'intérieur de sa famille, ni dans l'emploi de ses facultés dont il doit conserver l'exercice indépendant et libre pour tout ce qui n'est pas contraire aux droits d'un autre.

2. La sûreté et la jouissance libre de sa propriété.

3. Comme dans l'état de société il y a certaines actions qui doivent être assujetties à des règles communes[g] ; comme il faut établir des peines pour les atteintes portées par un individu aux droits d'autrui, soit par la violence, soit par la fraude, l'homme a encore le droit de n'être soumis pour tous ces objets qu'à des lois générales, s'étendant à l'universalité des citoyens, dont l'interprétation ne puisse être arbitraire, dont l'exécution soit confiée à des mains impartiales.

4. Enfin le droit de contribuer, soit immédiatement, soit par des représentants[h], à la confection de ces lois et à tous les actes faits au nom de la société, est une conséquence nécessaire de l'égalité naturelle et primitive de l'homme, et l'on doit[i] regarder une jouissance égale de ce droit pour chaque homme usant de sa raison[j] comme le terme duquel on doit chercher à se rapprocher. Tant qu'on ne l'a pas atteint, on ne peut pas dire que les citoyens jouissent de ce dernier droit dans toute son étendue[1].

---

non simplement « comme faisant connaître la volonté du plus grand nombre, c'est-à-dire, la volonté du plus fort » (« Discours préliminaire » de l'*Essai sur l'application de l'analyse à la probabilité des décisions rendues à la pluralité des voix* [1785], *SE*, p. 81). C'est l'une des principales raisons pour lesquelles Condorcet rejette constamment le modèle des républiques antiques et accueille avec enthousiasme le nouveau modèle américain.

1 On trouve ici la meilleure formulation des droits naturels tels que Condorcet les conçoit avant la Révolution. Comme il s'en explique dans les paragraphes suivants, il s'agit d'un classement par ordre d'importance, le droit de participer au gouvernement, et donc le

Il n'est aucun des droits des hommes qu'on ne puisse déduire facilement de ceux auxquels nous venons d'essayer de les réduire, et il serait même aisé de prouver que tous les principes des lois civiles, criminelles, comme ceux des lois d'administration, de commerce, de police, sont une suite de l'obligation de respecter les droits compris dans les trois premières divisions.

Le bonheur d'une société est d'autant plus grand, que ces droits y appartiennent avec plus d'étendue aux membres de l'état. Mais la jouissance de chacun de ces mêmes droits n'est pas également importante pour le bonheur commun ; nous les avons placés ici suivant l'ordre dans lequel nous croyons qu'ils contribuent à ce bonheur, et nous ajouterons même que dans une société très nombreuse, il doit arriver presque nécessairement que le dernier de ces droits se trouve presque nul pour le plus grand nombre des habitants d'un pays.

Des républicains zélés l'ont regardé comme le premier de tous, et il est vrai sans doute que dans une nation éclairée, dégagée de toute superstition, où il appartiendrait en réalité à tout citoyen qui pourrait ou voudrait l'exercer, la jouissance de ce droit assurerait celle de tous les autres. Mais il perd ses avantages les plus précieux, [C] si l'ignorance, si les préjugés écartent ceux qui doivent l'exercer, du sentier étroit que la règle immuable de la justice leur a tracé[k], [A] et relativement au bonheur public, une république qui aurait des lois tyranniques peut être fort au-dessous d'une monarchie[1].

En adoptant cet ordre, on sent que la violation très fréquente ou très forte, d'un droit moins essentiel, peut nuire davantage au bonheur commun que la violation légère ou très rare d'un droit plus important ; qu'ainsi par exemple une forme dans la jurisprudence criminelle, qui exposerait les innocents à être condamnés par des juges ignorants ou prévenus, peut faire plus de mal à un pays qu'une loi qui condamnerait

---

droit de vote, arrivant en dernier. À l'époque où il écrit ces lignes, en 1786, Condorcet n'est encore ni républicain, ni partisan du suffrage universel (voir : « Du droit de cité », dans *Essai sur la constitution et les fonctions des assemblées provinciales* [1788], *SE*, p. 283-294 ; *Lettres d'un bourgeois de New Haven à un citoyen de Virginie, sur l'inutilité de partager le pouvoir législatif entre plusieurs corps* [1787], lettre 2, *SE*, p. 211-213 ; et ici même *Idées sur le despotisme* [1789], sect. 19, p. 121-122). On remarquera toutefois que sa définition du dernier des droits naturels est déjà clairement orientée dans ce sens.

1 En d'autres termes, l'essentiel, pour la liberté du citoyen, est bien plus le caractère rationnel de la loi que son origine démocratique.

à mort pour un délit imaginaire très rare dans le lieu où cette peine est établie. Des lois fiscales, des lois prohibitives peuvent, en attaquant l'exercice libre de la propriété, être plus nuisibles qu'un pouvoir d'emprisonner arbitrairement dont on ne ferait qu'un usage très rare.

[C] Ces principes sont simples, [A] mais la manière d'évaluer les degrés du mal ou du bien que peuvent produire ces différentes lésions des droits naturels, ou la destruction des abus contraires à ces droits, commence à devenir difficile[l]. Il ne suffirait pas de connaître avec précision les effets de chaque loi injuste, de chaque réforme utile, il faudrait encore une mesure commune à laquelle on pût les comparer.

Quant à la seconde classe de moyens de bonheur, il est aisé de voir qu'ils dépendent encore en très grande partie de l'exercice plus étendu et plus libre des droits naturels, et ils se bornent ensuite d'abord à la jouissance d'une paix durable et assurée avec les puissances étrangères ; puis à l'augmentation des moyens de se procurer plus de jouissances avec un travail égal, soit par celle des lumières et de l'industrie, soit par l'extension des relations avec les autres peuples, soit surtout par une plus grande égalité dans la distribution de ces moyens entre les membres de la société. En effet, comme la population se proportionne nécessairement à la quantité des subsistances, reproduites dans une année ordinaire[m], on voit aisément que jamais la masse des jouissances pour la pluralité[1] des citoyens ne peut être très grande, au moins d'une manière constante et durable, et qu'ainsi c'est dans la distribution plus égale de ces jouissances que l'on doit chercher le bonheur public[n], [C] c'est à maintenir ou à rétablir cette égalité entre les membres d'une nation sans nuire au droit de propriété, sans gêner l'exercice légitime de la liberté, que doivent tendre toutes les lois civiles, toutes celles qui ont le commerce pour objet[2].

---

1 Le mot signifie encore « majorité » au XVIIIe siècle.

2 Voir la conclusion des *Lettres d'un bourgeois de New Haven* : « Vous pouvez plus facilement en Amérique qu'en Europe détruire cette inégalité [dans les fortunes], ou en empêcher les progrès ; vous avez de moins les distinctions de familles, les lois dérivées du système féodal et les fortunes de finance ; vous n'avez à craindre que l'effet des primogénitures, et les fortunes de commerce et de banques. Le seul remède est la liberté du commerce et de bonnes lois civiles ; autrement on ne peut empêcher l'inégalité des fortunes de s'établir, et alors ni les lois somptuaires, ni les censeurs, ni les constitutions compliquées, ni toutes les inventions de la vieille politique, n'empêcheront l'inégalité sociale de s'établir. Nulle part le citoyen domestique, ouvrier, fermier d'un citoyen très riche, n'est son égal ; nulle part l'homme dégradé, abruti par la misère, n'est l'égal de l'homme qui a reçu une

[A] Il résulte de ces mêmes principes que le bonheur d'un peuple, loin de s'accroître par le malheur ou l'affaiblissement de ses voisins[o], doit augmenter au contraire par la prospérité des autres peuples[p], puisqu'il en recevrait alors l'exemple des bonnes lois ou de la destruction des abus, de nouveaux moyens d'industrie, tous les avantages enfin qui naissent de la communication des lumières ; et il est sensible en même temps que la masse des jouissances communes et la facilité de les répartir avec plus d'égalité, est pour tous les peuples l'effet nécessaire des progrès de chacun d'eux.

La seule exception à cette loi générale, est le cas où un peuple égaré par une fausse politique, fatigue ses voisins par son ambition, et cherche, soit par la guerre, soit par des monopoles, soit par des lois prohibitives de commerce, à leur rendre à ses propres dépens sa puissance dangereuse et sa prospérité inutile.

Tels sont les principes d'après lesquels je vais essayer de montrer quelle doit être l'influence de la révolution d'Amérique[q].

On ne trouvera peut-être à l'auteur de ces réflexions, d'autre mérite que celui de rêver plus en grand que l'abbé de Saint-Pierre[1], et il répondra comme lui : je me consolerai sans peine d'avoir passé toute ma vie pour un rêveur, si je puis espérer qu'un siècle après moi, l'exécution d'une de mes idées puisse faire un peu de bien.

C'est même trop exiger. En cherchant à répandre quelques vérités isolées et stériles en elles-mêmes, on peut faciliter à la longue des combinaisons d'idées plus heureuses et plus fécondes. N'est-ce pas encore être utile que de contribuer à diriger l'attention des bons esprits sur une matière importante, à leur inspirer le désir d'en faire l'objet de leurs méditations, ou de leurs recherches ? On n'aurait aucun droit à la gloire qu'ils pourraient[r] mériter, mais on en aurait du moins au plaisir d'avoir été l'occasion de quelque bien ; et serait-ce payer trop cher ce plaisir que de l'acheter par un léger sacrifice d'amour-propre ; par l'humiliation de s'être trompé de bonne foi, ou de n'avoir dit sur de grands objets que des vérités petites et communes ?

éducation soignée. Il s'établit donc nécessairement deux classes de citoyens partout où il y a des gens très pauvres et des gens très riches ; et l'égalité républicaine ne peut exister dans un pays où les lois civiles, les lois de finance, les lois de commerce rendent possible la longue durée des grandes fortunes. » (*SE*, p. 271-272)

1 Auteur d'un célèbre *Projet pour rendre la paix perpétuelle en Europe* (1713).

CHAPITRE PREMIER

Influence de la révolution d'Amérique, sur les opinions et la législation de l'Europe

« Le genre humain avait perdu ses titres, Montesquieu les a retrouvés et les lui a rendus[1]. » Mais il ne suffit pas qu'ils soient écrits dans les livres des philosophes et dans le cœur des hommes vertueux, il faut que l'homme ignorant ou faible puisse les lire dans l'exemple d'un grand peuple.

L'Amérique nous a donné cet exemple. L'acte qui a déclaré son indépendance est une exposition simple et sublime de ces droits si sacrés et si longtemps oubliés. Dans aucune nation ils n'ont été ni si bien connus, ni conservés dans une intégrité si parfaite.

L'esclavage des nègres subsiste encore, à la vérité, dans quelques-uns des États-Unis, mais tous les hommes éclairés en sentent la honte, comme le danger, et cette tache ne souillera plus longtemps la pureté des lois américaines[2].

Ces sages républicains, encore attachés à quelques restes des préjugés anglais, n'ont pas senti assez que les lois prohibitives, les règlements de commerce, les impôts indirects étaient de véritables atteintes au droit de propriété dont ces institutions restreignent le libre exercice, car on

1 [Note de l'auteur] Voltaire.

2 Il faudra en fait attendre presqu'un siècle après la *Déclaration d'indépendance* (1776) pour que soit signée par Lincoln la *Proclamation d'émancipation* (1862-1863) et que soit définitivement aboli l'esclavage par le 13e amendement à la constitution (1865). Le même optimisme quant à l'abolition rapide de l'esclavage aux États-Unis est exprimé dans le « supplément » (1788), p. 88-89 *infra*, et dans les *Réflexions sur l'esclavage des nègres* (1781/1788), le principal ouvrage abolitionniste de Condorcet (voir *Réflexions sur l'esclavage des nègres*, éd. J.-P. Doguet, Paris, GF-Flammarion, 2009, p. 89 [note], 126-128). Condorcet était également membre, et en 1789 président, de la *Société des amis des noirs*, société abolitionniste fondée par Brissot et active entre 1788 et 1799. Sur Condorcet et l'esclavage, on pourra consulter : D. Williams, *Condorcet and Modernity*, Cambridge, Cambridge University Press, 2004, p. 139-158 ; Y. Benot, « Condorcet journaliste et le combat anti-esclavagiste », *Condorcet, mathématicien, économiste, philosophe, homme politique*, édit. P. Crépel et C. Gilain, Paris, Minerve, 1989, p. 376-384, et dans le même ouvrage, J. Jurt, « Condorcet : l'idée de progrès et l'opposition à l'esclavage » (p. 385-395) ; É. et R. Badinter, *Condorcet. Un intellectuel en politique*, Paris, Fayard, 1988, p. 174-178, 299-305, 380-382 ; R. H. Popkin, « Condorcet, Abolitionist », *Condorcet Studies I*, édit. L. C. Rosenfield, Atlantic Highlands (New Jersey), Humanities Press, 1984, p. 35-47.

ne possède point ce dont on ne peut disposer[1]. En établissant une tolérance plus étendue qu'aucune autre nation, ils ont consenti à quelques limitations exigées par le peuple, mais contraires sinon à l'exercice de la liberté personnelle, du moins au droit qu'a chaque homme de n'être soumis à aucune privation pour avoir cru ce que sa raison lui ordonnait de croire. On pourrait peut-être encore trouver dans les lois de quelques états de faibles restes d'un fanatisme trop aigri par de longues persécutions, pour céder aux premiers efforts de la philosophie, mais si on compare ces atteintes portées aux droits naturels des hommes à tout ce qu'un œil éclairé pourrait en découvrir dans les législations des peuples les plus sages, [C] surtout dans celles de ces nations anciennes que l'on admire tant et que l'on connaît si peu, [A] on sentira que notre opinion sur celles de l'Amérique n'est pas le fruit d'un enthousiasme exagéré, ni pour cette nation, ni pour notre siècle.

D'ailleurs, si on peut faire aux Américains des reproches fondés, ils n'ont pour objet que des erreurs particulières ou d'anciens abus que les circonstances n'ont pas permis de corriger. Il leur suffira d'être conséquents pour tout réparer. Ils sont le seul peuple jusqu'ici chez lequel on ne trouve ni des maximes du machiavélisme érigées en principes politiques, ni parmi les chefs, l'opinion sincère ou feinte de l'impossibilité de perfectionner l'ordre social et de concilier la prospérité publique avec la justice.

Le spectacle d'un grand peuple où les droits de l'homme sont respectés, est utile à tous les autres, malgré la différence des climats, des mœurs et des constitutions. Il apprend que ces droits sont partout les mêmes et qu'hors un seul[2], auquel pour l'intérêt de la tranquillité publique le citoyen vertueux doit savoir renoncer dans certaines constitutions, il n'est point d'état où l'homme ne puisse jouir de tous les autres dans leur entière étendue.

Il fait sentir l'influence que la jouissance de ces droits a sur la prospérité commune, en montrant que l'homme qui n'a jamais craint d'outrages pour sa personne, acquiert une âme plus élevée et plus douce ; que celui dont la propriété est toujours assurée, trouve la probité facile ; que le citoyen qui ne dépend que des lois, a plus de patriotisme et de courage.

---

1 Proche des physiocrates, disciple de Turgot qui le nomma Inspecteur Général des Monnaies en 1775, Condorcet était opposé à toute restriction à la liberté du commerce. Son libéralisme économique s'exprime en particulier dans ses *Lettres sur le commerce des grains* (1775). Voir ci-dessous le chapitre quatre sur le commerce, p. 70-78.

2 Le droit de vote.

Cet exemple, si utile à toutes les nations qui peuvent le contempler, allait être perdu pour le genre humain. Les grandes nations méprisent l'exemple des petits peuples, et l'Angleterre qui depuis un siècle en avait donné un si imposant, n'allait plus servir qu'à accréditer par sa chute l'opinion si répandue, si dangereuse et si fausse, que les lois ne peuvent avoir sur les peuples qu'un empire passager, et que les corps politiques sont condamnés à se dissoudre après quelques instants d'une vie plus ou moins brillante[1]. Si l'Amérique eût succombé sous les armes de l'Angleterre, le despotisme y aurait bientôt forgé les fers de la mère patrie, et les Anglais auraient éprouvé le sort de toutes les républiques qui ont cessé d'être libres, pour avoir voulu avoir des sujets au lieu de n'avoir que des citoyens[2].

Or l'Angleterre eût perdu ses lois en perdant sa liberté. Il peut arriver sans doute que dans une monarchie paisible, un sage législateur respecte assez les droits des hommes pour faire envier au fier républicain le sort de ses heureux sujets. [C] On sait que cette vérité, importante pour la tranquillité de ces constitutions, a été prouvée par des philosophes français[3], précisément dans le même temps où ils étaient accusés dans les journaux, dans les mandements et dans les réquisitoires, de prêcher

1 C'est sans doute Montesquieu qui est ici visé, et peut-être également Rousseau (voir *Du contrat social* [1762], liv. III, chap. X-XI). Dans les *Lettres d'un bourgeois de New Haven*, Condorcet attaque aussi « ceux qui ont soutenu qu'il ne pouvait exister de grands états libres, ceux qui ont cru que les corps politiques avaient, comme les individus, leur jeunesse, leur maturité, leur décadence et leur mort… » (*SE*, p. 252). L'idée selon laquelle les corps politiques ou les gouvernements n'ont qu'une durée de vie passagère inscrite dans un cycle d'ascension, grandeur et déclin, se retrouve à travers toute l'œuvre de Montesquieu. Elle apparaît dès l'histoire des Troglodytes des *Lettres persanes* (1721, lettres XI-XIV), figure au cœur des *Considérations sur les causes de la grandeur des Romains et de leur décadence* (1734), et occupe également une place centrale dans l'*Esprit des lois* (1748), où les régimes modérés, république et monarchie, semblent toujours menacés de corruption (voir en particulier tout le livre VIII, « De la corruption des principes des trois gouvernements »). Sur l'Angleterre, précisément, Montesquieu écrit : « Comme toutes les choses humaines ont une fin, l'État dont nous parlons perdra sa liberté, il périra. Rome, Lacédémone et Carthage ont bien péri. Il périra lorsque la puissance législative sera plus corrompue que l'exécutrice » (*De l'esprit des lois*, éd. R. Derathé, 2 vol., Paris, Classiques Garnier, 1973, t. 1, p. 179 [liv. XI, chap. VI]). Condorcet, dont le nom restera si étroitement associé à l'idée de progrès, ne pouvait qu'être hostile à cet aspect de la pensée de Montesquieu.

2 Comme Montesquieu, Condorcet voit dans l'Angleterre un mélange de monarchie et de république.

3 Voltaire et Diderot notamment. Même dans le camp des philosophes, les républicains étaient fort rares avant la Révolution puisqu'on s'accordait généralement pour penser que cette forme de gouvernement ne pouvait convenir qu'à de très petits états. Voir par

la sédition. [A] Mais la violence seule peut assujettir celui qui a joui de la liberté ; et pour que le citoyen consente à cesser de l'être, il faut lui ravir jusqu'à la dignité d'homme.

Par une conséquence nécessaire du respect qu'ont eu les lois de l'Amérique pour les droits naturels de l'humanité, tout homme, quels que soient sa religion, ses opinions, ses principes, est sûr d'y trouver un asile. En vain l'Angleterre offrait-elle le même avantage, du moins aux protestants. L'industrie de ses habitants ne laisse point de ressource à celle de l'étranger, sa richesse repousse le pauvre, il reste peu de place sur un sol où le commerce, les manufactures, ont multiplié les hommes[s]. Son climat ne convient même qu'aux peuples d'une petite partie de l'Europe. L'Amérique au contraire offre à l'industrie des espérances séduisantes[t], le pauvre y trouve une subsistance facile ; une propriété assurée, suffisante à ses besoins, peut y devenir le prix de son travail. Un climat plus varié convient aux hommes de tous les pays.

Mais en même temps l'Amérique est séparée des peuples de l'Europe[u] par une vaste étendue de mer. Il faut d'autres motifs pour engager à la traverser, qu'un simple désir d'augmenter son bien-être. L'opprimé seul peut avoir la volonté de franchir cet obstacle ; ainsi l'Europe sans avoir à craindre de grandes émigrations, trouve dans l'Amérique un frein utile pour les ministres qui seraient tentés de trop mal gouverner. L'oppression doit y devenir plus timide[v], lorsqu'elle saura qu'il reste un asile à celui qu'elle aurait marqué pour sa victime, et qu'il peut, à la fois, lui échapper et la punir en la forçant de se présenter avec lui au tribunal de l'opinion.

La liberté de la presse est établie en Amérique, et l'on y a regardé avec une juste raison le droit de dire et celui d'entendre les vérités qu'on croit utiles, comme un des droits les plus sacrés de l'humanité.

Dans un pays où le saule serait un arbre sacré et où il serait défendu, sous peine de la vie, d'en rompre une branche pour sauver un homme qui se noie, dirait-on que la loi ne porte aucune atteinte ni à la liberté, ni à la sûreté des citoyens ? Si l'absurdité des lois contre la liberté de la presse ne nous paraît pas aussi palpable, c'est que malheureusement l'habitude a le pouvoir funeste de familiariser la faible raison humaine, avec ce qui doit le plus la révolter.

---

exemple Montesquieu, *De l'esprit des lois*, liv. VIII, chap. XVI, et Rousseau, *Du contrat social*, liv. III, chap. III-IV, VIII.

Or, l'exemple seul de tout le bien que la liberté de la presse a fait et fera encore en Amérique, sera d'autant plus utile pour l'Europe qu'il est plus propre que celui de l'Angleterre à rassurer contre les prétendus inconvénients de cette liberté. Déjà plus d'une fois on a vu l'Américain se soumettre tranquillement[w] à des lois dont il avait attaqué avec chaleur, ou les principes, ou les effets, [O] et obéir avec respect aux dépositaires de la puissance publique, sans renoncer au droit de chercher à les éclairer et de dénoncer à la nation leurs fautes ou leurs erreurs. [A] On a vu des discussions publiques détruire les préjugés[x] et préparer aux vues sages de ces législations naissantes, l'appui de l'opinion générale.

On a vu cette liberté, loin de favoriser l'intrigue, dissiper des associations particulières, empêcher ceux qui étaient conduits par des vues personnelles de se former des partis, et on a pu en conclure que les déclamations et les libelles n'ont de danger qu'autant que la sévérité des lois les oblige de circuler dans les ténèbres.

On y a vu enfin, que l'opinion répandue facilement et promptement dans un pays immense, [C] au moyen de l'impression, [A] offrait au Gouvernement, dans des circonstances difficiles, une arme souvent plus puissante que les lois. Nous n'en citerons qu'un exemple[y] ; la désertion s'était introduite dans une partie de la milice, les peines les plus sévères n'avaient pu l'arrêter, parce que l'espérance de l'impunité leur ôtait toute leur force. On proposa d'insérer le nom du coupable dans la gazette de son pays, et la crainte de cette punition fut plus efficace que celle de la mort. On sent que cette manière si noble et si généreuse de faire rentrer les citoyens dans le devoir, doit tout son succès au droit qu'aurait eu l'accusé de réclamer avec une égale publicité contre une inculpation injuste.

En Angleterre l'usage d'éluder par des subtilités, souvent ridicules, les lois encore subsistantes contre la liberté de la presse, le scandale des libelles, la vénalité des écrivains politiques, la fausse chaleur d'un patriotisme qu'on ne sent pas, ont empêché de s'apercevoir que ce pays doit plus encore à la liberté de la presse qu'à sa constitution, le maintien des lois et le respect qu'on y conserve pour la partie des droits de l'humanité que l'opinion y a consacrés[1].

1 Comme l'illustrent les paragraphes qui précèdent, dans les débats de la fin de l'Ancien Régime et du début de la Révolution entre « anglomanes » (admirateurs de Montesquieu et de la *Constitution de l'Angleterre* [1771] de Jean-Louis de Lolme) et « américanistes »,

Croit-on qu'en voyant la tolérance la plus étendue dont aucun peuple ait encore joui, loin d'exciter des troubles en Amérique, y faire fleurir la paix et la fraternité, les gouvernements des pays où l'intolérance règne encore, continueront de la croire nécessaire au repos des États, et n'apprendront pas enfin qu'ils peuvent, sans danger, obéir à la voix de la justice et de l'humanité ? Jadis le fanatisme osait se montrer à découvert, et demander, au nom de Dieu, le sang des hommes ; la raison l'a forcé de se cacher ; il a pris le masque de la politique, et c'est pour le bien de la paix qu'il demande qu'on lui laisse encore les moyens de la troubler. Mais l'Amérique a prouvé qu'un pays peut être heureux quoiqu'il n'y ait dans son sein ni persécuteurs, ni hypocrites, et les politiques qui auraient eu peine à le croire sur l'autorité des sages[z], le croiront sans doute sur celle de cet exemple[1].

En observant comment les Américains ont fondé leur repos et leur bonheur sur un petit nombre de maximes qui semblent l'expression naïve de ce que le bon sens aurait pu dicter à tous les hommes[aa], [C] on cessera de vanter ces machines si compliquées où la multitude des ressorts rend la marche violente, irrégulière et pénible, où tant de contrepoids, qui, dit-on, se font équilibre, se réunissent dans la réalité pour peser sur le peuple. Peut-être sentira-t-on le peu d'importance, ou plutôt le danger de ces subtilités politiques trop longtemps admirées, de ces systèmes où l'on veut forcer les lois, et par conséquent la vérité, la raison, la justice, leurs bases immuables, à changer suivant la température, à se plier à la forme des gouvernements, aux usages que le préjugé a consacrés, et même aux sottises adoptées par chaque peuple, comme s'il n'eût pas été plus humain, plus juste et plus noble de chercher dans une législation raisonnable des moyens de l'en désabuser[2].

Condorcet se range clairement dans le camp des derniers (voir J. Appleby, « America as a Model for the Radical French Reformers of 1789 », *William and Mary Quarterly*, vol. 28, n° 2, 1971, p. 267-286).

1 L'exemple des États-Unis fournit donc une arme essentielle dans la campagne des philosophes en faveur des libertés individuelles. Il permet de montrer que ni les libertés religieuses, ni la liberté de la presse ne sont des facteurs d'anarchie ou de désordre social. Condorcet pense en particulier à la première des déclarations de droits américaines, celle de l'état de Virginie, modèle pour toutes les autres, qui dès juin 1776 avait inscrit la liberté de la presse et la liberté de conscience parmi les droits fondamentaux (sections 12 et 16, respectivement). Voir ci-dessous *Idées sur le despotisme*, sect. 21, p. 123-125.

2 Condorcet s'oppose à deux des thèses centrales de l'*Esprit des lois* : la théorie de la séparation et de l'équilibre des pouvoirs (liv. XI), et celle de l'influence du climat et de

[O] On verra qu'on peut avoir de braves guerriers, des soldats obéissants, des troupes disciplinées sans recourir à la dureté des administrations militaires de plusieurs nations de l'Europe, où les subalternes sont jugés sur les mémoires secrets de leurs chefs, condamnés sans avoir été entendus, punis sans avoir pu se défendre, où c'est un nouveau crime de demander à prouver son innocence, et un crime bien plus grand encore d'imprimer qu'on n'est point coupable. Il faut cependant l'avouer, ce n'est pas à la corruption, à une injustice réfléchie, à une dureté tyrannique qu'il faut attribuer ce système d'oppression secrète qui viole, à la fois, les droits des citoyens et ceux des nations ; c'est encore moins à la nécessité, car il est, à la fois, aussi inutile, aussi dangereux pour la discipline, pour la sûreté de l'état qu'il peut être injuste. Que faut-il donc en accuser ? Hélas ! c'est seulement cette ignorance invincible du droit naturel qui excuse du péché, et l'exemple d'un peuple libre, mais

l'esprit général sur la législation (liv. XIV-XIX). Dans les deux cas, il s'agit d'un rejet du relativisme ou de l'empirisme de Montesquieu, jugés excessifs par Condorcet. En ce qui concerne l'équilibre des pouvoirs, la question du bicaméralisme a particulièrement retenu son attention. Condorcet est tout à fait hostile à la division du corps législatif en deux chambres et surtout à une division en chambre haute et chambre basse sur le modèle anglais des *Lords* et *Commons*. Il y voit une complication inutile et même dangereuse, car d'esprit aristocratique et pouvant entraîner une paralysie du corps législatif. La notion de modération, si chère à Montesquieu, celle de conciliation d'intérêts divergents, sont fondamentalement étrangères à la pensée politique de Condorcet. Pour lui, l'objet du processus législatif n'est pas le compromis entre des volontés différentes mais la recherche collective de la vérité selon les principes universels de la raison et de la justice. Il souhaite donc un pouvoir législatif fort concentré en une chambre unique (voir ci-dessous le « supplément », p. 93-95, et l'*Éloge de M. Franklin* [1790], p. 147-148, et également : *Lettres d'un bourgeois de New Haven*, lettre 4, *SE*, p. 258-272 ; *Examen sur cette question : est-il utile de diviser une assemblée nationale en plusieurs chambres ?* [1789], *OC*, t. 9, p. 333-364 ; *Plan de constitution, présenté à la Convention nationale les 15 et 16 février 1793. Exposition des principes et des motifs du plan de constitution*, *OC*, t. 12, p. 354-366). Le même universalisme et le même rationalisme conduisent naturellement Condorcet à refuser tout rôle majeur au climat ou à l'esprit général dans la détermination de la loi. Sur ce dernier point, Condorcet s'oppose non seulement à Montesquieu mais aussi à Rousseau, qui avait repris la théorie du climat dans le *Contrat social* (liv. III, chap. VIII). Voir *Observations de Condorcet sur le 29e livre de l'*Esprit des lois (1780), sur le chapitre 18 « Des idées d'uniformité », *OC*, t. 1, p. 376-381, notamment le passage suivant : « Comme la vérité, la raison, la justice, les droits des hommes, l'intérêt de la propriété, de la liberté, de la sûreté, sont les mêmes partout, on ne voit pas pourquoi toutes les provinces d'un État, ou même tous les États, n'auraient pas les mêmes lois criminelles, les mêmes lois civiles, les mêmes lois de commerce, etc. Une bonne loi doit être bonne pour tous les hommes, comme une proposition vraie est vraie pour tous » (p. 378), et C. Kintzler, « Trois modèles politiques. Condorcet, critique de Montesquieu et de Rousseau », dans *La République en questions*, Paris, Minerve, 1996, p. 175-190.

soumis avec docilité aux lois militaires comme aux lois civiles, aura sans doute le pouvoir de nous en guérir.

[A] Le spectacle de l'égalité qui règne dans les États-Unis et qui en assure la paix et la prospérité, peut aussi être utile à l'Europe. Nous n'y croyons plus à la vérité que la nature ait divisé la race humaine en trois ou quatre ordres, comme la classe des Solipèdes[1], et qu'un de ces ordres y soit aussi condamné à travailler beaucoup et à peu manger. On nous a tant parlé des avantages du commerce et de la circulation, que le noble commence à regarder un banquier et un commerçant presque comme son égal, pourvu qu'il soit très riche, mais notre philosophie ne va pas plus loin, et nous imprimions encore il n'y a pas longtemps que le peuple est dans certains pays taillable et corvéable de sa nature[2] [ab].

[C] Nous disions il n'y a pas encore longtemps, que le sentiment de l'honneur ne peut exister dans toute sa force que dans certains états, et qu'il fallait avilir la plus grande partie d'une nation afin de donner au reste un peu plus d'orgueil[3].

Mais voici ce qu'on pourra lire dans l'histoire de l'Amérique. Un jeune général français[4], chargé de défendre la Virginie contre une armée supérieure, voyant[ac] que les soldats qu'on avait tirés de leurs régiments pour lui former un corps de troupes, l'abandonnaient, déclara, pour faire cesser cette espèce de désertion, que, voulant avoir avec lui des hommes choisis, il renverrait à l'armée tous ceux dont il soupçonnerait la valeur, la fidélité ou l'intelligence. Dès ce moment aucun n'eut l'idée de se retirer. Un soldat qu'il voulait charger d'une commission particulière,

---

1 C'est-à-dire la classe des Équidés.

2 Allusion à la remontrance du parlement de Paris contre les édits de Turgot de 1776 qui visaient, entre autres réformes, à l'abolition de la corvée (travail forcé et gratuit auquel le peuple était assujetti) et à l'introduction d'un nouvel impôt général sur la propriété, alors que, traditionnellement, les impôts de l'Ancien Régime, comme la taille, étaient payés exclusivement ou presque par les roturiers.

3 Autre critique dirigée vers Montesquieu qui, comme on sait, voyait dans l'honneur, privilège de la noblesse, le principe du gouvernement monarchique. Mais Condorcet semble oublier le sens particulier attaché au concept d'honneur en tant que principe de gouvernement dans l'*Esprit des lois*. Pas plus que la vertu républicaine, autre principe de gouvernement, l'honneur dont parle Montesquieu ne doit s'entendre dans un sens général, moral ou philosophique. C'est un préjugé de classe, préjugé utile à l'état monarchique, mais « philosophiquement parlant, c'est un honneur faux » (*De l'esprit des lois*, t. 1, p. 32 [liv. III, chap. VII]).

4 Lafayette, qui avait joué un rôle de premier plan dans la campagne de Virginie et la victoire décisive de Yorktown (1781).

exigea de lui la promesse que s'il venait à périr en l'exécutant, on mettrait dans la gazette de son pays qu'il n'avait quitté le détachement que par ordre du général ; un autre hors d'état de marcher à cause d'une blessure, loua un chariot à ses dépens pour suivre l'armée. [O] Alors on sera forcé de convenir que le sentiment de l'honneur est le même dans toutes les constitutions, qu'il agit avec une force égale sur les hommes de toutes les conditions, pourvu qu'aucune d'elles ne soit ni avilie par une opinion injuste ni opprimée par de mauvaises lois[ad].

[A] Tels sont les biens que l'humanité entière doit attendre de l'exemple de l'Amérique, et nous serions surpris qu'on regardât comme chimériques ces avantages, parce qu'ils n'ont pas une influence immédiate et physique sur le sort des individus. Ce serait ignorer que le bonheur des hommes réunis en société dépend presque uniquement des bonnes lois, et que s'ils doivent leur premier hommage au législateur qui réunit à la sagesse de les concevoir la volonté et le pouvoir de les prescrire, ceux qui par leur exemple ou par leurs leçons indiquent à chaque législateur les lois qu'il doit faire[ae], deviennent après lui les premiers bienfaiteurs des peuples.

CHAPITRE II

Des avantages de la révolution d'Amérique ; relativement à la conservation de la paix en Europe

L'abbé de Saint-Pierre avait osé croire que les hommes seraient un jour assez raisonnables pour que les nations consentissent d'un commun accord, à renoncer au droit barbare de la guerre, et à soumettre au jugement d'arbitres paisibles la discussion de leurs prétentions, de leurs intérêts ou de leurs griefs. Sans doute cette idée n'est pas chimérique ; il est si clairement prouvé que la guerre ne peut jamais être un bien pour la pluralité des individus d'une nation ! Et pourquoi les hommes qui se sont accordés si longtemps pour se livrer à des erreurs absurdes et funestes, ne s'accorderaient-ils pas un jour pour adopter des vérités simples et salutaires ? Mais cette espérance est encore loin de se réaliser.

Peut-être l'abbé de Saint-Pierre aurait-il été plus utile, si au lieu de proposer aux souverains (monarques, sénats ou peuples) de renoncer au droit de faire la guerre, il leur eût proposé de conserver ce droit, mais d'établir en même temps un tribunal chargé de juger, au nom de toutes les nations, les différends qui peuvent s'élever entre elles, sur la remise des criminels, sur l'exécution des lois de commerce, les saisies de vaisseaux étrangers[af], les violations de territoire, l'interprétation des traités, les successions, etc. Les différents états se seraient réservé le droit d'exécuter les jugements de ce tribunal, ou d'en appeler à celui de la force[ag]. Les hommes qui l'auraient composé, auraient été chargés de rédiger un code de droit public, fondé uniquement sur la raison et sur la justice, et que les nations confédérées seraient convenues d'observer pendant la paix. Ils en eussent formé un autre destiné à contenir les règles qu'il serait de l'utilité générale d'observer[ah] en temps de guerre, soit entre les nations belligérantes, soit entre elles et les puissances neutres. Un tel tribunal pourrait étouffer des semences de guerre, en établissant dans l'état de paix plus d'union entre les peuples, et détruire ces germes de haine et cette humeur d'un peuple contre un autre qui dispose à la guerre et en fait saisir tous les prétextes. Souvent les ambitieux qui la conseillent, n'oseraient la proposer s'ils ne se flattaient de soulever en leur faveur l'opinion populaire, s'ils n'étaient appuyés du suffrage de ceux même dont ils prodiguent le sang et la subsistance. Les guerres seraient devenues moins cruelles : en effet, nous sommes encore bien loin d'avoir donné à la justice, à l'humanité, tout ce qu'on peut leur accorder pendant la guerre, sans nuire au succès. Les troupes réglées ont du moins produit un grand bien, celui de rendre les peuples étrangers à la guerre qu'on fait en leur nom, et il n'y a aucune raison pour que l'ennemi[ai] ne traite pas les habitants de la frontière qu'il a conquise, comme il traiterait ceux de la sienne s'il était obligé de la défendre. Est-il si nécessaire au succès des guerres maritimes de légitimer le vol et le brigandage ? A-t-on pesé seulement avec quelque attention les tristes avantages et les conséquences funestes de cet usage des siècles et des nations barbares ? Mais ne nous égarons pas dans ces idées qui toutes simples, toutes naturelles qu'elles soient pour tout homme doué d'un cœur juste et d'un esprit droit, étonneraient encore l'oreille des politiques.

Venons aux effets de la révolution d'Amérique, et voyons si quoiqu'elle ait coûté une guerre à l'humanité, elle n'aura pas été un bien, même à cet égard.

Si l'Angleterre se fût réconciliée avec ses colonies, le ministère britannique eût senti qu'une guerre étrangère était le seul moyen d'en tirer des taxes, d'y établir l'autorité militaire, d'y avoir un parti. Cette guerre avec la maison de Bourbon eût entraîné la perte d'une grande partie des îles que la France et l'Espagne n'eussent pu soutenir contre l'Amérique et l'Angleterre réunies. Je ne regarderais pas la perte des îles à sucre en elle-même comme un très grand malheur pour la France. Le produit de ces îles diminué des frais de culture, des dépenses d'administration et de défense, n'ajoute qu'une très petite somme au produit total du territoire de la France, et ces possessions si difficiles à défendre diminuent plutôt qu'elles n'augmentent la puissance nationale. [O] Mais il n'en serait pas de même dans les cas[aj] où l'on pourrait craindre qu'une nation peu éclairée sur les vrais intérêts de son propre commerce, ne permît[ak] à des négociants riches et avides d'exercer un monopole sur les étrangers, monopole dont cette nation elle-même et surtout les négociants peu riches sentiraient aussi le poids. Dans cette hypothèse l'intérêt de chaque nation consommatrice serait d'avoir un moyen de se procurer, au moins en partie, des denrées devenues nécessaires, sans dépendre du caprice des autres nations. C'est sous ce point de vue que la possession des colonies dans les Antilles est vraiment importante pour les nations européennes. Les principes généraux de l'économie politique sont prouvés d'une manière rigoureuse, ils ne sont sujets à aucune exception réelle. Si on ne peut[al] les suivre dans la pratique, en étendre les conséquences à tous les cas particuliers, c'est uniquement parce qu'une grande partie des hommes se laissent guider par des préjugés contraires à ces principes ; ainsi ces exceptions apparentes ne servent qu'à les conserver davantage. [A] Dans la supposition que nous considérons, les conséquences de la perte des îles à sucre eussent été funestes[am] pour la France. La marine française détruite par une guerre malheureuse eût laissé l'Angleterre maîtresse de la mer. Bientôt elle eût voulu envahir le commerce de l'Inde, de l'Afrique, des deux parties de l'Amérique.

L'esprit de monopole qu'elle porte dans le commerce l'eût engagée à prendre, même aux dépens de sa propre richesse, les mesures les plus ruineuses aux autres peuples, les eût exposés à tout ce qu'une politique mercantile peut imaginer de vexations et d'outrages. Mais avant que ce système de machiavélisme eût atteint son but, avant que l'empire britannique se fût divisé, dans combien de guerres les nations de l'Europe n'auraient-elles pas été entraînées ? Car[an] ce système eût été inégalement, mais constamment suivi par des ministres intéressés à occuper leur nation de conquêtes ; soit pour se maintenir dans leurs places, soit pour éviter les troubles intérieurs ou la séparation des colonies, soit pour détruire sourdement la constitution et faire naître une monarchie absolue. Peut-être, plus d'un siècle d'oppression et de guerres eût-il précédé l'époque, où la division de cet empire eût fait renaître la paix et la liberté des mers. Ainsi l'humanité peut pardonner à la guerre d'Amérique en songeant aux maux dont cette guerre l'a préservée.

La même révolution doit rendre les guerres plus rares en Europe.

En effet, on ne peut se le dissimuler, les Américains sont presque absolument les maîtres de faire pencher la balance dans les mers[ao] de l'Amérique en faveur de la puissance qu'ils favoriseront ; ils ont en même temps plus de facilité que les nations européennes pour les conquérir et les garder. D'ailleurs les habitants de ces îles assez indifférents sur le nom de la puissance à laquelle ils appartiennent, parce qu'ils sont moins de véritables propriétaires attachés au sol de leur patrie que des entrepreneurs de manufactures, seraient disposés à s'unir à un peuple qui, dédaignant de commander à des sujets, ne veut avoir que des concitoyens, et pour qui conquérir ne peut être qu'admettre les vainqueurs[1] à partager son indépendance et sa liberté. Sans doute il peut arriver que les colons anglais, français, espagnols craignent l'arrivée des Américains dans leurs possessions plus qu'ils ne la désirent, si les Américains proscrivent chez eux l'esclavage des noirs ; et que les puissances européennes aient la barbarie et la mauvaise politique de le conserver. Mais alors les Américains n'en seraient que plus sûrs du succès, puisqu'ils auraient, en arrivant dans chaque île, des partisans nombreux, animés de tout le courage que peuvent donner la vengeance et l'espoir de la liberté.

Ainsi du moment où les États-Unis auront réparé les maux au prix desquels ils ont acheté leur indépendance, aucune nation de l'Europe ne pourrait, sans imprudence, entreprendre une guerre dans des mers où elle serait exposée à tout perdre si elle avait les États-Unis pour ennemis, et à se mettre dans leur dépendance si elle les avait pour amis.

1 Lire : les vaincus. Cette erreur, qui crée un non-sens manifeste, est néanmoins reproduite dans toutes les éditions. Le manuscrit autographe de la bibliothèque de l'Institut (ms. 857, f° 555r°) donne bien « les vaincus ».

[O] La possession des Antilles aurait été absolument précaire dans très peu de temps, dès aujourd'hui peut-être sans la révolution d'Amérique ; elle le deviendra sans doute, mais plus tard ; et d'ailleurs les Anglais auraient sûrement regardé la conquête de ces îles comme très importante, et il n'est pas vraisemblable que les Américains aient jamais la même idée ; ils sentent qu'il importe à leur liberté, à la conservation de leurs droits de ne pas avoir de sujets ; ils ne peuvent désirer d'avoir loin d'eux des alliés faibles et difficiles à défendre ; et les Européens seuls, par une conduite imprudente, pourraient leur inspirer le désir[ap] de faire cette conquête. C'est ce qu'a senti le ministère de France, et s'il s'est empressé d'ouvrir ses colonies aux Américains[1], cette opération juste en elle-même, nécessaire à la prospérité, presque à l'existence des colonies, a été en même temps dictée par une politique sage et prévoyante.

[A] Les Américains serviront encore à maintenir la paix en Europe par l'influence de leur exemple. Dans l'Ancien Monde quelques philosophes éloquents, et surtout Voltaire, se sont élevés contre l'injustice, l'absurdité de la guerre ; mais à peine ont-ils pu y adoucir à quelques égards la fureur martiale. Cette foule immense d'hommes qui ne peuvent attendre de gloire et de fortune que par le massacre, ont insulté à leur zèle, et l'on répétait dans les livres, dans les camps, dans les cours, qu'il n'y avait plus ni patriotisme, ni vertu, depuis qu'une abominable philosophie avait voulu épargner le sang humain.

Mais dans l'Amérique ces mêmes opinions pacifiques sont celles d'un grand peuple, d'un peuple brave qui a su défendre ses foyers et briser ses fers. Toute idée de guerre entreprise par ambition, par le désir de la conquête, y est flétrie par le jugement tranquille d'une nation humaine et paisible. Le langage de l'humanité et de la justice ne peut y être l'objet de la risée, ni des courtisans guerriers[aq] d'un roi, ni des chefs ambitieux d'une république. L'honneur de défendre la patrie y est le premier de tous, sans que l'état militaire pèse avec orgueil sur les citoyens : et que pourront opposer à cet exemple les préjugés guerriers de l'Europe ?

---

1 *Arrêt du Conseil d'État du Roi, concernant le commerce étranger dans les îles françaises de l'Amérique. Du 30 août 1784.*

CHAPITRE III

Avantages de la révolution d'Amérique relativement à la perfectibilité de l'espèce humaine

Nous avons déjà essayé de montrer combien l'exemple de l'Amérique et les lumières qui doivent naître de la liberté de discuter toutes les questions importantes au bonheur des hommes, peuvent être utiles à la destruction des préjugés qui règnent encore en Europe. Mais il est un autre genre d'utilité sur lequel nous croyons devoir nous arrêter, bien que très convaincus qu'il paraîtra chimérique au plus grand nombre de nos lecteurs[ar].

L'Amérique offre un pays d'une vaste étendue, où vivent plusieurs millions d'hommes[1] que leur éducation a préservés de préjugés[as], et disposés à l'étude, à la réflexion. Il n'y existe aucune distinction d'état, aucun attrait d'ambition qui puisse éloigner ces hommes du désir si naturel de perfectionner leur esprit, de l'employer à des recherches utiles, d'ambitionner la gloire qui accompagne les grands travaux ou les découvertes, et rien n'y retient une partie de l'espèce humaine dans une abjection qui la dévoue à la stupidité, comme à la misère. Il y a donc lieu d'espérer que l'Amérique, d'ici à quelques générations, en produisant presque autant d'hommes occupés d'ajouter à la masse des connaissances que l'Europe entière, en doublera au moins les progrès, les rendra au moins deux fois plus rapides. Ces progrès embrasseront également les arts utiles et les sciences spéculatives.

Or, on doit mettre le bien qui en peut résulter pour l'humanité, au nombre des effets de la révolution. La dépendance de la mère patrie n'eût pas sans doute éteint le génie naturel des Américains, et M. Franklin en est la preuve. Mais elle eût presque toujours détourné ce génie vers d'autres objets, le désir d'être quelque chose en Angleterre eût étouffé tout autre sentiment dans l'âme d'un Américain né avec de l'activité et des talents, et il eût choisi les moyens les plus prompts et les plus sûrs

1 Selon les estimations, la population des États-Unis à l'époque s'élevait à peu près à trois millions d'habitants. À titre de comparaison, celle de l'Angleterre était d'environ huit millions et celle de la France vingt-cinq millions.

d'y parvenir. Ceux qui n'auraient pu nourrir cette ambition, seraient tombés dans le découragement et dans l'indolence.

Les états gouvernés par des princes qui règnent loin d'eux, les provinces des grands empires trop éloignées de la capitale nous offriraient des preuves frappantes de cette assertion, et nous les développerions ici sans la crainte de paraître nous ériger en juges du génie, en appréciateurs des nations et des découvertes.

On sera peut-être surpris de me voir placer ici quelques découvertes, quelques inventions et le progrès de nos connaissances à côté de ces grands objets, la conservation [O] des droits [A] de l'humanité, le maintien de la paix, et même avant les avantages qui peuvent résulter du commerce.

Mais occupé à méditer depuis longtemps sur les moyens d'améliorer le sort de l'humanité, je n'ai pu me défendre de croire qu'il n'y en a réellement qu'un seul, c'est d'accélérer le progrès des lumières. Tout autre moyen n'a qu'un effet passager et borné. Quand même on avouerait que des erreurs, des fables, des législations combinées, non d'après la raison, mais d'après les préjugés locaux, ont fait le bonheur de quelques nations, on serait forcé d'avouer aussi que partout ce bien trop vanté a disparu en peu de temps, pour faire place à des maux que la raison n'a pas encore pu guérir après plusieurs siècles[1]. Que les hommes soient éclairés, et bientôt vous verrez le bien naître sans effort de la volonté commune[2].

1 Montesquieu est encore visé.

2 C'est l'une des conclusions majeures du principal ouvrage de Condorcet dans le domaine des mathématiques appliquées aux sciences politiques, l'*Essai sur l'application de l'analyse à la probabilité des décisions rendues à la pluralité des voix* (1785), où est élaborée une théorie du vote fondée sur le calcul des probabilités. Connue aujourd'hui sous le nom de « Théorème du jury », elle peut s'énoncer de la manière suivante : supposons un jury ou une assemblée devant décider entre deux choix, supposons également que les membres de cette assemblée aient tous une compétence identique telle qu'ils aient plus de chances de prendre une décision correcte que le contraire (en d'autres termes, la probabilité de la justesse de la voix de chaque membre est supposée constante et supérieure à ½) ; alors le calcul montre que la compétence collective de l'assemblée (la probabilité qu'une décision collective prise à la majorité des voix sera correcte) est supérieure à la compétence individuelle de ses membres, et sera d'autant plus grande que la compétence individuelle et/ou le nombre des membres de l'assemblée seront grands. Voir : « Discours préliminaire » de l'*Essai sur l'application de l'analyse*, *SE*, p. 29-46. L'idée de volonté commune comme expression d'une vérité, et non d'un simple choix collectif, présente certaines affinités avec le concept de volonté générale (par opposition à la volonté de tous, ou somme des volontés particulières) développé par Rousseau dans le *Contrat social* (voir en particulier liv. II, chap. III, et : B. Grofman et S. L. Feld, « La volonté générale de Rousseau : une perspective condorcetienne », dans Crépel et Gilain, *Condorcet*, p. 101-106 ; K. M. Baker, *Condorcet, raison et politique*, Paris, Hermann, 1988, p. 301-303).

CHAPITRE IV

Du bien que la révolution de l'Amérique peut faire par le commerce à l'Europe et à la France en particulier

Nous n'avons presque considéré jusqu'ici que des avantages qui par leur nature sont communs à toutes les nations. Celui du maintien de la paix a quelques degrés d'importance de plus pour les peuples qui, comme la France, l'Espagne, l'Angleterre, la Hollande sont exposés[at] à des guerres dans les îles de l'Amérique.

De même la France tirera plus d'utilité qu'aucun des peuples de l'Europe des idées saines des Américains sur les droits de la propriété et de la liberté naturelle[au], parce qu'avec un plus grand besoin de ces idées que la nation anglaise, elle est dans ce degré de lumières qui permet d'en profiter, et jouit d'une constitution où les réformes utiles ne trouveraient que peu d'obstacles à vaincre, [O] et surtout en trouveraient beaucoup moins qu'en Angleterre.

[A] Nous commencerons encore ici par examiner les avantages qui résulteront de la révolution d'Amérique, pour le commerce de toutes les nations[av] ; nous verrons ensuite si[aw] à cet égard la France doit avoir quelque supériorité. Mais avant de nous livrer à cet examen, il est bon de chercher quelle espèce d'utilité une nation peut trouver dans le commerce étranger.

Elle y trouve[ax] :

1. Celle de se procurer les denrées nécessaires, ou presque nécessaires qui lui manquent[ay], de se les procurer à un meilleur prix, enfin d'avoir une plus grande assurance de ne pas en manquer.

2. Celle d'augmenter par le débit plus grand des denrées nationales, ou des objets manufacturés, l'intérêt qu'ont les cultivateurs à multiplier les productions, et en même temps d'augmenter l'industrie et l'activité

Mais le rapprochement est problématique à d'autres égards, car s'il est vrai que Rousseau et Condorcet s'opposent tous les deux à la notion de vote comme simple expression d'une préférence fondée sur l'intérêt particulier, il y a loin du caractère communautaire, immédiat et spontané de la volonté générale de Rousseau (voir par exemple *Du contrat social*, liv. IV, chap. I) au vote tel que le conçoit Condorcet, comme jugement exprimé par des individus autonomes faisant usage de leur raison.

des manufacturiers, qui ne peuvent s'accroître sans influer sur la quantité du produit net des terres, et par conséquent sur la richesse réelle[1].

Ces deux avantages, celui de l'importation plus avantageuse ou plus sûre des denrées, celui d'une exportation plus étendue, peuvent paraître se confondre, parce que l'un ne peut guère exister sans l'autre. Mais nous les distinguons, parce que le premier a pour objet direct l'augmentation du bien-être et le second l'augmentation de la richesse. Il faut observer de plus, que la production ne peut augmenter dans un pays par le commerce d'exportation, sans qu'il ne résulte de cette surabondance de denrées un moindre danger d'en manquer.

On peut compter encore parmi les avantages du commerce étranger ceux qu'une nation retire de son industrie, de son habileté dans le négoce. C'est ainsi qu'un peuple qui n'habiterait qu'un rocher et qui aurait quelques capitaux, pourrait vivre et même augmenter ces capitaux, en recevant chaque année pour prix de son travail ou de ses spéculations de commerce, une portion du revenu territorial d'une autre nation.

Ce troisième avantage, le premier de tous pour un petit peuple livré uniquement au commerce et à l'industrie, est presque nul pour les grandes nations qui occupent un vaste territoire.

Le commerce se fait toujours par échange, et par échange de matières qui se renouvellent chaque année ; autrement il ne pourrait être durable, puisque le peuple qui échangerait tous les ans contre une denrée dont il a besoin, une denrée qui ne se renouvelle pas, serait au bout d'un certain temps dans l'impossibilité de faire cet échange.

Mais la manière dont l'échange se fait n'est pas indifférente :

1. Supposons qu'un pays qui n'a pas de mines abondantes, achète en argent des marchandises d'un autre, il est clair qu'il faut qu'il ait vendu à un troisième des marchandises pour de l'argent, ainsi pour faire cet échange réel de marchandises contre marchandises il y a fallu payer deux fois le profit du commerçant ; on ne le payerait qu'une fois si l'échange était immédiat, ou en d'autres termes le négociant qui gagne sur ce qu'il achète et sur ce qu'il vend, peut se contenter d'un moindre profit. Voilà donc pour la masse des citoyens une épargne de frais inutiles. Il n'est donc pas indifférent de

1 En identifiant « la richesse réelle » d'un pays au « produit net des terres », Condorcet semble s'aligner sur les théories économiques des physiocrates. Mais il s'en démarque en même temps en affirmant que l'industrie et le commerce, et non pas seulement l'agriculture, sont aussi des activités économiques génératrices de richesse.

payer les mêmes denrées en marchandises ou en argent, et toutes choses égales d'ailleurs il est plus avantageux de les payer en marchandises[1].

2. Il est plus avantageux à un pays d'exporter les denrées dont la culture exige le plus d'avances, proportionnellement au produit net, et dont la production est plus irrégulière, plus exposée à des accidents ou à l'intempérie des saisons. Le commerce étranger est un moyen d'en assurer le débit dans les années d'abondance, et de rendre moins précaire l'existence des entrepreneurs de culture. Ainsi par exemple, il est plus avantageux d'exporter du vin que du blé, des bois, etc.

3. Il est plus avantageux d'exporter des denrées manufacturées que des denrées brutes[2], parce que pourvu que la liberté soit entière, la culture en obtient le même encouragement. Dans un cas on cultive pour acheter les denrées étrangères, dans l'autre pour entretenir les ouvriers nationaux, et l'effet est le même si l'on ne décourage pas la culture par des lois prohibitives. Mais dans le premier cas, la culture seule est encouragée, dans le second, l'industrie l'est en même temps, et l'on y gagne l'avantage d'avoir à un prix égal des produits de manufacture plus parfaits[az].

Enfin il vaut mieux, et par la même raison, tirer[3] des denrées non manufacturées que des produits de manufactures, mais toujours avec la même condition de la liberté entière. Cette condition est nécessaire, parce que sans elle il arrivera, ou qu'on vendra les[ba] denrées brutes à plus bas prix, ou qu'on achètera plus cher les produits des[bb] manufactures, ce qui devient un mal, une perte réelle, et détruit même avec excès les avantages qu'on peut attendre de cette combinaison de commerce.

Après avoir établi ces principes, examinons les avantages pour l'Europe, et pour la France, d'un commerce immédiat et plus étendu avec l'Amérique.

D'abord toute extension d'un commerce libre est un bien :

1. En ce qu'il en résulte nécessairement d'un côté plus d'encouragement pour la culture, d'un autre plus de jouissances pour le même prix.

---

1 Argent : le métal précieux lui-même ou une monnaie métallique en argent. Sans même considérer le cas particulier du commerce international, l'utilisation du papier-monnaie ne commencera à se répandre qu'après la Révolution.

2 Nous suivons ici le texte de l'édition originale et du manuscrit autographe ; celui de l'édition Mazzei, reproduit dans les éditions Cabanis et Arago (« Il est plus avantageux d'exporter des denrées brutes… »), est en contradiction évidente avec le raisonnement de Condorcet.

3 Importer.

2. En ce qu'il en résulte naturellement que chaque pays arrive plus promptement à ne cultiver, à ne fabriquer que ce qu'il peut cultiver, ou fabriquer avec le plus d'avantage. L'accroissement de richesses et de bien-être qui peut résulter de l'établissement de cet ordre naturel est incalculable. Malheureusement l'espèce de fureur avec laquelle toutes les nations veulent tout cultiver, tout fabriquer, non pour faire de simples essais, mais dans la vue de ne rien acheter au dehors, prouve combien l'on ignore même aujourd'hui cette utilité d'un commerce étendu et libre.

Indépendamment de cet avantage, les Américains occupant un terrain immense dont une partie n'est pas encore défrichée, ne peuvent être longtemps encore que des cultivateurs ; dans un pays libre tout homme, quelle que soit son industrie, préférera nécessairement l'état de propriétaire à tout autre, tant qu'il pourra se flatter de pouvoir y atteindre sans trop sacrifier de son aisance. Ainsi l'Amérique n'aura longtemps en général que des denrées brutes à apporter en Europe, et des denrées manufacturées à y demander. Elle aura peu d'argent à mettre dans le commerce, parce que la plus grande partie des capitaux sera consacrée à la dépense des défrichements, des établissements dans les parties reculées. Elle ne commercera donc avec l'Europe que par des échanges immédiats. Enfin la seule denrée qu'elle tirera de l'Europe, et qu'elle en tirera longtemps encore, est le vin, une de celles dont l'exportation est la plus avantageuse.

La France paraît en même temps être la nation européenne[bc] pour laquelle le commerce avec l'Amérique est le plus important :

1. Parce qu'elle est obligée d'acheter dans le Nord, pour de l'argent, des huiles, des fers, des chanvres, des bois qu'elle se procurerait en Amérique en les échangeant pour des produits de ses manufactures.

2. Parce que dans les années de disette en blé, le blé et le riz de l'Amérique seraient une ressource importante pour ses provinces situées sur l'océan, ou qui communiquent avec cette mer par des canaux et des rivières navigables.

3. Parce qu'elle peut établir avec l'Amérique un très grand commerce en vins[bd] ; et qu'ayant presque exclusivement ce commerce particulier, en même temps que relativement aux manufactures elle peut au moins soutenir la concurrence avec l'Angleterre, il doit naturellement arriver que ce commerce nécessaire lui fasse obtenir la préférence sur l'Angleterre pour tous les autres ; et il n'est pas douteux qu'elle ne l'ait sur le reste des

nations européennes, tant que l'industrie du Portugal et de l'Espagne n'aura point fait de progrès.

On a pu croire que l'Angleterre aurait au contraire la supériorité, et certainement toutes choses égales d'ailleurs, la conformité de langage, de manière de vivre, de religion jointe à l'habitude de se servir des produits de manufactures anglaises, pourrait avoir une grande influence. Mais il faut observer que cette influence n'exercerait tout son empire que dans le premier moment[be] ; or dans ce premier moment les restes d'une indignation trop bien fondée, les liaisons contractées pendant la guerre dernière doivent nécessairement diminuer l'effet des motifs qui auraient pu déterminer les Américains à donner la préférence à l'Angleterre, et la France aura le temps d'employer les moyens qui dépendent d'elle, pour empêcher ces motifs de balancer ses avantages réels. Nos manufactures sauront bientôt se plier au goût et aux besoins des Américains, que nos commerçants apprendront à connaître [O] et à prévenir.

[A] La communication des deux langues peut être facilitée par l'établissement de collèges dans quelques-unes de nos villes, où les Américains feraient élever leurs enfants, où ils les enverraient même en grand nombre[bf], si tout enseignement religieux en était exclu.

La religion ne doit pas être longtemps un obstacle ; le dogme le plus cher aux Américains, celui auquel ils tiennent le plus, est le dogme de la tolérance [O] ou plutôt de la liberté religieuse, car chez ce peuple, conduit plus qu'aucun autre par la raison seule, le mot de tolérance paraît presque un outrage à la nature humaine. [A] Or pourquoi désespérerait-on de voir la tolérance [O] (qu'on me pardonne ici ce mot européen) [A] s'établir bientôt dans notre patrie ? N'existe-t-elle pas aujourd'hui dans l'Ancien Monde depuis le Kamchatka jusqu'à l'Islande, depuis la Laponie jusqu'à l'Apennin ? Les princes de la maison d'Hugues Capet[1] sont les seuls grands souverains[bg] qui ne l'aient pas encore appelée dans leurs états. Mais en France la voix unanime de tous les hommes éclairés dans le clergé, dans la noblesse, dans la magistrature, dans le commerce, sollicite cette révolution avec force et sans relâche. Ces sollicitations seront-elles inutiles ? Ne doit-on pas espérer plutôt que le gouvernement cédera aux motifs de justice et d'utilité qu'on lui présente, et même que la tolérance s'établira en France d'après un système plus régulier, plus conforme à la justice naturelle, et

1 Plus précisément, la maison de Bourbon, la famille régnante en France mais aussi dans plusieurs pays d'Europe du sud, notamment l'Espagne.

que nous réparerons par là le malheur et peut-être la honte d'avoir tardé si longtemps à suivre l'exemple des autres peuples ?

On verra sans doute[bh] les avantages particuliers du commerce avec l'Amérique diminuer peu à peu. Il ne restera plus à l'Europe[bi] que ceux qui naissent d'un commerce actif, étendu entre des nations industrieuses et riches. Mais ce changement sera l'ouvrage de plusieurs siècles, et alors les nouveaux progrès du genre humain ne laisseront rien à regretter aux nations éclairées des deux mondes.

[O] Il est impossible qu'une nation de plus, ajoutée au petit nombre de celles qui font le commerce avec intelligence et avec activité, n'augmente entre elles cette concurrence dont l'effet naturel est de diminuer les frais de transport ; et c'est un bien pour toutes les nations qui n'ont d'autre intérêt réel que de se procurer, avec abondance et au plus bas prix possible, les denrées que le besoin ou l'habitude leur rendent nécessaires.

Enfin, il ne faut pas croire que le commerce de l'Amérique doive se borner aux objets qu'elle fournit maintenant à l'Europe. Combien cette contrée immense ne renferme-t-elle pas de substances à peine connues aujourd'hui de nos naturalistes, et même presque ignorées de ses habitants, dont bientôt le commerce nous fera connaître l'utilité ? Quand bien même la conjecture que nous hasardons ici, ne serait pas appuyée sur la connaissance de plusieurs productions, dont il est aisé de prédire qu'elles deviendront un jour des objets de commerce, cette espérance ne devrait pas être regardée comme chimérique ; il serait absolument contre l'ordre constant de la nature, que ce vaste continent n'offrît que des productions inutiles ou communes à l'Europe.

Des moralistes austères nous diront peut-être que cet avantage, qui se bornerait à nous donner de nouveaux besoins, doit être regardé comme un mal[1] ; mais nous répondrons qu'il nous donnera au contraire

1 Cette fois, c'est Rousseau qui est visé. Condorcet touche ici à la question des avantages et des inconvénients sociaux du luxe, question vivement débattue tout au long du XVIIIe siècle et bien au-delà. Montesquieu pensait le luxe incompatible avec l'esprit d'égalité et de frugalité caractéristique des républiques, mais utile dans les monarchies modernes où il sert de moteur au commerce (*De l'esprit des lois*, liv. VII, chap. II et IV, liv. XX, chap. IV) ; Voltaire est toujours resté un franc partisan du luxe, inséparable pour lui du progrès de la civilisation (voir par exemple le poème *Le Mondain* [1736] et l'article « Luxe » du *Dictionnaire philosophique* [1764]) ; Rousseau, au contraire, a toujours condamné le luxe comme facteur d'inégalité et comme contraire à la morale et aux bonnes mœurs (voir en particulier le *Discours sur les sciences et les arts* [1750] et le *Discours sur l'origine de l'inégalité* [1755]) ; enfin, dans l'*Histoire des deux Indes*, Raynal et Diderot ne laissent guère passer une

de nouvelles ressources pour satisfaire ceux auxquels la nature a voulu nous soumettre. Dans tous les pays, dans tous les temps où il existera une grande inégalité dans les fortunes, les hommes auront des besoins factices, et la contagion de l'exemple les fera éprouver à ceux même que la pauvreté empêche de les satisfaire. Ainsi multiplier les moyens de pourvoir à ces besoins factices et rendre ces moyens moins coûteux[bj], c'est faire un bien réel, c'est rendre moins sensibles, moins dangereux pour la tranquillité commune les effets de l'inégalité des fortunes ; et si jamais l'influence lente, mais sûre, d'un bon système de législation peut détruire cette inégalité en Europe, les besoins factices qu'elle seule a fait naître disparaîtront avec elle, ou plutôt il n'en restera que ce qu'il faut pour conserver à l'espèce humaine cette activité, cette industrie, cette curiosité nécessaires à ses progrès, et par conséquent à son bonheur.

[A] Nous aurions désiré sans doute pouvoir compter au nombre des avantages qui naîtront de nos liaisons avec l'Amérique, celui de l'exemple d'une liberté entière et illimitée de commerce donné par une grande nation. Mais si, sur d'autres parties de la politique, ces nouvelles républiques ont montré une raison et des lumières supérieures à celles des nations les plus éclairées, il paraît qu'elles ont conservé sur ces deux objets importants et intimement liés entre eux, l'impôt et le commerce, quelques restes des préjugés de la nation anglaise. Elles semblent ne pas sentir assez que l'intérêt de l'Amérique est d'ouvrir à toutes les denrées, à toutes les nations une entière liberté d'entrer ou de sortir, de vendre ou d'acheter sans exception comme sans privilège, soit que les nations européennes rendent au commerce sa liberté, soit qu'elles lui laissent ses chaînes ou qu'elles lui en donnent de nouvelles. Déjà égarés par ces vues mercantiles[1] dont l'Europe leur donne l'exemple, quelques états ont gêné

occasion de critiquer les effets corrupteurs du luxe. Mais Diderot fait la distinction entre le « mauvais » luxe (luxe d'ostentation) et le « bon » (luxe de commodité) (voir : *Mémoires pour Catherine II* [1773], art. XXVI [« Du luxe »] ; *Observations sur le Nakaz* [1774], art. 306 et 307 ; *Réfutation d'Helvétius* [1774], sect. 6). Condorcet adopte lui aussi une position nuancée : sans condamner le luxe de manière générale, il demeure préoccupé par les inégalités excessives qu'il peut engendrer. Au sujet du débat sur le luxe au XVIIIe siècle, voir les excellentes mises au point de J. Jennings, « The Debate about Luxury in Eighteenth- and Nineteenth-Century French Political Thought », *Journal of the History of Ideas*, vol. 68, n° 1, 2007, p. 79-105 ; de D. Margairaz, « La querelle du luxe au XVIIIe siècle », *Le luxe en France du siècle des Lumières à nos jours*, édit. J. Marseille, Paris, ADHE, 1999, p. 25-37 ; et de P. Rétat, « Luxe », *Dix-huitième siècle*, n° 26, 1994, p. 79-88.

1 Comme celui des physiocrates, le libéralisme économique de Condorcet s'oppose au mercantilisme, que ce soit dans sa version française héritée de Colbert ou anglaise. Il vise donc

le commerce par des impôts indirects. Ils n'ont pas vu combien, dans un pays où les propriétaires de terre forment le grand nombre, où les propriétés sont plus également distribuées qu'en Europe, où l'impôt est très faible, un impôt direct sur le produit des terres serait facile à établir et à lever. D'ailleurs, quel avantage ne trouveraient pas[bk] les citoyens égaux d'un état libre dans un système où chacun, voyant ce que doit lui coûter une taxe nouvelle, ne serait pas la dupe des raisonnements qui, sous de vains prétextes, tendraient à en faire établir d'inutiles.

Cet impôt ne peut décourager les défrichements, puisqu'il est aisé de fixer, [O] à l'exemple de la France, [A] un terme, avant lequel les terrains nouvellement défrichés n'y seraient pas assujettis. Le peu de numéraire[1] des Américains n'est pas une objection, parce que non seulement en Amérique, où l'impôt est très faible, mais chez les nations les plus chargées de subsides, le numéraire en métaux ou en billets nécessaire[bl] pour solder l'impôt est une très petite partie de celui qui sert[bm] aux opérations de commerce et aux usages de la vie.

Si on parcourt l'histoire de l'administration des États-Unis depuis la déclaration de l'indépendance[bn], on ne trouvera point dans tous les états des constitutions également bien combinées. Il n'en est point où l'on ne puisse observer quelques défauts, toutes les lois établies depuis l'acte d'indépendance ne sont pas également justes et sages, mais aucune partie de la législation politique, de la législation criminelle, n'offrira d'erreurs grossières, de principes oppresseurs ou ruineux. [O] Au contraire, dans les opérations de finance et de commerce, presque tout annonce une lutte constante entre les anciens préjugés de l'Europe et les principes de justice et de liberté si chers à cette nation respectable : et souvent les préjugés ont obtenu la victoire.

[A] Cependant, en convenant de ces défauts, l'amour des Américains[bo] pour l'égalité, leur respect pour la liberté, pour la propriété, la forme de leurs constitutions empêcheront sans doute d'y établir jamais ni ces

---

à réduire l'intervention de l'État dans l'économie et à éliminer les entraves à la liberté du commerce : taxes, monopoles, corporations, etc. Voir ci-dessous l'avant-dernier paragraphe de ce chapitre, p. 77-78. Sur la pensée économique de Condorcet, on consultera : Williams, *Condorcet and Modernity*, p. 225-249 ; E. Rothschild, *Economic Sentiments : Adam Smith, Condorcet, and the Enlightenment*, Cambridge, Harvard University Press, 2001 ; E. Caillaud, *Les idées économiques de Condorcet*, Poitiers, Bousrez, 1908 ; F. Alengry, *Condorcet, guide de la Révolution française, théoricien du droit constitutionnel et précurseur de la science sociale*, Paris, Giard et Brière, 1903, p. 687-728.

1 Monnaie.

prohibitions, ou absolues ou indirectement[bp] ordonnées par l'établissement de droits énormes, ni ces privilèges exclusifs de commerce, ni ces monopoles[bq] de certaines denrées, ni ces visites si outrageantes[br], si contraires à tous les droits du citoyen, ni ces lois barbares contre la fraude, ni ces corporations exclusives de marchands ou d'ouvriers, ni enfin tout ce que l'esprit mercantile et la fureur de tout régler, pour tout opprimer, ont produit en Europe de vexations absurdes, et l'exemple de l'Amérique apprendra du moins à en voir l'inutilité et à en sentir l'injustice.

Je n'ai point parlé du commerce de la France avec l'Amérique relativement au tabac, parce que ce n'est point la France qui fait ce commerce, mais la compagnie qui en a le privilège, et dont les intérêts sont absolument étrangers à ceux de la nation, toutes les fois qu'ils n'y sont pas opposés. Avec quelque nation, de quelque manière que se fasse ce commerce, il est toujours également nuisible. Une compagnie n'achètera que d'une autre compagnie, et quand même on retrouverait encore, [O] en achetant cette denrée des Américains, [A] une partie de l'avantage qui résulte d'un commerce d'échange comparé à un commerce en argent, les faux frais de toute espèce qu'entraîne un commerce de monopole sont si supérieurs à cet avantage, qu'il deviendrait[bs] presque insensible.

CONCLUSION

Telles avaient été mes réflexions sur l'influence de la révolution[bt] d'Amérique. Je ne crois pas en avoir exagéré l'importance, ni[bu] m'être laissé entraîner à l'enthousiasme qu'inspire le noble et touchant spectacle que ce nouveau peuple donne à l'univers.

VARIANTES

Les variantes de l'édition originale et des manuscrits de la bibliothèque de l'Institut (ms. 857, f° 529-561) sont identifiées comme suit :

- A : brouillon autographe
- C : copie
- O : édition originale

La page de titre manque dans l'exemplaire du pamphlet original conservé à la Bibliothèque Nationale (cote 8-PB-4016). C (f° 548r°) donne comme titre : *Sur les effets de la liberté américaine en Europe.*

a. *O; suit en bas de page* : P. B. Godard de plusieurs Académies
b. *A, f° 537r°; supprimé dans C* : et des autres nations commerçantes
c. *A, f° 537r°; la fin de cette phrase est remplacée par* : ..., ils choisissent pour douter de leurs prédictions le moment où ils devraient commencer à en voir l'accomplissement. *C donne le texte imprimé.*
d. *A, f° 537r°; C, f° 548v°; O, p. 6* : l'humanité en général
e. *O, p. 6* : du bonheur. *A et C donnent le texte de l'édition Mazzei.*
f. *A, f° 537v°; cette phrase est remplacée par* : La seconde renferme les moyens divers de se procurer le plus grand nombre de jouissances par l'emploi de ses forces et l'usage légitime de son industrie et par conséquent ceux d'augmenter ses forces ou son industrie. *C donne le texte imprimé.*
g. *A, f° 538r°; C, f° 549v°; le début de cette phrase est remplacé par* : Comme dans l'état de société il y a certaines actions qui doivent être assujetties à des formes précises, et d'autres qui doivent être soumises à des règles communes
h. *C, f° 549v°; O, p. 8* : des représentations. *A donne le texte de l'édition Mazzei.*
i. *A, f° 538v°* : peut. *C donne le texte imprimé.*
j. *A, f° 538v°; la fin de cette phrase et la suivante sont remplacées par* : comme le terme auquel seul les citoyens le possèdent dans sa véritable étendue. *C donne le texte imprimé.*
k. *A, f° 538v°; le début de cette phrase est remplacé par* : Mais si la jouissance plus ou moins entière de ce droit n'assure pas celle de tous les autres il perd ses avantages les plus précieux. *C donne le texte imprimé.*
l. *A, f° 539r°; la phrase suivante est remplacée par* : ..., et peut-être même est-il impossible de trouver une mesure commune à laquelle on puisse comparer les biens et les maux qui en résultent. *C est très proche du texte imprimé.*
m. *Manque dans A (f° 539r°), C (f° 551v°) et O (p. 10)* : reproduites dans une année ordinaire
n. *A, f° 539r°; la fin de cette phrase est remplacée par* : du moins dès le moment où les hommes ont acquis déjà un médiocre degré d'industrie. *C donne le texte imprimé.*
o. *A, f° 539v°* : loin de pouvoir naître du malheur ou de l'affaiblissement d'un peuple voisin. *C donne le texte imprimé.*
p. *A, f° 539v°; à partir d'ici, la partie centrale de cette phrase est remplacée par* : Chaque peuple en effet peut y gagner l'exemple des bonnes lois, la connaissance des moyens de détruire des

abus, augmenter son industrie par la communication des lumières ; et il est sensible... *C donne le texte imprimé.*

q. *A (f° 539v°) et C (f° 552r°) ajoutent* : en indiquant en même temps quelques moyens d'en accélérer ou d'en augmenter les avantages, d'en prévenir ou d'en retarder les inconvénients

r. *A, f° 539v° ; C, f° 552v° ; O, p. 12* : pourront

s. *A, f° 543r° ; C, f° 531r°-531v° ; O, p. 17 ; cette phrase est légèrement différente* : L'industrie de ses habitants laisse peu de ressource à celle de l'étranger, sa richesse repousse le pauvre, il ne reste point de place sur un sol où le commerce, les manufactures, ont entassé les hommes.

t. *A, f° 543r° ; C, f° 531v°* : offre des ressources à l'industrie

u. *A (f° 543v°) et C (f° 531v°) ajoutent* : par d'autres peuples ou du moins

v. *A, f° 543v° ; la fin de cette phrase est remplacée par* : lorsqu'elle sentira qu'il reste un asile à l'opprimé, qui peut à la fois la fuir, et la punir en la forçant de se présenter devant lui au tribunal de l'opinion. *C donne le texte imprimé.*

w. *A, f° 543v° ; C, f° 532v°* : tranquillement soumis. *O, p. 18* : tranquillement se soumettre

x. *A (f° 543v°) et C (f° 532v°) donnent à la place* : dissiper les erreurs

y. *A, f° 544r° ; la fin de cette phrase et la suivante sont remplacées par* : la désertion s'était introduite dans l'armée américaine, la peine de mort n'avait pu l'arrêter parce que l'espérance de l'impunité ôtait à cette peine toute sa force. On proposa de substituer à cette peine, celle d'insérer le nom du coupable dans la gazette du pays dont il était membre et la désertion cessa. *C donne le texte imprimé.*

z. *A, f° 545r°* : des philosophes. *C donne le texte imprimé.*

aa. *A, f° 545v° ; la fin de ce paragraphe et le suivant sont remplacés par* : peut-être se dégoûtera-t-on en Europe de ces querelles, qui y répandent cette anarchie et ces divisions et y rendent le bien impossible par les obstacles qu'elles préparent à tout celui qu'on ose tenter [*C, f° 533v° ; après « en Europe »* : de ces vaines disputes qui ont si souvent rendu le bien impossible en opposant à celui qu'on voulait tenter la barrière souvent insurmontable de l'opinion publique]. Par exemple, on ne disputera plus sans doute avec tant d'aigreur pour savoir si l'on obéira plutôt à des licenciés en droit qu'à des docteurs en théologie, jusqu'à quel point une somme de cinquante mille francs doit donner à un homme l'autorité, ou peut lui donner les talents d'un législateur, quels sont les privilèges qui appartiennent à tel ordre d'hommes en vertu des sages institutions des siècles d'ignorance au lieu de chercher quelles prérogatives on doit leur donner pour le bien commun de tous, quelles sont les choses qui étant raisonnables, utiles et justes d'un côté de rivière doivent suivant les règles antiques devenir injustes de l'autre côté. – On sentira combien peu ces belles questions ont de rapport avec le bonheur des hommes. *La fin de ce passage, après « des siècles d'ignorance », est biffée dans C (f° 534r°) et remplacée par (f° 534bisr°)* : On sentira combien sont inutiles au bonheur des hommes toutes ces subtilités politiques trop longtemps admirées sur la foi desquelles on voulait faire plier les lois, et par conséquent la vérité, la raison et la justice leurs bases immuables et générales à la différence des températures et des climats, à la forme du gouvernement de chaque pays, et même aux sottises que le peuple y croit, comme s'il n'eût pas été plus sûr, plus juste et plus noble de chercher dans une législation raisonnable les moyens de l'en désabuser.

ab. *A (f° 546r°) ajoute* : L'Europe à cet égard peut encore beaucoup apprendre, et l'exemple des Américains l'instruire plus promptement que les livres des philosophes. *Supprimé dans C.*

ac. *C, f° 534v° ; O, p. 23* : et voyant

ad. *O, p. 23* : des mauvaises lois

ae. *A, f° 544v° ; C, f° 533v°* : à ces législateurs, celles qu'ils doivent faire. *O, p. 24* : à chaque législateur celles qu'il doit faire. *Fin de C.*

af. *O, p. 25* : des vaisseaux étrangers. *A donne le texte de l'édition Mazzei.*

ag. *A, f° 553r°* : à leur épée

ah. *A, f° 553v°* : qu'on serait convenu d'observer
ai. *A, f° 553v°* : l'étranger
aj. *O, p. 27* : dans le cas
ak. *O, p. 27* : permettait *sans ne explétif*
al. *O, p. 28* : on ne peut pas
am. *A, f° 554r°* : terribles
an. *A, f° 554v° ; « Car » est omis, la phrase précédente continuant ainsi* : par ce système inégalement mais constamment suivi… *O, p. 28 ; « Car » est omis, la phrase précédente continuant jusqu'à « monarchie absolue ».*
ao. *A, f° 555r°* : les îles
ap. *O, p. 30* : ce désir
aq. *A, f° 556r°* : des brillants esclaves
ar. *A, f° 556v°* : quoiqu'il doive paraître chimérique au plus grand nombre peut-être de nos lecteurs
as. *A, f° 556v° ; O, p. 32* : des préjugés
at. *A, f° 558r° ; O, p. 35* : sont plus exposés
au. *A, f° 558r°* : naturelles
av. *A, f° 558r° ; O, p. 35* : les avantages qui résulteront pour le commerce de toutes les nations, de la révolution d'Amérique
aw. *A, f° 558r°* : qu'
ax. *A, f° 558r°* : Nous trouverons. *O, p. 36* : Elle y trouvera
ay. *A, f° 558r°* : qui manquent à un pays
az. *O, p. 38* : des produits de manufacture plus parfaite. *A donne le texte de l'édition Mazzei.*
ba. *A, f° 559v°* : ses
bb. *A, f° 559v°* : de ses
bc. *A, f° 560r°* : celle des nations de l'Europe. *O, p. 40* : celle des nations européennes
bd. *A, f° 560v° ; O, p. 41* : du vin
be. *A, f° 560v° ; la fin de cette phrase est légèrement différente* : …, or dans ce premier moment un reste d'une indignation trop bien fondée, les liaisons contractées pendant la guerre détruiront nécessairement cette influence et laisseront à la France le temps d'employer les moyens qui dépendent d'elle pour l'empêcher d'avoir la force de balancer des avantages réels
bf. *A, f° 561r° ; O, p. 42* : où les Américains pourraient faire élever leurs enfants et où ils les enverraient en grand nombre
bg. *Manque dans A (f° 561r°) et O (p. 42)* : grands souverains
bh. *A (f° 561v°) et O (p. 43) ajoutent* : après plusieurs siècles
bi. *A (f° 561v°) ajoute* : avec l'Amérique
bj. *O, p. 44* : et les rendre moins coûteux
bk. *O, p. 46 ; « D'ailleurs » est omis, la phrase précédente continuant ainsi* : …, quel avantage trouveraient les citoyens égaux… *Le manuscrit étant ici endommagé, le texte de A n'est plus lisible.*
bl. *O, p. 46* : nécessaires. *A donne le texte de l'édition Mazzei.*
bm. *A, f° 535v°* : qui l'est
bn. *A, f° 535v° ; la fin de ce paragraphe est remplacée par* : on ne trouvera point dans tous les états des constitutions également combinées, on pourra trouver des défauts dans toutes, on [ne] pourra dire que toutes les lois ont été justes et sages, mais sur la législation politique, sur la législation particulière, on n'y trouvera ni erreur grossière, ni principe d'une fausseté palpable. Dans l'administration au contraire à peine trouvera-t-on une opération qui n'indique pas des vues fausses et qui n'annoncent des lumières inférieures à celles des hommes instruits de l'Europe.
bo. *A, f° 535v°* : des républicains
bp. *A, f° 535v°* : équivalement [*sic*]

bq. *A, f° 535v°* : ni monopole. *O, p. 47* : ni les monopoles
br. *A (f° 535v°) ajoute* : …, si vexatoires
bs. *A, f° 536r°; O, p. 48* : deviendra
bt. *A, f° 561v°* : de la législation
bu. *A, f° 561v°; O, p. 48* : et

SUPPLÉMENT[1] (1788)

Des nouvelles récentes des États-Unis nécessitent un supplément. On espère que cette addition ne déplaira pas à ceux qui sont curieux d'être instruits des affaires de ce pays, de manière à pouvoir former des conjectures probables sur l'avenir.

On parlera d'abord du soulèvement arrivé dans l'état de Massachusetts[2].

L'Europe tire des gazettes anglaises ses nouvelles des États-Unis. Les Américains bien informés ont remarqué constamment qu'en prenant le contre-pied de ce que ces gazettes avancent à leur sujet, on aurait des détails aussi exacts que ceux qu'on pourrait se procurer de quiconque prendrait le soin le plus scrupuleux pour être véridique. On a beau vouloir déguiser sans cesse la vérité, il est impossible de ne pas la rencontrer quelquefois. C'est ce qu'ont éprouvé dernièrement les gazetiers anglais. Après avoir pendant plusieurs années consécutives entretenu l'Europe de soulèvements imaginaires, soi-disant arrivés dans cette partie de l'Amérique, ils en ont enfin annoncé un véritable, les détails seuls en sont inexacts. On a dit dans le quatrième chapitre de la dernière partie[3], qu'il y avait du mécontentement dans l'état de Massachusetts, et

1 Ce supplément figure à la suite d'*Influence de la Révolution de l'Amérique sur l'Europe*, à la fin du quatrième et dernier volume des *Recherches historiques et politiques sur les États-Unis de l'Amérique Septentrionale* (Colle [Virginie] et Paris, chez Froullé, 1788, t. 4, p. 284-364) de Filippo Mazzei. Il ne s'agit pas simplement d'une addition au texte de Condorcet mais à l'ensemble de l'ouvrage de Mazzei. Il est cependant très certainement, au moins en grande partie, de Condorcet, et ce pour deux raisons essentielles : on y reconnaît facilement certains traits caractéristiques de sa pensée politique, notamment son opposition au bicaméralisme et sa méfiance envers un pouvoir exécutif trop fort ; il est inclus aussi bien dans l'édition Cabanis des *Œuvres complètes de Condorcet* que dans l'édition Arago des *Œuvres de Condorcet* et tous les auteurs s'accordent pour l'attribuer à Condorcet.

2 Une rébellion avait en effet eu lieu dans l'état du Massachusetts en 1786-1787. Comme l'expliquent Mazzei et Condorcet, les rebelles, avec à leur tête Daniel Shays, étaient pour la plupart des fermiers appauvris par des dettes et des impôts écrasants.

3 Comme les suivantes, cette référence à un passage qui précède renvoie au livre de Mazzei et non à l'essai de Condorcet.

l'on en a fait entrevoir plusieurs raisons, telles que l'impossibilité dans laquelle beaucoup de personnes se trouvaient de payer les impositions et leurs dettes particulières sans se ruiner. La quantité prodigieuse de marchandises étrangères qui vinrent inonder ce pays, aussitôt que la paix fut conclue, et les paiements sans nombre faits aux créanciers anglais pour des dettes antérieures à la guerre, l'épuisèrent d'argent comptant. L'impossibilité de payer les impositions ayant duré plusieurs années les avait accumulées plus ou moins suivant les circonstances, et les besoins publics forcèrent le gouvernement à les exiger avec rigueur. Dans quelques comtés, où les contraintes du gouvernement et celles des créanciers faisaient le plus de sensation, quelques gens mal intentionnés ou plutôt inspirés par le désespoir, cherchèrent à profiter des circonstances à la faveur du désordre. Ils avaient à leur tête un ancien sergent-major de notre armée[1], nommé Shays.

Leur première démarche fut de convoquer les citoyens, dont les plus sensés et les plus sages se tinrent chez eux. Dans ces assemblées, on convint de faire fermer les tribunaux, de faire suspendre la levée des impositions, de mettre en circulation du papier-monnaie, et de changer en partie le gouvernement. Toutes ces propositions paraissaient populaires. L'inaction des tribunaux laissait les débiteurs en paix. L'émission du papier offrait la perspective de payer les dettes sans se gêner, et les changements qu'on se proposait de faire dans le gouvernement avaient pour objet d'en diminuer la dépense, qui d'ailleurs est très faible.

Comme ces hommes n'avaient aucun espoir de gagner la pluralité des suffrages, et par là de pouvoir agir légalement, ils usèrent de violence. Ils marchèrent en grand nombre les armes à la main, et empêchèrent dans quelques comtés le cours des tribunaux, sans commettre aucun autre désordre. Le gouverneur convoqua sur le champ la cour générale[2]. Il fut résolu de mettre sur pied un corps de quinze cents hommes, sous le commandement du général Lincoln, et de le renforcer du nombre de milices qui serait nécessaire pour dissiper l'émeute et rétablir le bon ordre.

---

1 Mazzei était devenu citoyen américain. Condorcet avait été fait, à titre honoraire, bourgeois de la ville de New Haven (Connecticut) en 1785.

2 [Note des auteurs] Le lecteur se rappellera que dans cet état on appelle *cour générale* l'assemblée du corps législatif.

Dans l'intervalle, le général Shepard avait rassemblé environ huit cents hommes de milice pour mettre à l'abri l'arsenal de Springfield[1]. Shays, accompagné de douze cents hommes, l'ayant sommé de se rendre, il lui répondit par une décharge d'artillerie qui tua quatre hommes, en blessa plusieurs et dispersa tout le reste. Ils se réunirent ensuite à quelque distance, mais le général Lincoln, au moyen d'une marche extrêmement précipitée, termina l'affaire en un instant[2]. Une haute colline l'empêcha de les surprendre ; cependant, il fit cent cinquante prisonniers, et dispersa les autres entièrement sans verser une goutte de sang. Shays échappa avec dix-sept des plus séditieux, et l'on croit qu'ils sont maintenant en Canada. Les autres s'en retournèrent chez eux.

Le premier échec qu'ils rencontrèrent leur fut donné par une compagnie de volontaires qui était partie de Boston à cheval à toute bride ; elle prit trois des chefs, et les emmena en prison.

Quant aux fuyards, le gouvernement de Massachusetts offrit une récompense à quiconque les arrêterait, et les gouvernements de New Hampshire et de Vermont[3], où l'on croyait qu'ils s'étaient réfugiés, firent la même chose.

Le tumulte apaisé, la cour générale établit une *commission* pour examiner l'affaire, et pardonner à ceux qu'elle en jugerait dignes, suivant l'équité.

Ces hommes ne s'étaient pas permis le plus léger attentat contre un seul individu. Comme la majeure partie était dans l'aveuglement et n'avait point de mauvaises intentions, le petit nombre de mal intentionnés n'eût pu se comporter différemment sans se démasquer et faire échouer leur projet.

Suivant les dernières nouvelles, les commissaires avaient déjà pardonné à sept cent quatre-vingt-dix, et l'on ne regardait comme coupables qu'un petit nombre de chefs qui avaient été mis en prison dans leurs comtés respectifs, pour être examinés et jugés. On croit même que parmi ceux qui seront condamnés à mort, la cour générale accordera le pardon à plusieurs, et que l'on exécutera seulement trois ou quatre des

---

1 Principale ville de l'ouest du Massachusetts.

2 [Note des auteurs] La nuit qui précéda cette action, il fit trente milles depuis huit heures du soir jusqu'à neuf heures du matin, quoique les chemins fussent couverts d'une grande épaisseur de neige.

3 [Note des auteurs] La conduite que l'état de Vermont a tenue en cette occasion, doit être confrontée avec ce que les gazetiers ont avancé à son sujet.

plus coupables. On craindrait qu'un pardon général ne portât à regarder le fait comme de peu d'importance, ou à supposer de la faiblesse dans le gouvernement.

Le soulèvement de Massachusetts a fourni matière en Europe à des déclamations contre les gouvernements populaires. Nous disons des déclamations et non des raisonnements, puisque la réflexion aurait fait voir à ceux qui les ont composées, que ce soulèvement prouve la bonté des gouvernements populaires, sous quelque point de vue qu'on les envisage.

Depuis onze ans que les treize gouvernements américains subsistent, un seul a vu naître un soulèvement, et c'est celui dont je viens de parler. Supposons que la même chose arrivât successivement dans les autres états après un même espace de temps, il faudrait, pour qu'il en arrivât un dans chaque, un laps de cent quarante-trois années. Dans quels autres gouvernements les soulèvements ont-ils été aussi rares ? Si l'on jette les yeux sur l'histoire des gouvernements asiatiques, on verra que le despotisme le plus terrible n'a pu les empêcher. Qu'on choisisse parmi les gouvernements despotiques, monarchiques et mixtes, trois des plus connus, par exemple ceux de Constantinople, de France et d'Angleterre ; qu'on examine les soulèvements arrivés dans chacun d'eux, je ne dis pas dans l'espace de cent quarante-trois ans, mais seulement dans les onze dernières années ; qu'on les compare ensuite avec tout ce qui s'est passé d'événements de ce genre dans les États-Unis, on conviendra que durant cette époque il a régné chez nous, relativement aux autres nations, une tranquillité profonde. J'en ai dit assez sur le nombre des soulèvements, considérons-en maintenant les causes, la marche et les effets.

Le soulèvement de Massachusetts doit son origine à une suite de circonstances malheureuses, accumulées depuis longtemps, dont la crise est devenue insupportable par les levées d'argent considérables auxquelles un changement subit de situation a donné lieu. Cette crise passée, le cours naturel des révolutions humaines fait espérer que la même catastrophe n'arrivera plus.

Le mal occasionné par le soulèvement a consisté dans la suspension momentanée de quelques tribunaux, et dans une rencontre où, comme on a déjà dit, quatre des séditieux ont été tués et plusieurs blessés ; et il se terminera par le supplice de trois ou quatre autres qui, suivant toute vraisemblance, seront destinés à servir d'exemple. Qu'est-ce que tout cela en comparaison de ce qui se passe dans les soulèvements d'Angleterre ?

Quelle différence avec les effets de la seule émeute du lord Gordon[1] ! Cet événement ne fut amené par aucun malheur, et l'objet qu'on se proposait était seulement de forcer le parlement à révoquer un acte de justice. Les suites du soulèvement arrivé à Glasgow[2], il y a environ deux mois, dont on parle à peine, ont été beaucoup plus fâcheuses que celles du soulèvement arrivé dans l'état de Massachusetts, dont on fait tant de bruit en Europe, comme si tout y était en combustion, puisqu'à Glasgow, outre que l'on compte parmi les séditieux cinq morts et plusieurs blessés, il y eut encore de blessés le premier magistrat de la ville avec d'autres qui étaient accourus pour apaiser le tumulte, et qu'enfin la fortune de beaucoup de particuliers en souffrit.

Ceux qui se soulevèrent dans Massachusetts n'insultèrent aucun individu, soit dans sa personne, soit dans ses biens, et ils payèrent partout le juste prix de ce qui leur était nécessaire. Mais ce qui devrait frapper plus que tout le reste ceux qui voudraient que l'administration fît sentir tout le poids de son autorité, c'est la conduite que tinrent les habitants pour apaiser le tumulte. Dans quels autres gouvernements montrerait-on, pour parvenir à cette fin, un empressement aussi vif et aussi universel ? Où verrait-on des compagnies de volontaires s'armer et courir à bride abattue à la défense du gouvernement ? Enfin, ce soulèvement dont de prétendus politiques ont parlé d'une manière si ridicule, est peut-être une des preuves les plus convaincantes que pour conserver le bon ordre dans une nation, il faut en laisser le soin à la nation même.

Il est temps actuellement de se convaincre qu'une nation où règne l'égalité des droits soutiendra son gouvernement si elle le croit bon, le changera quand elle le croira mauvais, et le corrigera lorsqu'elle le trouvera défectueux ; que pour cela la pluralité n'a pas besoin d'user de violence, et que la violence du petit nombre sera naturellement impuissante ; que ce qu'on appelle peuple en Europe est une classe d'hommes qui n'existe point, ni ne peut exister dans nos gouvernements ; que les dissensions nationales ne peuvent jeter de profondes racines dans un pays qui ne connaît point les distinctions odieuses et injustes ; qu'une classe d'hommes étrangère aux droits de citoyen doit être au moins indifférente au système établi, si elle n'en est pas ennemie ; qu'enfin

1 Violentes émeutes anti-catholiques à Londres en 1780 dont la répression fit plusieurs centaines de morts et blessés.

2 Grève d'ouvriers tisserands à Glasgow en 1787.

l'unique moyen d'attacher le peuple à la conservation du bon ordre, est de faire consister dans le bon ordre seul son bonheur et sa sûreté.

On a parlé dans la seconde partie de cet ouvrage, des progrès considérables qu'on remarquait dans tous les états en faveur de la liberté de conscience, comme aussi de ce qui restait à faire pour rendre cette liberté parfaite. Depuis ce temps, l'assemblée générale de Virginie ayant entrepris l'examen du nouveau code dont on a fait mention également, elle a passé la loi qu'on y avait proposée, moyennant quoi la liberté de conscience est établie maintenant sur la meilleure base possible. Ce fut l'effet de la remontrance du peuple qu'on a insérée dans les notes de la seconde partie à la lettre *G* : nouvel exemple qui dépose contre ceux qu'épouvante si fort l'influence du peuple en matière de gouvernement.

M. le comte de Mirabeau a dit avec raison, avant que l'Europe connût l'établissement de cette loi : « Vous parlez de tolérance ! Et il n'est pas un pays sur la terre, je n'en excepte pas les nouvelles républiques américaines, où il suffise à un homme de pratiquer les vertus sociales pour participer à tous les avantages de la société[1]. »

Maintenant il faut excepter au moins la Virginie, puisque dans cet état la religion est distincte des devoirs et des droits de citoyen. Il est à désirer qu'on puisse bientôt comprendre dans la même exception toutes les républiques américaines.

La loi concernant le partage des successions vient aussi d'y être reçue. La partialité n'existe plus en faveur de la primogéniture, ni en faveur du sexe. On sait qu'on a fait d'autres règlements utiles dont les détails particuliers ne sont pas encore arrivés. Les mêmes réformes s'opèrent dans tous les autres états, plus ou moins, selon les circonstances ; et si l'Europe était informée exactement de ce qui s'y passe, elle verrait partout des améliorations progressives, et se persuaderait que les funestes prophéties des prétendus législateurs n'ont pas d'autre fondement que la manie de déclamer, à quelque prix que ce soit.

On a reçu dernièrement la consolante nouvelle que l'assemblée générale de la Caroline Méridionale avait défendu l'entrée des esclaves durant l'espace de trois ans. Il paraît que les amis de la liberté universelle n'ont pas cru devoir insister sur une prohibition perpétuelle, dans la crainte de heurter d'une manière trop violente l'opinion contraire ; mais on espère que cette

1 [Note des auteurs] Lettre du comte de Mirabeau à *** sur MM. de Cagliostro et Lavater. À Berlin, 1786.

prohibition aura lieu avant l'expiration de la présente loi, et vraisemblablement la Caroline Septentrionale et la Géorgie, les seuls états où l'introduction des esclaves soit toujours permise, ne tarderont pas aussi à faire de même.

Le traité de paix entre les États-Unis et la Grande-Bretagne[1] n'a encore reçu d'aucun côté son entière exécution. L'Europe n'a pas été mieux instruite sur ce point que sur les autres. L'exposition fidèle des faits sera la manière la plus simple et la plus sûre de réfuter les faussetés qu'on a répandues.

Lorsque la paix a été conclue, il y avait à New York environ quatre mille esclaves, dont le plus grand nombre appartenait aux habitants de Virginie. Avant que cette place fût évacuée par les troupes anglaises, les esclaves devaient être rendus conformément au traité de paix. La demande en ayant été faite au chevalier Carleton, commandant en chef, il répondit qu'il n'ignorait pas les conditions du traité, mais qu'il leur avait promis la liberté, et qu'il ne voulait pas manquer à sa parole. Il les emmena, et laissa au gouvernement de la Grande-Bretagne le soin d'en rembourser la valeur. C'est une réflexion douloureuse que le premier tort de la Grande-Bretagne, relativement à l'inobservation du traité, ait sa source dans une action qui fait honneur à son commandant.

En temps de guerre, les fonctions des tribunaux furent suspendues dans plusieurs états d'Amérique, et tous défendirent, par une loi expresse, aux créanciers anglais de diriger aucune poursuite contre leurs débiteurs. Un article du traité porte que toutes les défenses légales relatives aux créanciers anglais seront levées. L'assemblée générale de Virginie, au refus du général Carleton, les laissa subsister. Le congrès s'en plaignit, et l'assemblée fit alors la loi mentionnée dans le chapitre V, au moyen de laquelle les créanciers anglais pourraient répéter[2] ce qui leur était dû en sept paiements égaux d'année en année, avec les intérêts depuis la paix.

Cette loi veillait à l'avantage réciproque des débiteurs et des créanciers, puisque parmi les débiteurs beaucoup sont dans le cas de se ruiner sans pouvoir satisfaire leurs créanciers, si on ne leur accorde pas différents termes. Le corps des créanciers en convint à Londres avec nos ministres auprès des cours de France et d'Angleterre, mais le secrétaire d'état anglais, qui d'abord avait paru goûter la négociation, éluda tout raisonnement ultérieur à ce sujet.

1 Traité de Paris (1783).

2 Au sens légal ancien de « réclamer ».

Il convient d'observer que dans les parties occidentales du territoire qui, suivant le traité de paix, appartient aux États-Unis, les Anglais avaient quelques forts qu'ils gardent toujours, quoique d'après cet acte ils eussent dû les évacuer. Ces forts leur sont utiles pour commercer avec les sauvages ; ils peuvent aussi par ce moyen les disposer plus facilement à seconder leurs desseins. Il n'est pas hors de vraisemblance que ce gouvernement est bien aise d'avoir un prétexte pour continuer à les retenir, et peut-être pour d'autres vues, qui ne peuvent rester longtemps cachées.

La Virginie n'avait pas le droit de conserver la loi qui fermait les tribunaux aux créanciers anglais, ni de substituer l'autre qui les autorise à répéter ce qui leur est dû, en sept paiements. L'équité de la chose ne la justifie point. Le traité de paix porte que les tribunaux seront ouverts, et n'admet aucune condition. À la vérité, la première faute est venue de la part des Anglais à l'occasion des esclaves qu'ils n'ont ni rendus, ni payés ; mais la Virginie, au lieu de suivre cet exemple, aurait dû s'adresser au congrès, à qui seul appartient le droit de traiter et de décider de ce qui regarde la confédération. Si quelqu'un des états avait le droit de s'en mêler, on tomberait bientôt dans l'anarchie.

Le résultat des discussions entre le congrès et le gouvernement anglais se trouve dans la lettre du lord Carmarthen, secrétaire d'état du roi d'Angleterre, à M. Adams, ministre plénipotentiaire des États-Unis en cette cour. Le lord Carmarthen fait entendre dans cette lettre que la Grande-Bretagne ne remplira point les conditions du traité, tant que nous ne les aurons pas remplies nous-mêmes, et il parle de circonstances dans lesquelles, selon lui, différents états s'en sont écartés. On publia à Philadelphie, le 22 septembre 1786, une apologie sur ce qui regarde l'état de Pennsylvanie contre les assertions contenues dans cette lettre. On y dit que les créanciers anglais n'ont jamais trouvé depuis la paix les tribunaux fermés contre leurs débiteurs, et que les exceptions n'ont jamais porté que sur les dettes intérieures. On lit dans cette pièce l'observation suivante : « les marchands anglais ont eu dans l'état de Pennsylvanie, depuis la paix, toute liberté de faire saisir les terres, de même que les meubles de leurs débiteurs, tandis que dans la Grande-Bretagne les terres sont privilégiées[1]. » L'apologie renvoie aux registres des tribunaux pour la preuve des procès qui ont eu lieu depuis la paix, et que l'on intente tous les jours à la poursuite des créanciers anglais.

1 *Pennsylvania Mercury and Universal Advertiser*, n° 110.

Il y a plus : la loi spécifie par un surcroît de prévoyance une exception expresse « des dettes dues par les citoyens de cet état aux sujets de la Grande-Bretagne ».

Le congrès s'est occupé préférablement de ce qui nous importait le plus, savoir, de l'exécution de la partie du traité de paix qui nous regarde, afin de couper racine à toute espèce de prétexte. On espère que le lecteur ne sera pas fâché de trouver ici tout entière la lettre adressée à ce sujet par le congrès au premier magistrat de chacun des treize états.

[Nous omettons la traduction de cette lettre d'Arthur Saint-Clair, président du congrès, du 13 avril 1787]

Plusieurs états ont déjà porté la loi que le congrès recommande dans sa lettre, et vraisemblablement les autres suivront le même exemple, aussitôt que leurs corps législatifs seront assemblés. Cela fait, les vues de la Grande-Bretagne ne pourront demeurer longtemps dans l'ombre. Je veux à ce sujet risquer une prédiction, fondée sur la connaissance que je crois avoir de mes compatriotes. J'ose donc prédire qu'un orgueil insultant qui peut quelquefois triompher de la patience d'autrui, ou de sa prudence excessive, sera absolument sans effet en Amérique, malgré l'état actuel de ses finances.

On a dit, dans le chapitre V de cette dernière partie, que les différents états allaient envoyer des députés à une *Convention*, afin d'y délibérer sur les moyens de donner à la confédération le plus de consistance, de stabilité, d'activité et d'énergie possibles. La *Convention* s'est tenue à Philadelphie ; elle a duré quatre mois, et a fini par proposer aux états le plan d'une nouvelle constitution fédérative, qu'on verra ci-dessous avec la lettre du président par laquelle il l'a adressée au président du congrès.

Parmi les différentes raisons qui ont empêché cette assemblée de se tenir plus tôt, la principale doit être attribuée à l'article XIII de la confédération qui déclare « qu'il ne pourra être fait dans la suite aucun changement à aucun de ces articles, à moins que ce changement ne soit consenti dans un congrès des États-Unis, et confirmé ensuite par les puissances législatives de chacun des états ». Plusieurs états disaient donc que le congrès ayant le droit de délibérer sur les réformes nécessaires, il était inutile de convoquer à ce sujet une *Convention* particulière. Enfin, ils se sont accordés avec les autres à faire cette convocation, et en voici deux raisons qu'on ne peut qu'approuver. Pour être membre d'une *Convention*, on peut élire tout citoyen, quoiqu'il occupe un emploi dans la république ; c'est de là que la Virginie a envoyé à la *Convention* dont il s'agit M. Edmond Randolph, actuellement gouverneur, le docteur McClurg, membre du conseil d'état, M. James Madison, membre du congrès, M. George Wythe et M. John Blair, juges du tribunal de chancellerie. Plusieurs qui se sont retirés tout à fait des emplois publics, ne refusent point de servir dans une affaire extraordinaire : aussi le général Washington et M. George Mason ont-ils été tous les deux employés par le même état.

[Nous omettons la traduction de la lettre de Washington, président de la Convention, du 17 septembre 1787, adressant le projet de constitution fédérale au président du congrès, ainsi que la traduction du projet de constitution lui-même]

La *Convention* n'a pas compté, et la lettre du président l'annonce clairement, que sa constitution fédérative aurait la pleine et entière approbation de chaque état. Je pense au contraire que chacun fera des objections utiles. Le sujet de mon ouvrage exige que je fasse connaître mon sentiment, et je tâcherai de le présenter avec le plus de brièveté possible.

La première constitution fédérative, intitulée *acte de la confédération*[1], est conçue de manière que toute société d'hommes sensés et vertueux pourrait s'honorer de l'avoir mise au jour. Le peu de défauts qu'elle contient est l'effet d'une précaution louable, et d'ailleurs est facile à corriger. Il me semble qu'on aurait pu la conserver comme un monument respectable, comme la base fondamentale de notre union, en y joignant ce qui lui manque pour la porter au degré de perfection auquel il est possible d'atteindre. La constitution proposée la néglige absolument, en sorte que quiconque ne la connaît pas pourrait s'en former une idée tout à fait opposée à la vérité.

Dans la première constitution, le pouvoir du congrès n'est ni assez étendu dans certains cas, ni assez exprimé dans d'autres. La constitution qu'on propose lui fait excéder, en différentes circonstances, les bornes d'un gouvernement purement fédératif. La première concentre dans un seul

1 En anglais : *Articles of Confederation* (1777).

corps les affaires législatives et exécutives ; celle-ci va jusqu'à diviser en plusieurs branches le seul corps législatif. Pour corriger et perfectionner autant qu'il est possible la première constitution, il suffirait de changer l'article VIII, comme le congrès le proposa le 18 avril 1783, de séparer les pouvoirs législatif et exécutif, et d'accorder au congrès le droit de lever des sommes d'argent, de régler le commerce, d'empêcher qu'aucun état de l'Union ne batte monnaie, ou ne donne une valeur légale à du papier ou à toute autre espèce de monnaie fictive, et de statuer quelle sera la pluralité requise des états, en sorte que les absents ne puissent influer sur les délibérations.

Les corrections et additions nécessaires pour rendre cette première constitution aussi parfaite qu'elle en était susceptible se trouvent dans la seconde, mais avec plusieurs autres auxquelles j'espère que mes concitoyens feront l'attention qu'elles méritent.

Article I, § 1. *Toute l'autorité législative sera confiée au congrès des États-Unis qui sera composé d'un sénat et d'une chambre de représentants.* Lors même qu'on admettrait l'utilité de la division du pouvoir législatif dans la constitution d'un seul état, il ne s'ensuivrait pas que la même chose dût avoir lieu dans une constitution fédérative. La lettre dont je viens de parler tâche de justifier cette complication sur ce que, dit-elle, il n'est pas convenable de confier tant de pouvoir à un seul corps. Il serait aussi difficile de prouver que la complication du système formerait une digue suffisante, qu'il est aisé de démontrer que le pouvoir législatif nécessaire peut résider sans aucun danger dans une seule chambre. Cette crainte, qui peut séduire lorsqu'il s'agit d'un véritable corps législatif, ne peut sérieusement être alléguée ici :

1. Parce que le pouvoir d'un congrès fédératif est de sa nature beaucoup plus limité que celui d'un corps législatif, ce qui rend le danger moins grand ;

2. Parce que la réunion de toutes les parties de ce congrès est plus facile, qu'il forme un corps bien plus séparé des citoyens, ce qui rend le remède moins efficace.

Le lecteur découvrira sans peine, ici comme ailleurs, différentes raisons non exprimées ou simplement indiquées, dont la discussion allongerait trop ce supplément.

§ 2. *La chambre des représentants sera composée de membres élus par le peuple des différents états.* Dans la plupart des états, le peuple, persuadé que la portion la plus nombreuse des habitants d'un état ne peut connaître assez bien quels sont les sujets les plus dignes de remplir certains emplois dans la république, en a prudemment abandonné le choix à ses représentants. Le même peuple ne s'imaginera pas sans doute pouvoir faire un meilleur choix, lorsqu'il s'agit de personnes qui doivent administrer les affaires de l'Union, et traiter avec les puissances étrangères. De plus, on ne conçoit pas pourquoi ce doit être au congrès de prescrire la manière d'élire. Chaque état doit remettre à la confédération ce pouvoir qui serait capable de nuire à ses alliés, s'il agissait séparément ; mais il est impossible que la manière d'élire dans un état puisse concerner aucun autre. Enfin, l'uniformité sur ce point serait absurde, puisque l'expérience prouve que dans quelques états de médiocre étendue, le peuple est propre à faire certaines élections que dans d'autres il se croit obligé de confier à des représentants. La loi de la confédération pourrait seulement exclure certaines conditions d'élection, telles que l'élection d'une famille à perpétuité, d'un député à vie, etc., puisqu'un état peut exiger d'un autre, sans nuire à son indépendance, de proscrire tout ce qui pourrait être contraire à la liberté commune.

§ 3. *Le sénat des États-Unis sera composé de deux sénateurs de chaque état, élus par le pouvoir législatif dudit état pour six ans, et chaque sénateur aura une voix.* Ici naissent plusieurs observations :

1. Le terme de six ans est trop long, puisque c'est un fait constant que trois années d'absence suffisent pour aliéner en grande partie la confiance du peuple, inconvénient très considérable dans nos gouvernements.

2. Il n'existe pas une seule raison plausible pour appuyer la différence entre l'élection des sénateurs et celle des représentants[1]. Toutes complications de système, toutes distinctions sont mauvaises de leur nature, et ne peuvent être justifiées que par la nécessité. L'autre distinction entre le sénat et la chambre des représentants, à l'égard de l'influence des différents états, est une source de discorde. On a déjà vu que le nombre des représentants doit être proportionné au nombre d'habitants, et que chaque représentant doit avoir une voix comme chaque sénateur. Examinons le motif sur lequel on fonde l'égalité dans un cas, et la différence dans l'autre.

---

1 Cette section a été modifiée par le 17e amendement, ratifié en 1913. Depuis, les sénateurs, comme les représentants, sont élus au suffrage populaire direct.

Plusieurs sont d'avis que l'influence d'un état dans les affaires de l'Union doit être en proportion des contributions qu'on y paie ; d'autres pensent qu'on doit préférer l'égalité parfaite sans égard à sa grandeur, non plus qu'à sa population. Jusqu'à présent tous les états ont eu chacun une voix, et la constitution qui vient d'être proposée suit le même principe relativement au sénat, en adoptant l'autre pour la chambre des représentants. L'influence de la Virginie, comparée avec celle de Rhode Island et de Delaware, sera donc comme dix à un dans la chambre des représentants, et sera parfaitement égale dans le sénat ; et comme les résolutions de l'un de ces corps doivent être soumises à l'approbation de l'autre, il n'est pas vraisemblable qu'un tel expédient produise l'effet qu'on en espère ; si les états moins grands se croient lésés par une résolution des représentants, ils la rejetteront dans le sénat.

On a tort de se flatter de pouvoir concilier des principes opposés. De tels expédients serviront peut-être quelquefois comme remèdes momentanés, jamais ils ne formeront la base d'un édifice bien solide. Il faut donc se déterminer, soit pour un parti, soit pour l'autre. Les principes doivent être fixes et certains, et tout doit tendre à les soutenir. Il serait à désirer que les états fussent égaux, ou que l'inégalité fût légère ; mais puisqu'il n'en est pas ainsi, du moins faut-il faire en sorte de diminuer les inconvénients au lieu de les accroître. La question est certainement difficile à résoudre. La force des arguments qu'on fit valoir pour et contre dans le congrès en 1777 laissa dans l'indécision les esprits sages et non prévenus. Le besoin de l'unanimité porta ces grands hommes à se réunir en faveur de l'égalité des voix, et la *Convention* vient d'adopter cet expédient dont je crains les conséquences. Quiconque trouverait la vraie solution, et la présenterait d'une manière claire et décisive, rendrait un grand service à l'Amérique, et peut-être même à l'Europe, où les progrès considérables de la philosophie donnent lieu d'espérer de voir un jour s'établir une confédération qui pourrait diminuer infiniment les maux de l'humanité.

§ 6. *Les sénateurs et les représentants recevront pour leurs services des émoluments qui seront fixés par la loi, et payés sur le trésor des États-Unis.* Les lois de l'Union sont faites par le congrès. J'espère qu'on ne lui permettra jamais de fixer son propre salaire. Il en pourrait résulter un abus dangereux pour l'avenir, et trop de zèle produirait peut-être, quant à présent, l'effet contraire, c'est-à-dire un trop grand désintéressement, deux extrêmes qu'on doit également éviter.

Il peut aussi y avoir de l'inconvénient à laisser chaque état maître de ce paiement ; mais si l'on veut l'uniformité, il faut faire régler la valeur du salaire par une *Convention*, et non par le congrès lui-même.

§ 9. *Le privilège attaché aux lettres d'*Habeas Corpus *ne sera point suspendu, excepté dans les cas de rébellion et d'invasion, où la sûreté publique le demandera.* La déclaration des droits, dans tous les états, porte qu'on ne doit jamais suspendre ce privilège. Si l'on a jugé convenable d'en faire mention dans la constitution fédérative, on n'aurait dû en parler que pour démontrer de plus en plus combien la sûreté des citoyens est intéressée à ce qu'il soit toujours regardé comme sacré. Durant la révolution, il y eut une époque (c'était vers la fin de 1776) où l'instabilité des gouvernements et plusieurs autres circonstances en demandaient la suspension ; mais elle ne fut point accordée, malgré l'état singulièrement critique où nous étions, et cela par des causes qui ne pourront plus exister. Il n'est jamais ni bien embarrassant, ni bien dangereux d'être obligé d'instruire régulièrement le procès d'un citoyen qu'on arrête, de lui donner des juges, et le moyen de se défendre aussitôt qu'il est arrêté.

Il ne sera point établi de droits ou de taxes sur les articles exportés d'aucun des états de l'union. Il est juste que le congrès n'ait pas un tel pouvoir, mais il ne doit pas avoir le droit d'en défendre l'exercice à un état qui jugerait à propos de le faire, parce que le préjudice que causerait un tel règlement serait à la charge de l'état seul dans lequel il existerait. Par la même raison il serait déplacé que l'Union partageât le produit d'une telle imposition, comme on le propose dans le § 10.

Il ne sera tiré d'argent du trésor qu'en conséquence des appropriations ordonnées par la loi, et il sera publié de temps à autre un état et un compte régulier de recettes et dépenses des fonds publics. Un temps indéfini pour rendre compte peut produire les effets les plus funestes. Il est nécessaire d'informer le peuple de l'état des finances à des époques fixes et sans un long intervalle. D'année en année l'intervalle ne serait point trop court ; il ne serait pas non plus assez long pour qu'il fût impossible à la nation de vérifier les faits et de s'assurer de la bonne conduite de ses administrateurs. Si l'on accorde au congrès la liberté de rendre compte quand il lui plaira, comme le marque l'expression vague *de temps à autre*, et d'établir et de percevoir des impôts chaque fois qu'il le jugera convenable, autant vaudrait lui accorder un pouvoir illimité, puisque rien ne sera capable de résister à qui pourra disposer des richesses des états.

Quant à l'article II qui regarde entièrement l'élection, les fonctions, les émoluments, etc., du président du congrès[1], il faut observer :

1. La manière d'élire ce président, qui tend à faire préférer le sujet qui fera le plus de bruit à celui qui aura le plus de mérite ; et l'on sait que le vrai mérite est en général moins connu que le faux brillant et la charlatanerie ;

2. Le pouvoir qu'on lui accorde de commander en personne les troupes de terre et de mer, tandis qu'on devrait lui confier seulement le choix des commandants et lui défendre de commander en personne ;

3. Le pouvoir exécutif qu'on attribue à lui seul sans être assisté d'aucun conseil, chose inouïe, dangereuse pour le bien public, et que n'ambitionnera jamais un président sage et judicieux, puisque devant répondre de ses opérations, il courrait beaucoup de risques, si, dans les affaires difficiles et délicates, il était privé de la ressource d'un conseil dont l'opinion, devenue son garant, servirait à justifier sa conduite ;

4. La faculté de le continuer tant qu'on voudrait[2], ce qui serait d'un fort mauvais exemple, fût-il question du plus grand homme que la nature puisse produire. Il vaudrait mieux renoncer à l'avantage d'avoir un tel prodige à la tête de la confédération que d'accoutumer le peuple à voir toujours dans cette place le même individu. Un pas de plus, bientôt on aurait un roi de Pologne[3], avec le danger terrible de le voir se changer un jour en un Stathouder[4] héréditaire.

Article III, § 2. Le moyen qu'on propose pour décider les différends entre deux ou plusieurs états est capable de faire naître une cabale systématique, très funeste par ses effets, tandis que la méthode qui existe déjà dans l'*acte de la confédération* est la meilleure possible[5] (voyez les notes de la deuxième partie). Quant au droit de juger les causes entre les citoyens de différents états, de même qu'entre un citoyen de l'Union et un étranger, il faut le laisser aux tribunaux de l'état dans lequel il est le plus facile de vérifier les faits, et ne pas l'attribuer aux tribunaux de l'Union, comme on le propose dans ce paragraphe. Il paraît aussi,

1 Plus exactement, du président des États-Unis.

2 Depuis la ratification du 22e amendement (1951), le président est limité à deux mandats.

3 Le roi de Pologne était élu par la Diète ou assemblée générale.

4 Chef de l'exécutif dans l'ancienne république des Provinces-Unies des Pays-Bas.

5 Dans les *Articles of Confederation* (article IX), les différends entre les états sont décidés par un tribunal spécial nommé au cas par cas par consentement mutuel ou par le congrès. La constitution de 1787 crée une cour suprême et lui donne juridiction pour de tels cas.

d'après le même endroit, que les jurés peuvent être exclus des causes civiles, négligence importante qu'il est essentiel de corriger[1].

On ne voit pas la raison de cette proportion arithmétique suivant laquelle on fixe l'âge pour remplir les différentes places[2]. Cette précaution déplacée, injurieuse à la jeunesse, est diamétralement opposée à notre expérience. Combien ne pourrait-on pas compter de jeunes gens dont la conduite exemplaire dément ces soupçons ? Je me contenterai de citer, parmi les anciens, Scipion l'Africain, qui dès l'âge de vingt-deux ans étonna le monde par sa vertu, sa sagesse et sa modération, aussi bien que par son courage et son habileté dans l'art de commander.

On a vu dernièrement dans la chambre des communes de la Grande-Bretagne un jeune homme de vingt-deux ans se montrer tout d'un coup supérieur à un père dont la réputation a été trop brillante pour qu'il soit besoin de parler de ses talents, et on le voit maintenant conduire les affaires de ce royaume avec des applaudissements auxquels l'envie même a été forcée de céder[3].

La conduite d'un jeune héros qui, à dix-neuf ans au plus, a traversé l'océan pour venir nous offrir son secours dans les temps les plus critiques de la révolution, est bien suffisante pour nous faire rougir de notre répugnance à vouloir admettre les jeunes gens dans les emplois de la république[4].

Parmi les jeunes Américains que je connais, je pourrais en nommer un grand nombre qui justifient mon sentiment, si diverses considérations ne m'en empêchaient.

Les lois partiales, si elles ne donnent pas naissance aux préjugés, au moins les fortifient et les augmentent. Partout où l'opinion rabaisse ou décourage la jeunesse, on ne doit point s'étonner qu'elle manque d'émulation, défaut qu'on attribue d'ordinaire à l'âge avec la même injustice qui fait regarder comme des défauts naturels dans les femmes les fruits d'une fausse éducation[5].

---

1 C'est ce que fera en 1791 le *Bill of Rights* (les dix premiers amendements à la constitution) dans le 7e amendement.

2 [Note des auteurs] La constitution fédérative proposée exige vingt-cinq ans pour être représentant, trente pour être sénateur, et trente-cinq pour être président.

3 William Pitt « le jeune » était devenu chef du gouvernement britannique en 1783 à l'âge de vingt-quatre ans.

4 Nouvelle allusion à Lafayette.

5 Condorcet était un ardent défenseur des droits des femmes. Voir en particulier, *Sur l'admission des femmes au droit de cité* (1790), dans Condorcet *et al.*, *Paroles d'hommes (1790-1793)*,

La prévention, favorable à l'âge avancé, ne porte que trop souvent à préférer à des jeunes gens de beaucoup de mérite des hommes médiocres et même un assez grand nombre qui doivent le respect et l'estime qu'on leur témoigne à un certain ton de gravité soutenu par un abord sévère. Personne en général ne se sent enclin à préférer un jeune homme, à moins qu'il n'ait un mérite transcendant. Pourquoi donc faire sur cet objet une loi injuste qui peut nuire au bien public, et dont l'inutilité doit être avouée, même par ses plus zélés défenseurs ? La crainte que les gens d'un âge mûr ont de la jeunesse doit provenir, ou de l'amour-propre qui souvent agit involontairement, ou d'une fausse idée qui leur fait prendre pour l'effet d'une sagesse consommée le refroidissement de ce courage et de cette grandeur d'âme qui honorent le genre humain, qui toujours utiles à la république sont quelquefois son unique appui, et qui ont coutume d'être l'apanage des jeunes gens. Si l'on voulait absolument prescrire des lois restrictives à l'âge pour ce qui regarde les emplois publics, il serait moins mal d'exclure ceux dans lesquels la faiblesse inévitable du corps influe presque toujours sur l'âme.

À l'égard des années de domicile qu'on exige pour pouvoir être élu à certains emplois, je crois inutile de répéter ce que j'ai dit ailleurs pour démontrer que de telles précautions doivent en grande partie leur naissance à des préjugés sucés avec le lait, qu'elles sont inutiles, injustes, et annoncent une petitesse d'esprit honteuse.

Le privilège d'absoudre les criminels condamnés pour certains délits, privilège qui se trouve accordé au président dans le paragraphe second de l'article II, ne peut manquer d'ouvrir une porte à l'abus du crédit et à l'intrigue. De même que le congrès ne devrait jamais juger de procès, le droit de faire grâce ne devrait pas être accordé à son président ; il pourrait l'être tout au plus au congrès lui-même, et pour le seul cas de trahison faite à la confédération, ou pour les délits militaires. Au reste, le mieux serait de ne pas l'accorder du tout. Beccaria[1] prouve clairement

---

éd. É. Badinter, Paris, P.O.L, 1989, p. 53-62, et notre étude, « Condorcet, Social Mathematics, and Women's Rights », *Eighteenth-Century Studies*, vol. 42, n° 3, 2009, p. 347-362, ainsi que : Williams, *Condorcet and Modernity*, p. 158-171 ; C. Fricheau, « Les femmes dans la cité de l'*Atlantide* », dans Crépel et Gilain, *Condorcet*, p. 355-369 ; M. Crampe-Casnabet, *Condorcet, lecteur des Lumières*, Paris, Presses Universitaires de France, 1985, p. 56-62 ; B. Brookes, « The Feminism of Condorcet and Sophie de Grouchy », *Studies on Voltaire and the Eighteenth Century*, n° 189, 1980, p. 297-361.

1 Cesare Beccaria, juriste italien, auteur du très influent traité *Des délits et des peines* (1764).

que cette espèce d'humanité si mal entendue n'est autre chose qu'un asile ouvert à l'impunité, et conséquemment une source de délits.

Article VII. *Neuf états suffiront pour établir entre eux la constitution proposée.* Il vaudrait mieux qu'on en exigeât les trois quarts, comme fait l'article V pour les changements futurs ; autrement on aurait beaucoup à craindre si quatre des plus peuplés songeaient à faire schisme. La population de quatre états tels que la Virginie, Massachusetts, la Pennsylvanie, et New York ou Maryland, comparée à celle des neuf autres, est comme trente-deux à trente-trois. En exceptant Massachusetts et prenant les quatre autres, la proportion est comme trente à trente-cinq, mais par leur situation ils renferment New Jersey et Delaware et séparent les sept qui restent, dont quatre sont au nord et trois au midi.

Je n'ai pas prétendu examiner scrupuleusement tout ce qui serait peut-être dans le cas de mériter une discussion ; par exemple, si le pouvoir accordé au congrès n'est pas de nature à rendre presque nuls les gouvernements des états respectifs ; mais quelque importantes que me paraissent les observations ci-dessus, il s'en faut de beaucoup que je croie que la constitution fédérative proposée ait obtenu sans de puissants motifs la sanction de tant d'hommes remplis de zèle, de lumières et de sagesse. Il ne paraît pas vraisemblable qu'en quatre mois de discussion sur un seul sujet, leur attention ne se soit pas portée sur tout ce qui peut y avoir rapport et ne l'ait pas approfondi. Celui qui n'a pas été de cette assemblée n'est guère en état de juger des motifs qui ont pu déterminer chacun d'eux à donner à cet acte leur plein et entier consentement, quoiqu'il n'y en ait peut-être aucun qui l'ait cru exempt d'imperfections.

De loin il est difficile d'apercevoir les causes particulières qui s'opposent aux principes généraux. Le lecteur qui connaît les vrais principes de législation et de gouvernement me blâmera de n'avoir fait aucune objection sur le pouvoir accordé au congrès de régler le commerce et de lever des sommes d'argent dans les états respectifs. Il n'est pas douteux que le commerce ne doive être parfaitement libre et à l'abri de tout impôt. Il est certain également que le congrès devrait fixer la quantité des contributions et en faire la demande, sans avoir d'autre droit que celui de contraindre au paiement, d'après des formes régulières et déterminées d'avance par la loi. Mais les circonstances où nous nous trouvons demandent qu'il ait, pendant quelque temps, le droit de lever un impôt direct et de mettre quelques taxes sur les marchandises étrangères. On devrait bien limiter ce temps ; car les raisons qui obligent à s'écarter des principes généraux doivent avoir un terme, lorsqu'elles ne proviennent pas d'un besoin absolu produit par la situation du pays : par exemple, un impôt direct sur les biens-fonds ne pourrait être le seul revenu du gouvernement dans l'état de Gênes, où la nature, au lieu de terres, ne présente pour ainsi dire que des rochers, ni dans l'état de Hollande, où de tous les côtés elle offre des masses d'eau.

Chez nous, tant que le vil prix des terres empêchera l'établissement des manufactures, ou du moins tant que les dettes étrangères, particulières et publiques ne seront pas éteintes, il sera convenable de joindre à l'impôt direct une modique taxe sur les marchandises étrangères, non seulement pour augmenter le revenu public, mais encore pour obliger le consommateur à faire le moins d'usage possible de ces marchandises, puisque sans beaucoup d'économie à cet égard le produit de nos exportations ne peut suffire pour contrebalancer ce qu'elles coûtent et payer la dette déjà existante ; de là vient qu'il faut que nous fassions sortir de chez nous notre numéraire, ce qui nécessairement entraîne une perte dans le change et l'impossibilité de payer les impôts.

Notre situation exige donc que nous fassions quelques exceptions aux principes généraux. Mais il serait à propos que le préambule de chaque loi qui établirait l'exception en exposât les motifs, afin de convaincre le peuple que c'est un mal nécessité par les circonstances, et de lui en faire apercevoir le terme, qu'il serait naturellement empressé d'accélérer.

La lettre du président de la *Convention* au président du congrès insinue clairement que ces hommes sages et judicieux, en proposant aux états ce système de législation, ont cru leur offrir, non le plus parfait, mais le meilleur possible dans les circonstances actuelles. Le lecteur en verra la preuve d'une manière plus positive dans les réflexions qu'adressa le docteur Franklin à ses collègues, le dernier jour de la session[1]. Lorsqu'il ne s'agit plus que de signer le projet de constitution, tel fut à peu près le

1 Dans une lettre à Franklin datée du 8 juillet 1788, Condorcet écrivait : « J'ai vu, mon cher et illustre confrère, votre nouvelle constitution fédérative, et le discours que vous avez prononcé dans cette occasion. S'il a fallu la faire sur le champ, s'il a été impossible de la combiner autrement, il faudra la mettre au nombre des maux nécessaires ; et espérer que les oppositions seront assez fortes pour nécessiter d'ici à quelques années une nouvelle convention. Je vois avec peine l'esprit aristocratique chercher à s'introduire chez vous malgré tant de sages précautions. » (*Benjamin Franklin Papers*, American Philosophical Society)

discours qu'il leur fit. Quiconque connaît son style n'aura pas de peine à croire que ce discours, ou fut copié sur le champ par abréviation tandis qu'il le prononçait, ou qu'il fut retenu de mémoire, peut-être mot pour mot, par la personne qui l'a communiqué.

« Nous avons passé beaucoup de temps ensemble. Nous avons discuté chaque objection qu'il était possible de prévoir. Avec tant d'intérêts si différents et si opposés, il était impossible que chacun obtînt tout ce qu'il désirait. Nous nous sommes assemblés avec l'intention de faire des sacrifices mutuels pour le bien général, et nous sommes enfin venus à bout de nous concerter et d'établir des bases. On ne gagnerait rien à temporiser, et il est important d'adopter un plan. J'avoue que celui-ci ne cadre pas en tout avec mon opinion, mais je vis depuis assez longtemps pour avoir appris par expérience que nous ne devons pas trop compter sur nos propres jugements. J'ai souvent reconnu que je m'étais trompé dans les idées auxquelles je tenais le plus. Dans la présente conjoncture, je me suis départi, après une mûre réflexion, de plusieurs points en faveur desquels je me croyais d'abord invariablement décidé. Cela me rend moins opiniâtre pour le reste. Je puis m'être trompé. Le principe général qui a présidé à nos délibérations fait maintenant ma règle. Je le répète, il est certains articles auxquels je suis contraire, et j'ai déjà fait connaître mes doutes. Mais je déclare que, hors de ces murs, personne ne m'en entendra parler ; d'ailleurs je pense qu'au total la constitution proposée est la meilleure qu'on pouvait former dans les circonstances actuelles, et qu'elle doit sortir d'ici munie de la signature de chacun de nous, et recevoir de nous tout l'appui que nous pouvons lui donner. Je me flatte qu'aucuns ne refuseront de la signer[1]. S'ils refusaient, ils me rappelleraient l'histoire de cette jeune Française qui querellant sans cesse avec tout le monde et

1 [Note des auteurs] Trois députés, deux de Virginie et un de New York, qui ne crurent pas convenable de signer, sortirent de l'assemblée pour ne pas empêcher l'unanimité (mais plusieurs délégués avaient déjà quitté la Convention sans signer ; en fait, sur un total de cinquante-cinq, seize délégués de huit états n'ont pas signé la constitution [N. d. É.]). Quant à l'état de Rhode Island, il n'y a pris aucune part, et je ne dirai rien des motifs qu'on lui prête. En jetant un coup d'œil sur la carte de ce pays, on se convaincra que cet état ne pourrait pas être d'un grand poids de l'autre côté de la balance, et la règle des probabilités porte à croire que la portion la plus saine de ses concitoyens aura bientôt acquis la prépondérance, puisqu'il ne faut pas une pénétration extraordinaire pour concevoir que son existence dépend de son union avec les républiques alliées, et qu'à défaut de cette union la protection d'une puissance étrangère ne pourrait empêcher sa ruine. On compte dans l'état de Rhode Island environ soixante mille habitants.

trouvant à redire à tout, observa un jour à sa sœur qu'elle était étonnée de n'avoir encore trouvé qu'elle seule qui n'eût jamais tort[1] [2]. »

La crainte d'accorder trop de pouvoir au congrès a produit le défaut qui se rencontre dans la première constitution fédérative, et vraisemblablement c'est le tort qu'on en a ressenti qui aura fait passer les bornes sur cet objet aux rédacteurs de la seconde. Ils ont espéré sans doute que, quand il s'agirait de l'adopter dans les assemblées législatives des états respectifs, on reviendrait un peu sur ses pas, et qu'on réduirait ce pouvoir au vrai point où la prudence exige qu'on le place. Eux-mêmes seront peut-être les premiers à proposer les modifications convenables.

L'article le plus dangereux est le pouvoir accordé au président du congrès de commander les armées en personne, et plus encore la faculté de le continuer sans limitation. Si cette partie de la constitution n'était pas bientôt réformée, nos descendants pourraient avoir grand sujet de se plaindre de nous. La place de président deviendrait si considérable qu'on aurait à craindre, parmi bien d'autres dangers, que quelques cours d'Europe ne jugeassent à propos de se mêler des élections, comme on le voit depuis longtemps en Pologne, au grand préjudice, et je pourrais même dire au préjudice irréparable, de ce pays si vaste et si fertile. Comme un objet de telle importance ne doit pas, ce semble, avoir été l'effet de l'inattention, il sera bon de réfléchir aux motifs qui peuvent avoir conduit en cela ces grands hommes, et d'examiner si les mêmes motifs peuvent faire désirer qu'on remette les modifications sur cet objet à un temps postérieur.

Le défaut de vigueur a produit une inaction très préjudiciable. Pour y remédier comme on le doit, il faut une vigueur plus qu'ordinaire. Cette idée est conforme à l'expérience générale. Notre heureuse étoile nous conserve un homme dont la prudence et la vertu méritent toute notre confiance. Le général Washington est sain et robuste et n'a pas plus de cinquante-cinq ans. Il sera difficile de trouver dans les États-Unis une seule voix qui ne soit pour lui[3]. Il a manifesté, il est vrai, sa résolution

1 [Note des auteurs] La duchesse de la Ferté disait un jour à mademoiselle de Launay, depuis madame de Staal : « En vérité, ma chère fille, je ne vois que moi qui aie toujours raison. » (*Mémoires de madame de Staal*)

2 Une version complète de ce discours figure dans *The Records of the Federal Convention of* 1787, éd. M. Farrand, 3 vol., New Haven, Yale University Press, 1911-1937, t. 2, p. 641-643.

3 [Note des auteurs] Les caractères de cette trempe, quoique très rares, ne le sont cependant pas extrêmement ; mais personne n'est aussi universellement connu que le général Washington.

de passer le reste de ses jours dans la vie privée ; mais la voix de la patrie lui dira que, quand il en aurait fait le serment à la face des autels, ce serment serait nul toutes les fois que le salut de son pays réclamerait de ses services. Tous ceux qui le connaissent à fond, loin d'en attendre un refus obstiné, pressentiront avec plaisir le temps où ce vertueux citoyen désirera qu'on élise une *Convention* pour mettre la dernière main à la constitution fédérative et réduire à de justes bornes l'élection et les devoirs de cette place éminente, laquelle on lui permettra de quitter, par la raison qu'en le continuant on donnerait un exemple de la plus dangereuse conséquence. Il n'est pas besoin d'un esprit prophétique pour prévoir cet événement, un discernement médiocre suffit avec la connaissance de notre situation actuelle et du caractère de nos concitoyens.

Parmi les divers motifs qui dans les affaires de l'Union demandent actuellement une énergie prompte et efficace, il ne faut pas perdre de vue les dispositions apparentes de la Grande-Bretagne. Tous les détails qui sortent de ce pays relativement au nôtre ne tendent qu'à nous nuire dans l'Europe entière. Notre ministre en cette cour est traité par le gouvernement avec une négligence affectée, et de son côté ce gouvernement n'a encore envoyé personne auprès des États-Unis. On y entend parler, à des hommes chargés de places importantes, de notre prétendu désir de rentrer sous l'ancienne domination, et ils disent que si nous en faisions la demande elle serait rejetée, tandis que les insinuations et les intrigues de beaucoup de sujets du roi de la Grande-Bretagne répandus dans les États-Unis annoncent des vues diamétralement contraires. En Massachusetts, l'opinion commune est que ces manœuvres n'ont pas peu contribué à produire le soulèvement dont on a parlé.

Leurs démarches, par rapport aux Indiens et aux Barbaresques, semblent ne nous promettre rien de favorable. Il nous suffit de les voir garder des postes que depuis quatre ans ils doivent évacuer pour que nous ne puissions nous reposer avec beaucoup de confiance sur leurs dispositions. Mais il ne serait pas étonnant qu'un changement dans la conduite des affaires relatives à la confédération fût suivi d'un changement dans leur conduite envers nous, attendu la grande vénération qui règne en ce pays depuis quelque temps pour tout ce qui est *expédient*.

L'Europe a vu tous les efforts qu'on a faits pour la prévenir contre nous au sujet de la dernière *Convention*. Une des relations qu'on a débitées annonçait deux prétendus partis dans l'élection du président, parlait de leur extrême chaleur, et assurait que le général Washington l'avait emporté d'une seule voix sur le docteur Franklin. Rien de plus faux que ces détails. Il n'y eut pas l'ombre de rivalité ; ce fut au contraire le docteur Franklin qui, le premier, proposa le général Washington ; lui-même l'accompagna avec beaucoup d'autres jusqu'à son siège, après que l'extrême modestie de notre héros n'eut pu résister davantage aux vives instances de ses collègues.

Les matières contenues dans cet ouvrage m'obligent d'informer le lecteur des dernières nouvelles d'Amérique qui leur sont relatives.

Au mois de mai dernier, la dette intérieure de la confédération était diminuée d'onze millions de piastres[1], au moyen des différents impôts que les états respectifs ont établis et permis d'acquitter en papiers nationaux. À la même époque, on commença la vente des terres ; on en a déjà vendu pour cinq millions, en sorte que la dette intérieure est maintenant réduite à douze. Comme on reçoit ces papiers en paiement et que dans les contrats particuliers on les passe à perte[2], il y a lieu d'espérer que la dette intérieure sera par ce moyen bientôt éteinte. Alors on pourra vendre les terres moins cher et argent comptant et ces ventes pourront servir à solder la dette étrangère.

On vient d'apprendre que personne n'a subi le dernier supplice à l'occasion du soulèvement de Massachusetts ; deux ou trois des plus coupables ont été conduits jusque sous le gibet, où contre toute attente on leur a lu leur pardon. La conduite du gouvernement a répandu une satisfaction générale, et le calme est parfaitement rétabli.

Suivant les dernières nouvelles, l'assemblée générale de New York était sur le point de consentir à l'indépendance de Vermont, et l'on croyait que celle de la Caroline Septentrionale ne tarderait pas beaucoup à faire de même à l'égard de Frankland[3]. Quant à Kentucky, on disait que les habitants, dont on évalue le nombre actuellement à près de soixante mille, pensaient qu'il était encore trop tôt pour songer à l'émancipation. En ce cas, ils resteront en tutelle quelques années de plus, et les gazetiers ne manqueront pas sans doute de mettre cette circonstance à profit pour semer des bruits de confusion et d'anarchie.

---

1 Le nom désignait à l'époque le dollar.

2 À cause d'un phénomène d'hyperinflation.

3 Frankland ou Franklin, petit état qui avait déclaré son indépendance en 1784. Il n'a en fait jamais été reconnu officiellement et a rapidement disparu. Il était situé dans ce qui était à l'époque l'ouest de la Caroline du Nord, aujourd'hui l'est du Tennessee.

IDÉES SUR LE DESPOTISME

À l'usage de ceux qui prononcent ce mot sans l'entendre (1789)

I

Despotisme vient du mot grec δεσπὸτης, qui signifie maître. Il y a *despotisme* toutes les fois que les hommes ont des maîtres, c'est-à-dire sont soumis à la volonté arbitraire d'autres hommes.

II

Le despotisme d'un seul homme est un être de raison[1] ; mais le despotisme du petit nombre sur le grand nombre est très commun, et il a deux causes : la facilité que le petit nombre a de se réunir, et ses richesses, avec lesquelles il peut acheter d'autres forces.

Si on examine l'histoire des pays où l'on s'est imaginé avoir trouvé le despotisme d'un seul, on verra toujours une classe d'hommes ou plusieurs corps qui partagent avec lui sa puissance. En Turquie, les janissaires et la tribu des gens de loi ; à Rome, les gardes prétoriennes et les douze armées établies sur les frontières ; en France, les douze parlements ; en Prusse, l'armée ; en Russie, les régiments des gardes et les grands[2].

---

1 C'est-à-dire une fiction de l'esprit.

2 [Note de l'auteur] Ce n'est pas qu'un conquérant, un grand général, un tel roi ne puisse être réellement le seul maître, comme souvent dans une démocratie un homme par son ascendant sur le peuple exerce seul l'autorité ; mais il ne peut être question ici que de l'état habituel, et non de l'influence personnelle de certains individus. – L'autorité arbitraire

III

Il y a deux sortes de despotisme qu'on pourrait appeler de droit et de fait, si le mot de droit pouvait s'unir à celui de despotisme, mais que j'appellerai despotisme direct et despotisme indirect. Le despotisme direct a lieu dans tous les pays où les représentants des citoyens n'exercent pas le droit négatif le plus étendu, et n'ont pas des moyens suffisants pour faire réformer les lois qu'ils trouvent contraires à la raison et à la justice. Le despotisme indirect existe lorsque, malgré le vœu de la loi, la représentation n'est ni égale, ni réelle, ou lorsqu'on est assujetti à une autorité qui n'est pas établie par la loi.

Ainsi, en Angleterre, par exemple, on trouvera que le despotisme direct existe, puisque le droit négatif du roi et de la chambre des pairs ne laisse à la nation aucun moyen légal de révoquer une mauvaise loi[1] ; que les représentants du peuple n'ont, pour obtenir cette réforme, que des moyens indirects qui blessent également la raison, la dignité nationale et l'ordre public. Mais l'Angleterre est surtout soumise au despotisme indirect, parce que la chambre des communes, qui devrait, par la loi, représenter la nation, ne la représente pas dans la réalité ; qu'elle n'est qu'un corps aristocratique dont quarante ou cinquante personnes, soit ministres, soit pairs, soit membres des communes, dictent les résolutions[2].

IV

Ces deux genres de despotisme sont presque toujours réunis. En Turquie, on est soumis au despotisme direct du sultan et du corps des

du chef sur son armée ne fait pas qu'il soit seul despote. Le bey d'Alger peut faire couper la tête aux officiers de ses troupes ; mais il est forcé de se conformer aux préjugés, aux prétentions, aux caprices de la milice.

1 À l'époque où écrit Condorcet, le veto royal avait déjà disparu en pratique en Angleterre ; par contre, la chambre des pairs a conservé son droit négatif jusqu'au début du XXe siècle.

2 La chambre des communes n'est devenue un corps démocratique et représentatif qu'avec les réformes du XIXe siècle.

gens de loi, dont il est obligé, au moins par l'usage, de prendre l'avis, et même, dans certains cas, d'obtenir l'autorisation, et qui, ayant d'ailleurs l'autorité d'interpréter les lois civiles, sont les vrais législateurs ; mais le despotisme des janissaires n'est qu'indirect. Ce n'est pas en vertu d'une loi expresse, d'un usage consacré, que le sultan est obligé de céder à leur volonté. Dans certains pays, la populace de la capitale exerce un despotisme indirect ; dans quelques autres, les chefs de la nation se sont mis dans la dépendance des gens à argent ; les opérations du gouvernement dépendent de la facilité d'obtenir d'eux des fonds d'avance ; ils forcent de choisir les ministres qui leur conviennent, et alors le peuple est soumis au despotisme des banquiers.

Tous ces pouvoirs, soit directs, soit indirects, forment dans les divers pays un corps de citoyens dont la volonté arbitraire commande au reste de la nation ; et souvent, au milieu de tant de maîtres, elle ne sait pas à qui elle obéit.

V

Quelques écrivains[1], soit de bonne foi, soit parce qu'ils étaient ou espéraient devenir membres de la partie dominante, ont honoré du nom de liberté l'anarchie produite par la discorde entre les divers pouvoirs ; ils ont appelé équilibre l'espèce d'inertie pour le bien encore plus que pour le mal où chacun de ces pouvoirs se trouve réduit par leur résistance mutuelle ; mais il aurait fallu ajouter alors que la nation est le point d'appui qui supporte l'effort des deux puissances opposées.

Pour réfuter cet absurde système, nous nous bornerons à une seule réflexion : un esclave qui aurait deux maîtres, souvent divisés entre eux, cesserait-il d'être esclave ? Serait-il plus heureux que s'il avait un seul maître ?

1 Montesquieu notamment, bien sûr, pour qui « la liberté politique ne se trouve que dans les gouvernements modérés » (*De l'esprit des lois*, t. 1, p. 167 [liv. XI, chap. IV]). Condorcet, quant à lui, situe la liberté dans le respect des droits naturels.

VI

Il est plus facile de délivrer une nation du despotisme direct que du despotisme indirect ; elle voit le premier, et elle souffre du second sans le savoir, souvent même en regardant ceux qui l'exercent comme ses protecteurs.

D'ailleurs, les moyens de prévenir le despotisme direct sont bien plus simples. Qu'aucune loi ne puisse être faite, aucun impôt accordé, sans le consentement des représentants du peuple ; qu'aucune loi nouvelle qui serait nécessaire pour établir la jouissance des droits naturels de l'homme dans toute leur étendue, aucune réforme des anciennes lois, ne puissent être refusées, si elles sont demandées par les mêmes représentants de la nation ou par un autre corps également représentatif : alors le despotisme direct sera détruit. En Angleterre, comme nous l'avons déjà dit, il n'existe aucun moyen légal d'établir une loi nouvelle, d'en détruire une ancienne ; la nation n'a qu'un moyen indirect, celui d'y forcer, par son refus de consentir à d'autres mesures, les deux autres parties de la puissance législative ; et c'est un grand vice que toute nation sage aura soin d'éviter dans sa constitution. Ce vice n'existe pas dans les États-Unis : leur puissance législative est divisée en plusieurs corps, mais en plusieurs corps de représentants du peuple, qui, sous une forme plus ou moins compliquée, plus ou moins bonne, ont le pouvoir de changer les lois nuisibles. Ainsi, le despotisme direct existe en Angleterre, et n'existe pas en Amérique.

VII

Le despotisme indirect peut être celui du corps même législatif, du gouvernement, de certains ordres de citoyens, des ministres de la religion, des tribunaux et des gens de loi, de l'armée, des gens d'affaires et de la populace. Nous allons exposer les moyens de prévenir ces différents despotismes.

VIII

Celui du corps législatif a lieu lorsque la représentation du peuple cesse d'être réelle ou devient trop inégale ; on préviendra ce danger en veillant sur la composition des lois qui prescrivent la forme suivant laquelle on doit élire les représentants, et qui fixent les divisions du territoire auxquelles on attribue le droit d'en élire un ou plusieurs, et en assurant en même temps à la nation un moyen légal de changer ces formes et ces divisions, au bout d'un temps marqué, assez long pour ne pas rendre ces changements trop fréquents, mais assez court pour que le désordre ne puisse faire des progrès qui le rendent difficile à détruire.

IX

On s'opposera efficacement au despotisme du gouvernement, toutes les fois qu'on rendra indépendantes de sa volonté la réunion et la durée de l'assemblée des représentants de la nation, toutes les fois que les impôts ne pourront être levés que par le consentement de cette assemblée. En Angleterre, où le parlement ne s'assemble que par la volonté du roi, on a cru remédier à ce vice de la constitution en établissant l'usage de n'accorder que pour une année une partie des impôts. Ce moyen ne doit pas être imité ; c'est sur le besoin réel de l'État que les impôts doivent être réglés, et leur durée doit être fixée d'après celle du besoin. Mais on parviendra au même but en faisant dépendre de chaque assemblée représentative, non l'établissement de l'impôt, mais l'ordre de le lever et de le verser dans telle ou telle caisse, d'en ordonner la disposition. Par ce moyen, les opérations de finance auront la consistance nécessaire, sans qu'il puisse en résulter aucune atteinte à la liberté.

X

Toutes les fois qu'une certaine classe de citoyens possède des privilèges honorifiques ou profitables, qu'elle est appelée exclusivement à certaines places, que ces places sont le seul chemin de toutes les dignités, de tous les emplois importants, il est aisé de voir que cette classe dominera dans le corps représentatif, et que l'égalité de la représentation n'y subsistera plus que de nom. Ce mal deviendra bien plus sensible, si cette classe de citoyens se recrute continuellement par l'admission de toutes les familles qui se sont enrichies, ou ont pu échapper à l'exclusion prononcée contre la classe inférieure. Le seul remède à ce despotisme est de ne laisser subsister entre les citoyens aucune distinction, ni dans les lois civiles ou criminelles, ni dans la contribution aux charges publiques, ni dans l'admission aux places, aux emplois ; en sorte qu'il n'existe que l'inégalité d'opinion ou de fortune, qui ne sont, dans la réalité, ni moins naturelles, ni plus injustes, ni plus dangereuses (si les lois sont raisonnables), que l'inégalité de talent et de force. Toute nation où il existe un généalogiste légalement établi, ne peut être une nation libre.

XI

Le pouvoir des prêtres n'est fondé que sur l'opinion, et la liberté absolue du culte et de la presse en est le seul remède[1]. Dans les pays livrés à l'ignorance, ce despotisme est celui des prêtres mêmes ; c'est devant eux que la nation courbe la tête : tel fut leur pouvoir en Europe jusqu'à la fin du seizième siècle, temps où les yeux des laïques commencèrent à s'ouvrir. Chez les nations éclairées, ce despotisme se confond avec celui de la populace. Nulle part en Europe, excepté peut-être dans quelques républiques suisses, le despotisme du clergé seul n'est à craindre, mais il le devient

1 Nous proposons ce texte, celui des éditions Arago et Cabanis étant fautif (« Le pouvoir des prêtres, qui n'est fondé que sur l'opinion ; et la liberté absolue du culte et de la presse, en est le seul remède »).

quand il se réunit à celui des grands ; c'est ce qu'on voit aujourd'hui dans les Pays-Bas, et ce qu'on a vu en France pendant l'assemblée des notables[1].

Dans les pays où la religion est libre, la division des prêtres en plusieurs sectes diminue leur crédit ; et dans ceux où la presse est libre, ce n'est plus des prêtres seuls que la populace reçoit ses opinions ; d'ailleurs, la crainte de passer pour des sots ou pour des hypocrites empêche les grands de se réunir aux prêtres. On peut objecter l'exemple de l'Angleterre. Mais,

1. En Angleterre, la presse n'est pas libre sur les objets de religion.
2. La liberté de culte n'y est pas établie.
3. L'Angleterre est en général gouvernée par des partis, par des associations de gens accrédités, et ces partis conservent soigneusement le fanatisme comme un instrument dont chacun espère se servir à son tour ; aussi à peine est-il attaqué par un d'eux, que les autres s'empressent de le protéger.

XII

Le despotisme des tribunaux est le plus odieux de tous, parce qu'ils emploient pour le soutenir et l'exercer l'arme la plus respectable, la loi. Dans tout pays où il existe des tribunaux perpétuels dont les membres ne sont pas élus par les justiciables, et pour un temps seulement ; dans tout pays où la justice civile est réunie à la justice criminelle, il ne peut y avoir de liberté, parce que le concert de ces tribunaux avec le chef de l'armée suffit pour établir le despotisme. Il est bien plus inévitable encore, si ces tribunaux ont quelque part à la puissance législative, s'ils forment un corps entre eux, si leurs membres sont jugés par eux-mêmes. Le chef de l'armée est alors obligé de les ménager, parce que sans eux il ne peut exercer une autorité absolue que par une violence toujours

1 Assemblée à rôle consultatif, nommée par le roi, qui la convoqua en 1787 et à nouveau en 1788. Cette dernière discuta la question de la représentation du tiers état par rapport au clergé et à la noblesse aux futurs États généraux, refusant toute réforme. Le problème était de savoir si la représentation du tiers serait doublée pour égaler la représentation totale du clergé et de la noblesse et si le vote se ferait par tête dans une assemblée unique et non plus séparément par état.

dangereuse. Ils sont en même temps intéressés à flatter ou à soutenir son pouvoir, et par crainte, et parce qu'ils ne peuvent espérer que les citoyens, s'ils étaient libres, consentissent à être soumis au despotisme judiciaire, suite nécessaire de cette forme de tribunaux, parce que ce despotisme pèse sur chaque individu à tous les instants, et s'étend sur toutes les actions, sur tous les intérêts.

Si, par la complication des lois et celle des formes, il existe un très grand nombre de gens attachés aux tribunaux, et ayant le privilège exclusif d'y remplir les fonctions d'avocats, de procureurs, ou s'il est difficile de les remplacer, parce qu'ils sont instruits d'une routine inconnue aux autres citoyens, la suspension absolue de toute justice, qui peut être également causée par le refus des tribunaux, ou par celui de ces praticiens, donne au despotisme judiciaire une force très dangereuse.

Dans les pays où les mœurs sont douces, le despotisme du gouvernement, celui du chef de l'armée, ne peut être ni sanglant, ni cruel ; le despotisme judiciaire l'est toujours, parce qu'il peut déployer toute la rigueur des lois, et que les tribunaux ont soin de conserver des lois féroces, même quand les mœurs se sont adoucies.

Puisque l'on connaît les causes de ce despotisme, on en voit aisément les remèdes. Si les juges sont élus à temps par les justiciables, si les tribunaux civils sont séparés des tribunaux criminels, si les juges sont strictement obligés à suivre la lettre de la loi, si des tribunaux d'un autre ordre, également élus, sont institués pour punir les prévarications des juges, si la fonction de défendre les causes devant les tribunaux est absolument libre, si les associations particulières que ceux qui se livrent à cette fonction voudraient former, au lieu d'être favorisées, sont déclarées contraires aux intérêts des citoyens (car il serait injuste de les défendre), alors le despotisme des tribunaux ne sera plus à craindre.

XIII

Les Européens modernes ont trouvé le moyen de se mettre à l'abri du despotisme de l'armée, en la divisant en régiments, en la distribuant dans un grand nombre de garnisons, en ne donnant point de chefs perpétuels aux divisions formées de plusieurs régiments. Aussi, depuis cette institution, aucune armée n'a-t-elle ni troublé la tranquillité de l'État, ni exercé aucun despotisme, soit sur le prince, chef de l'armée, soit sur les citoyens. Il faut excepter la Russie, où les régiments des gardes ont trop de prépondérance ; et il faudra peut-être excepter aussi la Prusse, si la garnison de la résidence royale reste très forte, et que le roi ne soit pas un homme de guerre. Le seul moyen d'exposer les États de l'Europe à ce despotisme de l'armée, auquel les autres parties de l'ancien monde sont assujetties, et qui y empêche les progrès de la civilisation, serait de dégoûter les troupes de l'obéissance passive à leurs chefs ; obéissance qui ne doit avoir pour bornes que le droit naturel et une loi positive, et d'inspirer aux chefs, aux officiers des corps et, par une suite nécessaire, aux soldats, l'idée qu'ils peuvent se rendre juges de la légitimité des ordres qu'ils reçoivent. L'obéissance passive est dangereuse pour la liberté publique ; le refus arbitraire d'obéissance le deviendrait davantage. Pour éviter à la fois l'un et l'autre de ces maux, il faut régler par une loi les limites du pouvoir militaire, employé à maintenir la tranquillité publique et à soutenir l'exécution des lois, des jugements, des actes du gouvernement. Cette loi existe en Angleterre : c'est une sage institution qu'il faut imiter, en se rappelant surtout qu'imiter n'est pas copier.

XIV

Les gouvernements de l'Europe ont senti que l'impossibilité de faire la guerre longtemps avec les revenus ordinaires de l'État ou par des impositions extraordinaires, ne leur permettrait pas de se livrer à cette activité inquiète qui, depuis le XVe siècle, est devenue une maladie politique presque générale. On imagina d'abord, pour y suppléer, la vente des charges, des traités de finances portant l'aliénation à temps de certains droits, enfin des emprunts directs. Par ce moyen, on avait les capitaux à sa disposition, et les intérêts étaient payés par des impôts ou par des droits. La ressource des emprunts aurait été très bornée, si l'on n'avait eu pour les remplir que les capitaux destinés à être placés dans ces emprunts, et surtout elle aurait été très lente. Mais il se présentait deux ressources : l'une d'emprunter de compagnies de finances dont les membres se chargeaient alors d'avancer l'argent, ou se donnaient des soins pour en trouver dans leurs familles, dans leur société, dans les gens d'affaires liés avec eux ; l'autre de vendre l'emprunt à des banquiers ou commerçants en argent, qui le revendaient ensuite ou en faisaient un objet de spéculation. Ces deux ressources s'achetaient ou par un intérêt plus fort, ou dans le premier cas par la cession de quelques droits, une tolérance plus grande de quelques abus, ou même seulement par la solidité des places dont ces emprunts rendaient le remboursement plus difficile. Alors ces ressources n'eurent plus de bornes ; et malheureusement on s'accoutuma peu à peu à les regarder comme certaines, à en faire dépendre le succès des entreprises les plus importantes, et dans des circonstances difficiles, les paiements même nécessaires pour acquitter les anciens intérêts, remplir des engagements, faire face aux dépenses publiques. Mais dès lors on se mit dans la dépendance de ceux qui pouvaient faire ces avances ; on fut obligé, dans la législation des impôts ou du commerce, dans les opérations politiques, de ménager leurs intérêts, leurs préjugés, leurs passions ; et il fallut les ajouter aux classes de citoyens qui exercent sur le peuple un véritable despotisme. C'est ainsi qu'en Angleterre ils ont usurpé sur la nation la souveraineté de l'Inde, que jusqu'ici on n'a pu leur enlever ; qu'ils ont fait préférer les plans de M. Pitt, dictés par eux, à ceux de M. Fox et du comte de Stanhope. Combien ne citerait-on pas de ministres dont ils ont précipité la chute, ou qu'ils ont forcé d'employer ? En France, ils obligèrent le gouvernement de priver de sa liberté l'auteur de la *Théorie de l'impôt*[1], et sa naissance, sa fortune, sa réputation personnelle ne purent le mettre à l'abri de leur haine obscure. Ils obligèrent à la banqueroute de 1770 l'abbé Terray[2], qui n'imagina que cette ressource pour se délivrer de leur empire, fit beaucoup de mauvaises opérations pour s'y soustraire, et finit par s'y soumettre. Celle de 1788 a eu la même cause.

Il n'est que deux moyens de détruire ce despotisme, qui menace de devenir chaque jour plus dangereux et plus insupportable. Le premier est dans une législation qui, proscrivant toutes les formes vicieuses

---

1 Le marquis de Mirabeau (père du comte de Mirabeau), important physiocrate, qui avait publié sa *Théorie de l'impôt* en 1760. Il y attaquait les fermiers généraux.

2 Dernier Contrôleur Général des Finances de Louis XV.

d'impôts et laissant une liberté entière au commerce, tarirait la source des grandes fortunes de finances et de banque, diminuerait les profits de ce dernier genre de commerce, et les diviserait en un plus grand nombre de mains[1]. Le second est de changer la forme des emprunts, en chargeant, lorsqu'ils ont été consentis par la nation, ou l'assemblée qui la représente, ou celles qui représentent chaque province, de faire elles-mêmes l'emprunt dont elles paieraient les intérêts, qu'elles rembourseraient par des deniers laissés dans leurs mains, sans que la destination en pût être détournée ; de chercher, au lieu d'emprunts chers qui n'ont besoin que d'une demi-confiance, des emprunts dont une confiance durable, alors bien fondée, et les avantages de leur forme, seraient la seule séduction ; de joindre à chaque emprunt l'énonciation du véritable taux de l'intérêt, et la preuve que les fonds assignés pour l'acquitter sont réellement suffisants ; de tenir toujours ouverts des emprunts à un taux inférieur à celui des anciens emprunts dont les fonds seront employés à les rembourser ; d'éviter soigneusement toutes les opérations de finances, tous les établissements qui produisent des mouvements d'actions, et par une suite nécessaire, des associations entre les gens d'affaires ; de chercher enfin à dissiper les ténèbres dont ils ont couvert un petit art très peu compliqué, qui n'a d'importance et ne peut devenir dangereux qu'autant qu'il est peu connu.

XV

Le despotisme de la populace est à craindre dans tous les États où il existe de grandes capitales et de grandes villes de commerce. Mais il est moins un despotisme en lui-même que l'agent d'un autre pouvoir, si on en excepte celui qu'exerce la populace, en forçant à taxer les denrées destinées à sa subsistance et à se conformer à ses préjugés dans les lois sur le commerce de ces denrées. Encore celui-là même n'existe-t-il que

1 Suivant la logique du libéralisme bourgeois de la fin du XVIIIe siècle, la libre concurrence devait assurer l'égalité des chances d'accès à la propriété. Serait alors apparue une société de petits propriétaires relativement égalitaire. L'évolution ultérieure du capitalisme, en particulier la tendance à la concentration du capital, a montré les limites de cet idéal essentiellement pré-capitaliste.

par l'utilité qu'espèrent en tirer quelques-uns des autres pouvoirs despotiques qui pèsent sur une nation, ou les différents partis qui partagent ces pouvoirs. Dans les autres circonstances, la populace n'emploie son despotisme que pour soutenir des préjugés religieux, pour maintenir l'autorité de certains corps particuliers qu'elle a pris sous sa protection, ou dont l'existence enrichit une telle ville, pour défendre certaines opinions populaires utiles à quelques classes de citoyens et nuisibles au reste ; enfin, par humeur contre des hommes puissants qu'on a su lui rendre odieux. Quelque dangereux que soit ce despotisme, on ne voit nulle part les autres pouvoirs se concerter pour le détruire ; c'est une ressource que ceux qui sont les plus faibles veulent se ménager. En Angleterre, la chambre des communes aime mieux laisser subsister une foule de lois ridicules et injustes, mais qui seraient protégées par la populace, que de chercher les moyens de détruire cette influence qui corrompt la législation. C'est la populace qui a privé la Hollande de la liberté, en rétablissant le stathoudérat en 1777. C'est elle qui, au lieu de corriger l'aristocratie tyrannique du Danemark, y a introduit le despotisme du prince, c'est-à-dire, le despotisme de la cour, des prêtres, des gens de loi ; c'est le despotisme de la populace de Constantinople qui a détruit l'empire grec, autant que le fer des barbares et les querelles théologiques. On sait que ce despotisme est aussi absurde dans ses projets que barbare dans ses moyens, puisqu'il est exercé par la partie de chaque nation la plus ignorante et la plus corrompue après les ambitieux qui s'en servent. Mais qu'est-ce qui rend dangereux la populace d'une grande ville ? C'est la facilité de la réunir, c'est son ignorance et sa férocité ; c'est donc en attaquant ces trois causes qu'on peut en prévenir les effets.

Il n'y a que deux moyens de diminuer la facilité de réunir la populace : le premier est la liberté entière de l'industrie et du commerce, qui d'abord augmenterait le nombre du peuple en diminuant celui de la populace, affaiblirait l'union particulière des ouvriers attachés à telle ou telle corporation, à tel lieu privilégié, diminuerait enfin l'aversion que la classe la plus pauvre, vexée par les lois des maîtrises, contracte pour la police. Le second moyen serait de diviser chaque grande ville en quartiers, qui pourraient s'assembler pour leurs intérêts communs, suivant une forme régulière, et de faire les dernières subdivisions assez petites. Les petites assemblées de citoyens réunis sans distinction de rang et de profession, sont en général le seul moyen juste et en même temps le plus sûr d'empêcher les associations spontanées de troubler la tranquillité publique.

Pour diminuer l'ignorance, il faut rendre la liberté à la presse, et multiplier des secours bien dirigés d'éducation publique[1]. Ces secours manquent au peuple dans presque tous les pays où, dirigées par les ministres de la religion, les institutions se bornent à faire entrer dans l'esprit du peuple les idées propres à maintenir la puissance sacerdotale. La liberté de la presse est encore un moyen de diminuer l'ignorance et les préjugés du peuple, non en l'instruisant immédiatement, mais en répandant des lumières dans la classe supérieure la plus voisine, et surtout en empêchant les gens intéressés à tromper le peuple, de l'entretenir dans ses préjugés. Il est rare, quand il se soulève, que ce ne soit pas contre ses véritables intérêts ; on en pourrait citer des exemples anciens et récents. La férocité naît de l'ignorance, de la misère, de la dureté des lois criminelles, de l'insolence des classes privilégiées ; et dès lors on voit comment on peut la détruire.

XVI

Ces simples observations suffisent pour montrer combien ceux qui croient qu'ils détruiraient réellement le despotisme en détruisant les ordres arbitraires du gouvernement, sont éloignés de connaître toute l'étendue de ce fléau. En parlant toujours de poids à opposer à ce despotisme, ils oublient que lui-même sert de contrepoids aux autres, et que, pour être conséquents, ils devaient en désirer la conservation.

---

1 Voir en particulier les *Cinq mémoires sur l'instruction publique* (1791), éd. C. Coutel et C. Kintzler, Paris, GF-Flammarion, 1994. Sur Condorcet et l'éducation, on pourra consulter : C. Coutel, *Condorcet, instituer le citoyen*, Paris, Michalon, 1999 ; Baker, *Condorcet*, p. 372-396 ; M. Albertone, « Enlightenment and Revolution : The Evolution of Condorcet's Ideas on Education », *Condorcet Studies I*, p. 131-144 ; C. Kintzler, *Condorcet : l'instruction publique et la naissance du citoyen*, Paris, Le Sycomore, 1984 ; L. Cahen, *Condorcet et la Révolution française*, Paris, Alcan, 1904, p. 324-379.

XVII

Il ne faut pas confondre le despotisme avec la tyrannie. On doit entendre par ce mot toute violation du droit des hommes, faite par la loi au nom de la puissance publique. Elle peut exister même indépendamment du despotisme. Le despotisme est l'usage ou l'abus d'un pouvoir illégitime, d'un pouvoir qui n'émane point de la nation ou des représentants de la nation ; la tyrannie est la violation d'un droit naturel exercée par un pouvoir légitime ou illégitime.

Supposons dans le XIVe, le XVe, le XVIe, et même le XVIIe siècle, une république très bien ordonnée, où les représentants du peuple eussent pu également s'opposer à l'établissement des lois nouvelles, et forcer à la réforme des anciennes ; supposons qu'aucun des pouvoirs établis par ces lois n'eût pu ni les violer, ni exercer sur les représentants du peuple une force qui gênât leur liberté, on n'en aurait pas moins fait dans cette république des lois pénales contre les hérétiques ; ce qu'on nomme sacrilège ou blasphème y aurait été mis au rang des crimes capitaux. Dans ces siècles, et même dans celui-ci, on aurait gêné l'industrie et le commerce par des lois prohibitives. On aurait établi des impôts indirects et créé des délits qu'il aurait fallu prévenir par des lois tyranniques. Il n'y eût pas eu de despotisme, la tyrannie eût été à son comble.

XVIII

Le seul moyen de prévenir la tyrannie, c'est-à-dire, la violation des droits des hommes, est de réunir tous ces droits dans une déclaration, de les y exposer avec clarté dans un grand détail, de publier cette déclaration avec solennité, en y établissant que la puissance législative ne pourra, sous quelque forme qu'elle soit instituée, rien ordonner de contraire à aucun de ces articles.

Il faut en même temps établir une forme légale, d'après laquelle on puisse ajouter à cette déclaration de nouveaux articles, parce que plus les lumières feront de progrès, plus les hommes connaîtront l'étendue de leurs droits, plus ils en sauront distinguer de conséquences évidentes. Or, plus une déclaration des droits sera étendue, plus non seulement la jouissance de ceux qu'elle renferme sera certaine ; mais plus aussi on verra diminuer le nombre et la complication des lois, et plus on en verra disparaître ces dispositions arbitraires qui les défigurent chez toutes les nations ; mais il faut de plus qu'il existe une forme légale pour retrancher des articles de cette déclaration, parce que l'erreur, même en faveur des droits des hommes, peut être nuisible. La forme pour ajouter un article doit être telle, qu'on soit sûr de l'ajouter, pour peu qu'il soit vraisemblable que ce droit soit réel ; mais pour en retrancher un, la forme doit être telle, que l'évidence seule et la nécessité puissent obtenir un vœu en faveur de cette suppression. Sans une telle précaution, quelque forme que l'on donne à la constitution, les citoyens ne seront point à l'abri de la tyrannie ; elle sera établie par un pouvoir légitime, mais elle n'en sera pas moins une tyrannie, comme un jugement injuste n'en est pas moins injuste, quoique rendu suivant les formes légales.

XIX

Les droits naturels de l'homme sont :
1. La sûreté et la liberté de sa personne ;
2. La sûreté et la liberté de ses propriétés ;
3. L'égalité[1].

1 On remarque que cette liste semble différer de manière significative de celle donnée dans l'*Influence de la Révolution de l'Amérique sur l'Europe* (« Introduction », p. 51 *supra*). Condorcet ne mentionne pas spécifiquement ici le droit à l'égalité devant la loi et il omet également le droit de participer au gouvernement par le vote. Mais ces deux derniers droits relèvent du droit général à l'égalité. Dans son dernier écrit sur la question, Condorcet retient les droits suivants : la liberté, l'égalité, la sûreté, la propriété, la garantie sociale (de ces mêmes droits, par l'ensemble des citoyens), et la résistance à l'oppression. Sont notamment inclus dans ces catégories générales : les libertés d'opinion, de culte, de la presse, l'égalité devant la loi, et les droits à l'éducation et aux secours publics. Voir *Plan de constitution, présenté à la Convention nationale les 15 et 16 février 1793. Projet de déclaration des droits naturels, civils et politiques des hommes*, *OC*, t. 12, p. 417-422. Le droit de vote, étendu à tous les hommes âgés de vingt-et-un ans ou plus, est établi dans le projet de constitution lui-même.

Le dernier de ces droits a seul besoin d'être expliqué. L'égalité que le droit naturel exige entre les hommes, exclut toute inégalité qui n'est pas une suite nécessaire de la nature de l'homme et des choses, et qui, par conséquent, serait l'ouvrage arbitraire des institutions sociales. Ainsi, par exemple, l'inégalité des richesses n'est pas contraire au droit naturel ; elle est une suite nécessaire du droit de propriété, puisque ce droit renfermant l'usage libre de la propriété, renferme par conséquent la liberté de les accumuler indéfiniment. Mais cette inégalité deviendrait contraire au droit naturel, si elle était l'ouvrage d'une loi positive, telle que la loi qui accorde aux aînés une portion plus grande, celle qui établit des substitutions, etc. Ainsi, la supériorité qu'un homme chargé d'une telle fonction a sur ceux qui lui sont subordonnés par la nature de cette fonction, n'est pas contraire au droit naturel, parce qu'elle dérive de la nécessité que certains hommes exercent cette autorité, et que d'autres y obéissent. Mais cette supériorité devient contraire au droit, si on la rend héréditaire, si elle s'étend au-delà de ce qui est nécessaire pour que ces fonctions soient bien exercées. Le droit d'égalité n'est pas blessé, si les propriétaires seuls jouissent du droit de cité, parce qu'eux seuls possèdent le territoire, parce que leur consentement seul donne le droit d'y habiter ; mais il est blessé, si le droit de cité est partagé inégalement entre différentes classes de propriétaires, parce qu'une telle distinction ne naît pas de la nature des choses[1].

XX

Les droits naturels de l'homme sont connus en général de tous ceux qui ont l'esprit droit et l'âme élevée, mais peu de gens en embrassent toute l'étendue ; peu se sont élevés à une assez grande hauteur pour apercevoir toutes les conséquences de ces droits.

1 De plus, si l'on accepte l'idéal libéral d'une société de petits propriétaires relativement égalitaire fondée sur l'égalité des chances d'accès à la propriété assurée par la libre concurrence, alors les intérêts particuliers des propriétaires pourraient coïncider avec l'intérêt général. Et l'égalité des chances d'accès à la propriété garantirait également celle des chances d'accès au droit de vote. Condorcet ne deviendra partisan du suffrage universel que durant la phase républicaine de la Révolution. Voir *Exposition du plan de constitution*, *OC*, t. 12, p. 384-389.

Une déclaration des droits, bien complète, serait un ouvrage utile au genre humain ; mais on ne trouverait peut-être pas un seul peuple, même parmi ceux qui haïssent le plus la tyrannie, auquel on pût la faire adopter tout entière, tant l'habitude a familiarisé l'homme avec ses chaînes.

XXI

La première déclaration de droits qui en mérite véritablement le nom, est celle de Virginie, arrêtée le 1er juin 1776[1] ; et l'auteur de cet ouvrage a des droits à la reconnaissance éternelle du genre humain[2]. Six autres États d'Amérique ont suivi l'exemple de la Virginie.

Mais aucune de ces déclarations de droits ne peut être regardée comme complète.

1. Aucune ne renferme l'énonciation des limites de la puissance souveraine, relativement à la punition des crimes. Or, il est évident que la puissance législative n'a pas le droit d'ériger en crimes des actions qui ne sont pas une lésion directe, immédiate et grave des droits, soit d'un individu, soit de la société.

2. Aucune ne renferme l'énonciation des limites de la puissance législative, ni relativement aux lois civiles, ni relativement aux lois de police.

3. Une seule déclare contraire au droit naturel toute capitation[3], tout impôt portant *sur les pauvres* (expression qui annonce des connaissances approfondies sur cet objet), mais aucune n'exclut les impôts indirects, qui, par leur nature, sont inégalement répartis, et ne peuvent exister sans une violation plus ou moins directe de la liberté de la personne ou des biens, et sans une introduction de délits arbitraires.

4. Si quelques-unes proscrivent tout privilège exclusif, aucune ne place au rang des droits naturels et sacrés la liberté que doit conserver tout homme de faire de ses forces et de ses biens l'usage qu'il lui plaît,

---

1 Le 12 juin, plus exactement.

2 George Mason. La déclaration de droits de l'état de Virginie est en effet la première déclaration des droits de l'homme au sens moderne. Elle a inspiré la *Déclaration d'indépendance* aussi bien que la déclaration de droits ajoutée à la constitution fédérale, le *Bill of Rights*.

3 Impôt sur la personne, indépendamment de ses biens ou de ses revenus.

tant qu'il ne nuit pas au droit des hommes ; liberté qui suppose la liberté indéfinie de l'industrie et du commerce.

5. Quelques-unes autorisent l'établissement de taxes pour le paiement des frais de culte, applicables, il est vrai, à tel ou tel culte, suivant la volonté du contribuable ; mais toute taxe de cette espèce est contraire au droit des hommes, qui doivent conserver la liberté de ne payer pour aucun culte, comme de n'en suivre aucun.

6. On y a placé généralement le droit de ne pouvoir être condamné que par un jury unanime. Or, il n'est pas prouvé, 1) que cette unanimité, exigée suivant la forme anglaise, donne une plus grande probabilité de la vérité du jugement qu'une pluralité immédiate de huit, de dix juges[1]. 2) Il n'est pas prouvé non plus que des jurés soient des juges du fait plus dignes de confiance que des hommes choisis par les citoyens parmi ceux qui ont la plus grande réputation de lumières et de probité, et choisis pour remplir cette fonction pendant un espace de temps plus ou moins long.

Le choix entre ces différentes méthodes n'est pas une question de droit, mais une question de raisonnement. La puissance législative doit avoir l'autorité d'établir la forme qui lui paraît la plus propre à maintenir la sûreté personnelle, et l'on doit, dans une déclaration de droits, exclure ce qui leur serait contraire, et non prescrire un choix entre les divers moyens qui les maintiennent également.

Ainsi, par exemple, toute nomination de juges ou jurés autrement que par l'élection des justiciables, toute institution d'un tribunal perpétuel se recrutant lui-même, ou nommé par un corps de citoyens ou par un magistrat suprême, etc., doivent être proscrites par une déclaration de droits.

7. Dans plusieurs de ces déclarations, on exempte du service militaire forcé ceux qui, par raison de conscience, ne se croient pas permis de porter les armes. C'est ici un privilège accordé aux gens qui professent une certaine opinion, et par conséquent une violation du droit général. Le principe qui ferait respecter la conscience particulière dans ce qui serait vraiment du ressort des lois, n'est qu'un encouragement au fanatisme. Il ne serait pas juste de forcer au service un homme dont les soins sont nécessaires à sa famille, et d'en exempter un Quaker ou

1 Voir le « Discours préliminaire » de l'*Essai sur l'application de l'analyse*, *SE*, p. 131-142, 151-156.

tel autre sectaire. Mais l'exemption générale de tout service militaire forcé doit faire partie d'une déclaration de droits. L'appel au service doit être libre, et la punition du refus est la honte attachée partout à la poltronnerie. L'opinion prononcerait alors seule sur le motif légitime ou non légitime du refus.

XXII

Le meilleur moyen d'obtenir une déclaration de droits bien complète serait d'encourager les hommes éclairés à en dresser séparément un modèle. En comparant entre eux ces différents ouvrages, non seulement on jugerait de l'ordre plus ou moins méthodique dans lequel les droits seraient exposés, de la clarté plus ou moins grande du style ; mais on connaîtrait tout ce que ces différents citoyens regardent comme faisant partie des droits de l'homme, et ce serait le moyen le plus sûr pour les connaître tous, non pas peut-être dans leur étendue réelle et absolue, mais dans l'étendue où l'état actuel des lumières permet de les porter.

Chaque rédacteur se bornerait à exposer les droits avec des motifs simples, exprimés en peu de mots, comme on le voit dans la déclaration de Virginie. Mais, sur les droits qu'on peut regarder comme douteux, ils pourraient, dans des notes séparées, se livrer à des discussions plus étendues.

La difficulté de reconnaître tous les droits de l'homme, de les exposer avec clarté et avec méthode, n'est pas la seule que présente un ouvrage de ce genre ; il doit être fait de manière qu'en évitant la prolixité et les détails minutieux, chaque droit soit tellement exposé, que toute violation grave de ce droit soit évidente, susceptible d'une démonstration simple, et à la portée de tous les esprits.

Il faudrait encore avoir soin de séparer ce qui est la partie essentielle de chaque article, ce qui énonce le droit, des motifs qui le font regarder comme faisant partie des droits naturels de l'homme. Enfin, cette énonciation devrait être telle, qu'après avoir formé, par la comparaison de ces différentes esquisses, une liste complète de ce qu'on regarde comme faisant partie de ces droits, on pût faire délibérer une grande assemblée par oui ou non sur ceux qu'elle croit devoir être compris dans une déclaration des droits, ou qu'elle juge soit chimériques, soit exagérés.

Il serait à désirer que ces esquisses fussent rendues publiques par la voie de l'impression ; il y aurait en cela un double avantage, celui de les soumettre à la censure de tous les citoyens, et de profiter des lumières qui en peuvent naître, et celui de pouvoir dire qu'on n'a négligé d'examiner aucun des droits qu'un seul des membres de l'État aurait pu vouloir réclamer, puisque ce serait alors (vu cette publicité) par le fait seul de sa volonté, que tel droit qu'il croit réel, n'aurait pas été soumis à la discussion.

Plus une déclaration des droits sera étendue et complète, plus elle sera claire et précise ; plus la nation qui l'aura reconnue, qui y sera attachée par principe, par opinion, sera sûre d'être à l'abri de toute tyrannie ; car toute tyrannie qui attaquerait évidemment un de ces droits, verrait s'élever contre elle une opposition générale.

XXIII

Un autre avantage d'une déclaration des droits est d'assurer la tranquillité générale : une nation armée de ce bouclier cesse de s'inquiéter de toutes les innovations, n'a plus de prétexte pour s'offenser de celles qui sont utiles, ne se laisse plus si aisément tromper par les défenseurs des abus qu'on veut détruire, ne prend plus pour ses droits des privilèges contraires à ces droits mêmes, des institutions opposées à ses intérêts. N'a-t-on pas vu le peuple des Pays-Bas se soulever pour la conservation de quelques séminaires ou de quelques couvents ? D'autres pays regarder comme faisant partie de leurs franchises, ici la conservation d'une aristocratie tyrannique, là une constitution des tribunaux incompatible avec la jouissance de leurs véritables droits ? Une déclaration des droits est donc à la fois la sauvegarde de la tranquillité comme celle de la liberté publique[1].

1 Voir la note 19 de l'*Examen du gouvernement d'Angleterre, comparé aux constitutions des États-Unis* (Londres et Paris, chez Froullé, 1789) dans l'appendice ci-dessous, p. 169-172, et également la conclusion de la note 22 (« Sur le pacte réel et imprescriptible des gouvernements, et sur leurs pactes illusoires ») (ces deux notes sont probablement de Dupont de Nemours) : « Le peuple des États-Unis d'Amérique est la première nation, et la seule encore, qui ait senti qu'il ne faut pas commencer une législation par *un contrat* comme

entre des ennemis qui transigent et s'accordent, mais par *l'exposition du principe de tous les contrats*, comme font des sages qui examinent d'abord de quoi il est question. – Il ne s'agit plus après cela de dire aux délégués de la nation : *Vous aurez telle ou telle autorité, vous ferez arbitrairement jusqu'à telle ou telle chose*, et d'en bien marquer les limites toujours faciles à éluder par l'adresse ou à franchir par la force. On leur dit seulement : *Vous ferez respecter les droits de tous et de chacun.* Or, *tout homme a tel et tel droit.* Dès que cela est dit et conçu, tous les droits deviennent à la garde de tous les hommes. – Il est impossible qu'une constitution imparfaite ou de mauvaises lois soient durables dans un état où l'humanité est riche d'une bonne *déclaration de droits.* Il est impossible qu'une bonne déclaration de droits dans un seul coin du monde ne devienne pas la loi universelle. – Celui qui a songé le premier à poser ainsi de telles lois fondamentales mérite la plus honorable des statues à la tête des bienfaiteurs du genre humain. – Les déclarations de droits faites par les divers états de l'Amérique unie ne sont ni complètes, ni suffisamment méthodiques ; mais toutes les vérités qu'elles contiennent sont indubitables. Le trait de génie est de les avoir mises en avant. Il suffit à présent de la raison et de la logique, pour en développer les conséquences, pour remonter à leurs véritables principes, et pour arranger les uns et les autres dans un ordre méthodique. On peut arriver en ce genre à un tel degré de perfection qu'il ne puisse y avoir dans l'univers entier deux déclarations de droits qui diffèrent entre elles d'un seul mot. Où seront alors les gouvernements arbitraires ? » (p. 199-201)

ÉLOGE DE M. FRANKLIN

Lu à la séance publique de l'Académie des Sciences[1], le 13 novembre 1790

Eripuit cœlo fulmen, mox sceptra Tyrannis[2].
TURGOT, 1775

[C2] Benjamin Franklin naquit à Boston le 6 janvier[3] 1706 de Josiah Franklin et d'Abiah Folger.

[A] Son père s'était établi à Boston vers 1682 ; attaché à la religion presbytérienne par un zèle héréditaire, il avait quitté l'Angleterre, où elle n'était que tolérée, pour chercher un pays où elle fût libre.

Ce sont les atteintes portées à l'indépendance des opinions religieuses[a] qui en Europe ont réveillé l'esprit de liberté et peuplé l'Amérique[b]. C'est la persécution qui a forcé les hommes à s'apercevoir enfin de leurs véritables droits, méconnus même dans les républiques anciennes, et le genre humain a dû son affranchissement et ses lumières à ce qui n'avait été inventé que pour achever de l'enchaîner et de l'abrutir.

Josiah Franklin avait eu quinze enfants[4] de deux femmes. Benjamin était le dernier des fils. Son goût naturel pour la lecture le fit destiner à

1 Franklin était devenu membre de l'Académie des Sciences en 1772. Condorcet en était le secrétaire perpétuel depuis 1776. Sur les éloges, voir : R. Rey, « Histoire et philosophie des sciences dans les Éloges de Condorcet », dans Crépel et Gilain, *Condorcet*, p. 214-224 ; D. Williams, « Condorcet and the art of eulogy », *Voltaire and his World*, édit. R. J. Howells *et al.*, Oxford, Voltaire Foundation, 1985, p. 363-380 ; C. B. Paul, *Science and Immortality : The* Éloges *of the Paris Academy of Sciences (1699-1791)*, Berkeley, University of California Press, 1980.

2 « Il arracha la foudre au ciel, puis les sceptres aux tyrans. »

3 Le 17 janvier, plus exactement. Ou le 6 janvier 1705 dans l'ancien calendrier julien.

4 Dix-sept, en réalité. Benjamin était le quinzième.

l'état ecclésiastique. Mais son père ne put soutenir la dépense de cette éducation[1], et le jeune Franklin, obligé de se destiner à une profession mécanique, choisit d'être admis comme élève dans une imprimerie que son frère aîné dirigeait. [C1] Il avait quinze ans, lorsque le hasard lui procura un volume dépareillé du *Spectateur*[2]. Enchanté de la philosophie et du style de cet ouvrage, il résolut de le prendre pour modèle ; il y choisissait un sujet, en écrivait les principales idées, essayait ensuite de le traiter, et comparait son travail à celui du maître qu'il s'était ainsi donné. Par cet exercice, auquel il ne pouvait se livrer qu'aux dépens du temps destiné au sommeil ou au repos, il acquit bientôt assez de facilité pour oser faire aussi des articles du *Spectateur*. Son frère imprimait une gazette ; il lui fit parvenir ses premiers essais en cachant son nom et en déguisant son écriture ; ils furent lus devant leurs amis assemblés, et M. Franklin jouit du plaisir de les entendre applaudir, et de voir qu'on en cherchait l'auteur parmi les plus célèbres de ceux qui faisaient honneur à la littérature encore naissante de la Nouvelle-Angleterre. Il ne put garder longtemps son secret, et devint en le révélant l'objet de l'estime et presque de l'admiration de sa petite société ; mais son frère, naturellement impérieux, jugea qu'un jeune homme de dix-sept ans, qui était auteur, ne serait pas un garçon imprimeur bien docile. [A] Peu de temps après, son humeur força M. Franklin à se séparer de lui. Il quitta sa famille, se rendit à New York où il ne trouva point d'ouvrage, partit pour Philadelphie, et arriva, n'ayant que deux shillings pour toute fortune, dans cette ville dont il était destiné à devenir le législateur, et d'où cinquante ans après il devait partir chargé de la destinée des deux mondes[c].

[C2] Après un séjour très court à Philadelphie, il s'embarqua pour Londres, trompé par le gouverneur de Pennsylvanie qui lui avait promis les moyens d'acquérir les caractères et les presses nécessaires pour établir une imprimerie en Amérique. Arrivé en Angleterre, il s'y trouva sans

1 [Note de l'auteur] [A] D'abord teinturier, il était devenu fabricant de chandelles ; mais, dans un pays où la propriété de la terre, offerte à quiconque voulait la cultiver, semblait appeler tous ses habitants à cette première occupation de l'homme civilisé, et où la vie indépendante qu'elle procure était le premier des biens et l'objet de tous les travaux, la rareté des ouvriers, et le haut prix des salaires qui en était la suite, ne laissait espérer aux entrepreneurs de manufactures qu'un succès incertain et borné.

2 *The Spectator*, célèbre journal anglais publié par Joseph Addison et Richard Steele dans les années 1711-1712 et 1714. Il a beaucoup contribué à répandre l'esprit des Lumières et à consolider l'« espace public » tel que l'a décrit Jürgen Habermas.

aucune autre ressource que son art qui, pour lui, n'était encore qu'un métier. Mais il avait senti de bonne heure les avantages qu'il pouvait retirer de la sobriété et du travail. Il s'était accoutumé à un régime économique mais sain, propre à réparer ses forces, mais qui conservait à sa tête une liberté entière. Ce que gagnait un ouvrier anglais était beaucoup pour un philosophe américain, et lui donnait la facilité de consacrer à son instruction une partie de son temps et de ses salaires.

[C1] Il lut alors les ouvrages de Collins[1] et de Shaftesbury, et ils lui inspirèrent les principes de ce scepticisme qui, dans les écoles grecques, avait dégénéré en une ridicule charlatanerie, mais qui, chez les modernes, dégagé de ces subtilités pédantesques, est devenu la véritable philosophie ; et qui consiste, non à douter de tout, mais à peser toutes les preuves, en les soumettant à une rigoureuse analyse ; non à prouver que l'homme ne peut rien connaître, mais à bien distinguer et à choisir pour objet de sa curiosité ce qu'il est possible de savoir.

Palmer, chez qui M. Franklin travaillait, imprimait alors l'*Ébauche de la religion naturelle* de Wollaston[2]. Le jeune élève, mécontent des principes de cet ouvrage, essaya d'en combattre quelques-uns, et publia une petite *Dissertation sur la liberté et la nécessité, le plaisir et la peine.*

Bientôt son goût pour la philosophie, son ardeur pour l'étude, sa naïveté piquante, sa sagesse prématurée, le firent admettre dans la société de plusieurs hommes alors très célèbres, Mandeville[3], Lyons[4], Pemberton[5], Hans Sloane[6] [d].

[A] Peu de temps après son retour en Amérique, deux de ses amis, MM. William Coleman et Robert Grace, lui avancèrent des fonds pour acheter une imprimerie. [C2] Leur nom mérite sans doute d'être conservé par la reconnaissance ; ils ont rendu à leur patrie un grand homme que la nature lui avait préparé, mais que la nécessité pouvait lui ravir. L'histoire des sciences est remplie de ces exemples ; elle nous montre souvent le génie aux prises avec l'adversité ; et, par l'exemple de

1 Anthony Collins (1676-1729), penseur déiste et matérialiste, ami de Locke.

2 William Wollaston publia son *Ébauche de la religion naturelle* en 1722. Une seconde édition parut en 1724.

3 Bernard de Mandeville (1670-1733), auteur de *La Fable des abeilles.*

4 William Lyons, chirurgien lié aux milieux intellectuels gagnés au scepticisme.

5 Henry Pemberton (1694-1771), médecin, mathématicien et homme de lettres, ami et collaborateur de Newton.

6 Sir Hans Sloane (1660-1753), médecin et naturaliste, futur président de la *Royal Society* et fondateur du *British Museum.*

ceux à qui un heureux hasard a permis d'en triompher, elle fait voir tout ce que l'humanité a perdu, et ce qu'elle pourrait espérer d'une forme d'institution publique qui, assurant aux premières lueurs du talent les moyens de se faire remarquer, lui offrirait ensuite ceux d'atteindre toute la hauteur à laquelle la nature lui a permis d'aspirer.

[A] M. Franklin avait observé en Angleterre les avantages des papiers-gazettes, des associations connues sous le nom de club, et des souscriptions volontaires ; il se proposa d'en faire jouir sa patrie. D'abord il publia une gazette[1] qu'il soutenait, lorsque les nouvelles lui manquaient, par des morceaux où la morale était presque toujours présentée sous la forme d'apologue ; où la raison était animée par une plaisanterie douce et naïve ; où la philosophie, sans cesser d'être à la portée des hommes simples, pour qui elle était destinée, se trouvait au niveau de celle de l'Europe. [C1] C'était *Le Spectateur*, mais avec plus de naturel, de simplicité et de grâce, avec un but plus vaste et surtout plus utile. Au lieu de l'espérance incertaine de corriger quelques-uns des vices d'un peuple corrompu par la richesse et l'inégalité, c'était celle de rectifier les idées, d'épurer et d'agrandir les vertus d'un peuple naissant. [A] Plusieurs des morceaux imprimés alors par M. Franklin ont été conservés, et il en est quelques-uns que Voltaire et Montesquieu n'auraient pas désavoués.

[C2] Jamais il ne permit que cette gazette fût souillée par des inculpations personnelles. Ce moyen facile d'attirer la haine populaire sur ceux à qui l'on veut nuire lui paraissait aussi vil que dangereux. Il n'y voyait qu'une arme perfide dont les hypocrites et les factieux se servent avec adresse pour appeler la défiance sur les talents et sur les vertus, rendre incertaines toutes les réputations, détruire l'autorité de la renommée, guide si nécessaire à un peuple encore peu éclairé qui se prépare ou naît à la liberté[e], et livrer ainsi la confiance publique aux obscurs intrigants qui sauront la surprendre[f].

Il publiait en même temps un almanach qu'il cherchait à rendre utile par un petit nombre de préceptes dont il remplissait le vide des pages.

Il y plaçait des conseils d'économie, des leçons de bienfaisance ou de justice propres à diriger la conduite d'une vie simple et laborieuse ; et il avait soin de les terminer par un proverbe vulgaire, afin de les graver plus sûrement dans la mémoire. Cet almanach était destiné surtout à ceux qui, placés aux extrémités de la colonie, absorbés par le travail et

1 *La Gazette de Pennsylvanie.*

les soins domestiques, ne connaissaient guère d'autres lectures. Il voulait qu'aucune classe de citoyens ne restât sans instruction, qu'aucune ne fût condamnée à ne recevoir que des idées fausses par des livres destinés à flatter sa crédulité ou à nourrir ses préjugés. Un simple imprimeur faisait alors pour l'Amérique ce que les gouvernements les plus sages avaient eu l'orgueil de négliger, ou la faiblesse de craindre. [C3] Il a depuis recueilli toutes ces leçons dans l'ouvrage si connu sous le titre du *Bonhomme Richard*, modèle unique, dans lequel on ne peut s'empêcher de reconnaître l'homme supérieur, sans qu'il soit possible de citer un seul trait où il se laisse apercevoir. Rien dans les pensées ni dans le style n'est au-dessus de l'intelligence la moins exercée ; mais la philosophie y découvre aisément des vues fines et des intentions profondes. L'expression est toujours naturelle, souvent même commune, et tout l'esprit est dans le choix des idées. Pour que ses leçons soient plus utiles, il n'avertit pas ses lecteurs qu'un savant de la ville veut bien s'abaisser jusqu'à les instruire, et il se cache sous le nom du bonhomme Richard, ignorant et pauvre comme eux.

[A] Les Américains n'étaient point alors ce peuple de philosophes qui, par la sagesse de ses institutions, a depuis étonné l'Europe. La religion et les travaux nécessaires pour former des établissements dans un pays sauvage avaient occupé uniquement les premières générations européennes[g]. [C1] M. Franklin voyait combien ils avaient besoin des lumières de la philosophie ; mais il fallait le leur faire sentir sans leur annoncer une intention qui aurait trop averti de sa supériorité[h]. [A] Il forma un club parmi ceux des habitants de Philadelphie dont la fortune se rapprochait de la sienne. [C2] Il n'était composé que de douze personnes, et le nombre n'en fut jamais augmenté. Mais, par son conseil, la plupart des membres établirent bientôt d'autres associations semblables. Par là il s'assurait qu'elles seraient animées du même esprit. Mais il se garda bien de les lier par une confédération solennelle, et encore moins par une dépendance de la première société. Il voulait établir entre les citoyens une communication plus étroite de lumières et de sentiments, leur faire prendre l'habitude de se concerter pour leurs intérêts communs, et non propager ses opinions[i] ou se donner un parti. [C3] Il croyait que si une association privée ne doit jamais se cacher, elle doit encore moins se montrer ; qu'utile, lorsqu'elle agit par l'influence séparée de ses membres, par le concert de leurs intentions, par le poids que leurs vertus ou leurs talents donnent à leurs opinions, elle peut devenir dangereuse si, agissant en masse et formant en quelque sorte une nation au milieu de la nation, elle parvient à créer une volonté publique qui ne soit pas celle du peuple, et à placer entre les individus et la puissance nationale une force étrangère qui, dirigée par un fourbe ambitieux, menacerait également et la liberté et les lois[1].

[C1] Il est d'usage dans les clubs d'Angleterre de condamner à une légère amende ceux qui s'écartent des lois de la société. Dans celui de Philadelphie, on en payait une toutes les fois qu'on se permettait une expression tranchante. Les hommes les plus intrépides dans leur certitude étaient obligés d'employer les formules du doute, et de prendre dans leur langage l'habitude d'une modestie qui, si même elle s'arrêtait aux paroles, aurait déjà l'avantage de ne pas choquer l'amour-propre d'autrui, mais qui, par l'influence si puissante des mots sur les idées, doit finir par s'étendre sur les opinions mêmes[2] [j].

[A] En même temps, M. Franklin faisait adroitement la guerre au fanatisme, qui devait avoir poussé de profondes racines[k] dans un pays que la persécution avait peuplé. Ces sentiments d'une bienveillance universelle, qui entrent si aisément dans des âmes douces et pures, ces maximes d'une vérité simple, que le bon sens ne rejette pas, lorsqu'il n'est point corrompu par une fausse doctrine, conduisaient peu à peu à l'indulgence et à la raison, et du moins réduisaient à l'impuissance de nuire un ennemi qu'il eût été imprudent d'attaquer de front. Ainsi, à la même époque, dans les deux parties du globe[l], [C3] la philosophie vengeait l'espèce humaine du tyran qui l'avait longtemps opprimée et avilie ; mais elle le combattait avec des armes différentes. Dans l'une, le fanatisme était une erreur des individus, fruit malheureux de leur éducation et de leurs lectures. Il suffisait de les éclairer, de dissiper les

1 Voilà une excellente définition du rôle et de la structure de l'« espace public », ce qu'il doit et ne doit pas être, selon le libéralisme bourgeois de la fin du dix-huitième siècle. Il est étonnant qu'Habermas, dans *L'Espace public* (Paris, Payot, 1978), ne mentionne jamais Condorcet, qui constitue à bien des égards une figure paradigmatique illustrant sa thèse.

2 [Note de l'auteur] [C2] Déclarer qu'on n'avait aucun sentiment d'animosité contre aucun des membres de l'assemblée. – Professer un égal amour pour tous les hommes, quelle que fût leur croyance. – Regarder comme un acte de tyrannie toute atteinte à l'indépendance des cultes ou des opinions. – Aimer la vérité pour elle-même, chercher à la connaître, se plaire à l'entendre, s'efforcer de la propager. – Telle était la profession de foi de cette société, [C3] qui rendit de grands services aux assemblées nationales de la Pennsylvanie, et ne prétendit jamais à les gouverner.

fantômes d'une imagination égarée. C'étaient les fanatiques eux-mêmes que surtout il fallait guérir. Dans l'autre, où le fanatisme, guidé par la politique, avait fondé sur l'erreur un système de domination, où lié à toutes les espèces de tyrannie, il leur avait promis d'aveugler les hommes, pour qu'elles lui permissent de les opprimer, il était nécessaire de soulever l'opinion, et de réunir contre une puissance dangereuse les efforts des amis de la raison et de la liberté. Il n'y s'agissait pas d'éclairer les fanatiques, mais de les démasquer et de les désarmer. [A] L'on peut ajouter à ce rapprochement unique dans l'histoire de la philosophie, que les deux hommes qui avaient séparément conçu ce projet salutaire, Voltaire et Franklin, ont pu se réunir à Paris dans leur vieillesse, jouir ensemble de leur gloire, et se féliciter de leur triomphe.

[C3] Encouragé par la confiance de ses concitoyens, M. Franklin crut pouvoir se livrer à des vues d'une exécution plus difficile, mais d'une utilité plus directe. [A] Au moyen de souscriptions libres qu'il proposait, et auxquelles, grâce à la sagesse de ses plans, tous s'empressèrent de concourir, Philadelphie eut une bibliothèque publique, un hôpital, une chambre d'assurance contre les incendies, un collège[m] et bientôt une académie. [C2] Quand il donnait le projet d'un établissement, il évitait soigneusement de s'en attribuer l'idée. L'expérience lui avait prouvé combien il importe au succès de ne pas mettre les petitesses de l'amour-propre en concurrence avec le zèle du bien public. Tout homme qui veut influer sur l'opinion marche entre l'enthousiasme et l'envie ; et sachant combien il est difficile de soutenir l'enthousiasme, ou de le conduire, il préférait de désarmer l'envie, même aux dépens de sa gloire[n].

[C1] Il s'était formé une méthode, à l'aide de laquelle on pouvait espérer de parvenir à se rendre meilleur, [C2] au moyen d'un petit nombre de règles dont l'observation journalière devait détruire insensiblement ces habitudes de la faiblesse et des passions qui nuisent au bonheur et corrompent la morale, et donner ensuite à la sagesse et à la vertu toute la force d'un penchant naturel. Il savait que l'économie, un travail réglé, une vie simple, en contribuant au bonheur personnel, éloignent l'intérêt ou la tentation de troubler celui d'autrui, et que la paix de l'âme, qui en est la suite, rend les vertus faciles. [C1] Il avait observé que celui qui, dans sa conduite de tous les jours, indifférent au bien ou au mal, s'abandonne à l'empire des circonstances et de la coutume, ne peut être sûr de lui-même dans les moments où ses devoirs lui imposent des sacrifices. L'âme, comme l'intelligence, se perfectionne, se fortifie, s'épure par un exercice continuel. Mais le système général des êtres offre à l'esprit une carrière immense, où il peut agir avec liberté, varier ses efforts, où son activité trouve un aliment toujours nouveau, toujours inépuisable. L'exercice des facultés morales, au contraire, est soumis aux événements, aux circonstances de chaque jour, et il faut une sorte d'art pour en faire naître les moyens de développer, d'étendre ces facultés, d'en augmenter l'énergie.

De ces préceptes, capables d'améliorer l'individu qui les prendrait pour règle de conduite, M. Franklin s'éleva bientôt à l'idée d'une institution destinée au perfectionnement moral de l'espèce humaine. Il avait formé le plan d'une association répandue sur toute la terre, dont chaque membre en ferait l'objet spécial de ses travaux et de sa vie. [C2] Elle devait être composée de jeunes gens, dont l'âme plus pure, plus flexible, est capable de plus d'efforts, et dont la raison naissante peut s'allier avec la docilité et l'enthousiasme, sans s'affaiblir et sans s'égarer. [C1] C'était le projet que Pythagore avait conçu, et même exécuté, il y a plus de deux mille ans, mais avec des moyens opposés. Le philosophe grec voulait, par force de l'habitude, substituer aux sentiments, aux impulsions naturelles, les principes qu'il croyait nécessaire d'inspirer aux hommes ; le philosophe d'Amérique voulait seulement épurer, fortifier, diriger les mouvements de la nature. L'un s'était proposé d'asservir l'homme et de le transformer, l'autre n'aspirait qu'à l'éclairer et à le perfectionner. L'un avait formé un système qui pouvait, dans une nation, à une époque donnée, produire une heureuse révolution, étonner les peuples par de grandes vertus, et qui bientôt ne devait plus exister que dans leur mémoire, anéanti par la force irrésistible de la nature, dont il avait contrarié les lois. Les moyens de l'autre, conformes à ces lois, convenant à tous les pays comme à tous les temps, tendaient à une perfection lente mais durable ; et sans faire la gloire d'aucun siècle, pouvaient contribuer au bonheur de tous.

[C3] Mais le philosophe qui préparait la félicité de son pays en éclairant les hommes pour en former des citoyens, était destiné à lui rendre des services plus directs et non moins utiles. [A] Le temps n'était plus où la pauvreté des colonies anglaises suffisait pour empêcher les guerres de l'Europe de s'étendre jusqu'à elles. Déjà elles pouvaient tenter l'avidité d'un ennemi, et il devenait également dangereux pour leur repos et pour leur liberté d'être abandonnées par la Grande-Bretagne ou défendues par ses soldats. M. Franklin, qui depuis 1736 était secrétaire de l'assemblée de Pennsylvanie, jugea qu'il fallait profiter d'un moment de guerre où l'Angleterre était intéressée à permettre aux Pennsylvaniens de prendre, pour la défense de leur territoire, ces armes qui deviendraient un jour nécessaires contre elle-même pour le maintien de leurs droits ; et en 1744[1], il forma le plan d'une milice nationale. Le peuple l'accepta. Dix mille hommes furent armés, Philadelphie seule en fournit mille. On offrit à M. Franklin de les commander, il refusa, et servit comme soldat sous M. Lawrence, que lui-même avait proposé pour général. Il fallait bâtir des forts, et on manquait d'argent ; il y pourvut par une loterie dont il donna le projet[o].

[C2] Le succès de ces mesures éprouvait une difficulté singulière. Les Quakers sont en grand nombre dans la Pennsylvanie ; et dans la pureté des principes de leur secte, ils regardent comme un péché de contribuer, même de leur argent, à une guerre défensive. L'effet naturel d'une morale exagérée, adoptée par enthousiasme, est de mettre ses sectateurs dans la nécessité d'en violer les préceptes, ou d'y sacrifier les conseils de la raison et les sentiments de la morale naturelle. Alors, ils cherchent à éluder leurs propres lois, ils en dissimulent la violation par des distinctions subtiles, par d'adroites équivoques. Par là ils évitent de soulever contre eux les fanatiques ou les hypocrites de leur secte, et ils ne blessent point le peuple qui, dans toutes les religions, n'attache sa morale qu'aux mots consacrés[2].

L'indulgence philosophique de M. Franklin, et l'adresse de son esprit, lui servirent souvent[p] à concilier le patriotisme des Quakers avec les bienséances de leur secte.

Jamais un homme d'un esprit plus élevé, d'une âme plus indépendante, ne sut respecter avec plus de scrupule les faiblesses religieuses et les petitesses d'une conscience trompée ; il avait pour les esprits débiles et malades ces soins délicats, ces recherches d'égards, que les hommes d'une bonté commune ont pour l'infirmité et l'enfance.

---

1 En 1747, plus précisément.

2 [Note de l'auteur] [C3] C'est ainsi que les Quakers, sollicités d'accorder une somme d'argent dont on avait besoin pour acheter de la poudre, en donnèrent pour acheter du blé, du seigle et d'autres grains. – [C2] Aussi les Dunkers, plus sages que les Quakers, n'ont jamais voulu consacrer par des formules publiques ni leurs dogmes ni leurs préceptes. Ils ont craint, comme un de leurs chefs le dit un jour à M. Franklin, de s'exposer au danger de professer ce qu'ils ne croyaient plus, ou à la honte de changer d'avis.

[A] L'éducation de M. Franklin ne lui avait pas ouvert la carrière des sciences, mais la nature lui en avait donné le génie. Ses premiers essais sur l'électricité annoncent qu'il connaissait très peu même cette partie de la physique. Loin de l'Europe, il n'avait que des machines imparfaites. Cependant, il devina bientôt la cause immédiate des phénomènes électriques. Il les explique par l'existence d'un fluide insensible, tant qu'il reste en équilibre, et qui se manifeste, soit lorsqu'on rompt cet équilibre, soit pendant qu'il se rétablit. Son analyse de la bouteille de Leyde est un chef-d'œuvre de sagacité, de justesse et de finesse à la fois. [C2] Les phénomènes variés et presque merveilleux qu'elle présente dépendent d'un seul fait, la différence d'électricité qui existe entre les deux surfaces isolées d'un corps idio-électrique, et le retour instantané de l'équilibre, quand on établit entre elles une communication.

[A] Bientôt après, il aperçoit entre les effets du tonnerre et ceux de l'électricité une analogie qui le frappe. Il imagine un appareil au moyen duquel il propose d'interroger le ciel ; on tente l'expérience, et la réponse confirme ses conjectures. Ainsi la cause de la foudre est connue. Ses effets si variés, si bizarres en apparence, sont non seulement expliqués, mais imités, seule preuve vraiment démonstrative des théories qui ne sont pas encore réduites à des lois calculées. On sait enfin pourquoi le tonnerre suit paisiblement certains corps, et en disperse d'autres avec fracas ; pourquoi il fond les métaux, et tantôt brise avec éclat, tantôt semble respecter les substances qui les environnent. Mais c'était peu de pouvoir imiter la foudre. M. Franklin conçoit l'audacieuse idée d'en détourner les coups. Il a observé qu'une pointe, en rétablissant lentement l'équilibre entre des masses différemment électriques, [C1] même à une distance où des corps mous n'exerceraient aucune action, [A] arrêtait ou diminuait la force des étincelles, et affaiblissait ou faisait disparaître tous les phénomènes. Il imagine qu'une barre de fer pointue, dont la base s'unissant à la terre humide, pourrait établir une communication entre un nuage et le globe, préviendrait l'explosion de la foudre, et garantirait les objets qui avoisinent le conducteur. Le succès répond à son attente, et l'homme tient dans ses mains le pouvoir de désarmer le ciel.

De nouvelles expériences sur les pointes lui révèlent tous les secrets de leur manière d'agir, les lois et les limites de leur influence. Le moyen de préserver de la foudre devient un art certain qui a ses procédés et ses règles.

Cette découverte était trop brillante et trop singulière pour ne pas réunir contre elle les nombreux ennemis de tout ce qui blesse les idées communes. Cependant l'Amérique, l'Angleterre, adoptèrent d'abord l'usage des conducteurs. Mais au commencement de la rupture, on vit des physiciens anglais chercher, par de trompeuses expériences, à jeter des doutes sur l'utilité de ces moyens, et tenter de ravir une découverte à M. Franklin, pour le punir de leur avoir fait perdre treize provinces[q].

Il est malheureusement plus aisé d'égarer une nation sur ses intérêts, que d'en imposer à des savants sur une expérience ; et le même crédit qui avait pu entraîner les Anglais dans une guerre injuste et funeste, ne put réussir à leur faire changer la forme des conducteurs électriques. Ils se multiplièrent dans la France, lorsqu'elle devint alliée de l'Amérique ; à la vérité, on y opposa dans quelques villes des sentences de police, comme on y avait opposé en Italie des décisions de casuistes, [C2] mais avec aussi peu de succès. Dans les pays libres, les lois suivent l'opinion ; dans les autres, l'autorité publique la contrarie souvent, mais finit par se soumettre docilement à son influence. [A] Aujourd'hui l'usage de ce préservatif est devenu commun chez presque toutes les nations, mais sans y être général. Une longue suite d'expériences ne permet plus de douter de son efficacité. Si les édifices qui en sont munis ont encore quelques dangers à redouter, c'est qu'entre les efforts de l'homme toujours si bornés et les forces de la nature, il ne peut jamais s'établir qu'une lutte inégale. [C2] Mais quelle immense carrière ce succès n'ouvre-t-il pas à nos espérances ? Pourquoi ne verrait-on pas un jour la funeste activité de tous les fléaux céder, comme celle de la foudre, au pouvoir du génie s'exerçant dans l'immensité des siècles[r], et toutes les rigueurs de la nature désarmées par un usage heureux de ses dons, ne plus nous laisser sentir que ses bienfaits ?

[A] La Société Royale de Londres, à laquelle on avait présenté les premiers essais de M. Franklin, les négligea plusieurs années. On n'imaginait point [C3] qu'un Américain pût rien apprendre aux physiciens de l'Europe, et [A] qu'un homme inconnu dans les sciences pût, dès ses premiers pas, y faire des découvertes brillantes ; on aima mieux les regarder comme des chimères. Mais, au bruit qu'elles faisaient en France, la Société Royale se réveilla ; et en adoptant M. Franklin pour un de ses membres, sans qu'il l'eût sollicité, elle montra qu'elle savait être juste, même quand elle avait commencé par ne pas l'être.

En 1754, M. Franklin, depuis deux ans membre de l'assemblée de Pennsylvanie, fut chargé de traiter avec les sauvages. [C1] Cette négociation devait être heureuse; ils ne parlaient comme lui qu'une seule langue, celle du bon sens et de la bonne foi.

[A] Ces hommes, que les Européens ont pu corrompre, mais qu'ils n'ont pu civiliser, avaient été depuis longtemps l'objet de sa curiosité et de ses observations. En les comparant avec les nations[s] de l'Europe, il voyait jusqu'à quel point les progrès de la société avaient affaibli les facultés physiques de l'homme, et agrandi son intelligence; comment les institutions sociales nous avaient tantôt corrompus, et tantôt perfectionnés; ce que nous leur devions de vertus et de vices; à quel intervalle immense les prodiges des arts, les découvertes dans les sciences, les efforts de la raison, nous plaçaient de ces hommes voisins de la nature; tandis que, si on mettait seulement dans la balance nos progrès vers la liberté, vers le bonheur, vers la vertu, on trouverait bien faibles les avantages que nous avons achetés par cette longue suite de crimes et de malheurs [C2] qui ont accompagné notre marche jusqu'ici si incertaine et si turbulente. En comparant la vie du sauvage à celle de l'habitant des campagnes, [A] il trouvait que nous avons fait beaucoup pour la classe des hommes à qui les lumières ne sont pas étrangères, mais encore bien peu pour la généralité de l'espèce humaine; et que si l'homme vertueux, qui exerce sa raison, est supérieur à l'habitant des forêts de l'Ohio, l'homme vulgaire n'a fait souvent que changer la férocité du sauvage contre des vices avilissants, et son ignorance contre des préjugés.

[C1] Plus d'une fois il s'est plu dans ses ouvrages à opposer le bon sens naïf des Indiens[t] à l'orgueilleuse raison des hommes civilisés, leur calme inaltérable et leur indifférence profonde aux passions qui nous agitent pour des intérêts imaginaires. Il paraissait croire que le sauvage différait moins que la plupart d'entre nous, de ce que serait l'homme perfectionné par la raison, sans cesser d'être soumis à la nature.

[A] En 1754, le roi d'Angleterre, [C3] qui avait formé le projet d'attaquer la France, [A] convoqua un congrès général de députés des diverses colonies, [C3] pour y concerter un système de défense commune. [A] M. Franklin y fut envoyé, et proposa entre elles un plan d'union que le congrès accepta; mais il ne plut ni aux assemblées particulières de chaque état, ni au gouvernement britannique. Aucune menace n'avait fait encore sentir aux colonies le besoin de cette réunion, qui devait ôter à chacune une partie de son indépendance ; et le gouvernement anglais était à la fois trop habile pour ne pas prévoir ce que cette nouvelle institution préparerait de résistance à ses entreprises tyranniques, et trop peu éclairé pour savoir qu'il ne lui restait plus que le pouvoir de diriger une révolution, suite inévitable de la prospérité toujours croissante des colonies. [C1] L'indolence ou l'orgueil d'un côté, la perfidie de l'autre, firent rejeter un plan formé par la prévoyance et tracé par la sagesse. [C2] Vingt-quatre ans après, il servit de base au congrès qui déclara l'indépendance ; et peut-être eût-il été à désirer que, dans la nouvelle constitution, on en eût imité davantage la sage simplicité. On a reproché à M. Franklin d'y avoir accordé un droit négatif à un gouverneur nommé par le roi de la Grande-Bretagne ; mais les circonstances l'exigeaient, c'était le lien qui devait réunir un rejeton, faible encore, à l'arbre dont il était sorti, et qu'il ne fallait couper qu'au moment où la jeune plante, après avoir étendu ses racines et développé ses branches, aurait acquis assez de vigueur pour croître seule et se soutenir par ses propres forces.

[A] Nous ne louerons pas M. Franklin d'avoir prévu une révolution que tout annonçait, mais d'avoir cherché les moyens d'épargner ce qu'elle devait coûter de malheurs à l'Angleterre et à l'Amérique ; d'avoir voulu qu'elle fût l'ouvrage de la raison, et non celui de la force[u]. Convaincu qu'il fallait éclairer les hommes pour leur apprendre à diriger leur conduite, et non exalter leurs passions pour les gouverner ; que le bien finissait toujours par se faire ; que l'art consistait à savoir l'attendre, à le préparer quelquefois, surtout à en écarter les obstacles ; il détestait cette politique turbulente et sanguinaire, qui se vante de fonder sur des ruines l'édifice de la félicité des peuples, et se plaît à entourer de victimes l'autel de la liberté.

La guerre s'alluma bientôt entre la France et l'Angleterre[1]. Les limites des colonies que les deux nations avaient alors en Amérique en furent la cause apparente, et peut-être le gouvernement britannique y cherchait-il déjà un moyen de distraire les Américains par l'intérêt de leur sûreté, et de les empêcher de trop songer à celui qu'ils avaient de s'élever, par leur réunion, à une existence indépendante.

En 1755, M. Franklin fut chargé en chef de la défense des frontières au nord-ouest de la Pennsylvanie. Il fit construire des forts ; il envoya des secours au général Braddock, et y sacrifia une partie de sa fortune.

1 La guerre de sept ans (1756-1763), qui a en fait commencé en Amérique du Nord dès 1754.

Cette guerre fut heureuse ; mais elle éclaira les Américains sur leur force. Ils ne pouvaient se dissimuler que la conquête du Canada avait été leur ouvrage.

La paix, en assurant ce vaste pays à l'empire britannique, les délivrait de la crainte d'un ennemi étranger et soumis à un gouvernement absolu[1] [v].

En même temps l'Angleterre, frappée des accroissements rapides de la population et de la prospérité de ces mêmes colonies, crut qu'elle ne devait pas tarder davantage à s'assurer le moyen de trouver dans leurs richesses un instrument de sa puissance. Un demi-siècle auparavant, une tentative pour les assujettir à l'impôt aurait pu dissoudre ces sociétés naissantes ; plus tard, elles auraient acquis assez de force pour s'y refuser. Il s'agissait moins du produit de l'impôt, que de constater le droit de l'établir. Pouvait-on craindre qu'une taxe légère, bien inférieure aux frais des préparatifs d'une défense, soulèverait des hommes paisibles, que leurs mœurs, leurs besoins, leurs relations de parenté et de commerce attachaient à la mère patrie[w] ? Un acte du parlement assujettit donc les colonies américaines à l'impôt du timbre[2], et à quelques taxes sur les denrées.

Les Américains avaient toujours été libres. Ils étaient régis par les lois anglaises ; mais ces lois étaient celles de leurs ancêtres. Ils ne les avaient pas reçues, mais ils les avaient apportées avec eux ; et cependant, ce qu'il y a dans ces lois de plus contraire à la liberté civile s'en était trouvé naturellement écarté, [C2] et ils n'avaient pu souffrir, ni de ces restes de la féodalité, ni de ces atteintes portées au droit d'exercer librement son industrie, qui déshonorent la législation anglaise. [A] Leurs chartes les mettaient à l'abri de tous les attentats du pouvoir arbitraire. Nulle taxe ne pouvait être levée sur eux que de leur consentement. Une égalité entière entre les hommes, une indépendance religieuse beaucoup plus grande, les rendaient réellement plus libres que les Anglais. La nécessité d'obtenir, pour leurs lois particulières, la sanction d'un gouverneur

1 [Note de l'auteur] [C3] Les Jésuites existaient encore dans le temps où le Canada appartenait à la France. On redoutait beaucoup leur influence sur les sauvages ; on craignait qu'ils ne parvinssent à en faire des soldats de l'inquisition. [A] Les lois françaises étaient encore ces mêmes lois de Louis XIV, si odieuses à l'Europe protestante ; on ignorait de l'autre côté de la mer Atlantique ce changement rapide des esprits qui, annonçant la chute de ces lois, en tempérait d'avance l'exécution ; [C2] et cette crainte des Français aurait peut-être suffi pour balancer longtemps, dans les colonies anglaises, le désir de briser leurs chaînes, et peut-être pour leur en faire supporter de nouvelles.

2 Le *Stamp Act* (1765).

envoyé d'Angleterre, et l'interdiction d'un commerce direct avec les étrangers, étaient les seules marques de leur dépendance. Il s'agissait donc pour eux, non de conquérir leur liberté, mais de la défendre, non de rentrer dans leurs droits usurpés, mais de les conserver[1].

Des hommes cultivant leurs habitations dispersées sur une vaste étendue, ou occupés dans quelques villes maritimes du commerce et de la pêche, dont la lecture, la chasse, les soins de l'hospitalité, étaient les seuls plaisirs, qui avaient placé leur bonheur dans l'exercice des vertus domestiques, pour qui un repas où se réunissaient quelques amis était un jour de fête, qui presque tous jouissaient de cette abondance des choses nécessaires si préférable à l'éclat du luxe, et connaissaient à peine les besoins factices, de tels hommes devaient être difficiles à émouvoir ; mais inébranlables dans leur résistance, ils devaient supporter avec patience des gênes que l'habitude avait adoucies, mais rejeter avec horreur de nouvelles entraves. Aussi l'acte du timbre excita une indignation générale ; mais [C1] calmes dans cette indignation, déterminés par un sentiment trop raisonnable pour l'exhaler en vaines fureurs, [A] ils se bornèrent, en demandant la révocation d'une loi injuste, à déclarer la résolution invariable de ne jamais s'y soumettre. M. Franklin fut chargé de porter à Londres le vœu de la Pennsylvanie.

Le roi d'Angleterre lui avait donné plus de deux ans auparavant la place d'intendant général des postes de l'Amérique septentrionale[2]. Un homme ordinaire eût pu se croire obligé de choisir entre le devoir de la reconnaissance et celui du patriotisme. M. Franklin crut n'en avoir qu'un seul à remplir, celui de dire la vérité aux ministres, au parlement britannique, comme il l'avait dite aux citoyens de Philadelphie.

Le roi, les deux nations, n'avaient à ses yeux qu'un même intérêt ; et en défendant la cause de l'Amérique, il croyait servir l'Angleterre. Telle est l'explication simple de sa conduite[x].

En 1766, la chambre des communes voulut l'interroger et l'entendre. Ce fut sans doute un beau spectacle de voir le député des citoyens libres de l'Amérique, défendant la justice et les droits éternels de la nature

1 [Note de l'auteur] [A] Il s'agissait surtout de maintenir cette maxime, que nul ne peut être assujetti à une taxe que ses représentants n'ont pas consentie, et cette maxime, ils l'avaient reçue de l'Angleterre même, où elle était regardée comme inviolable ; elle y avait été la première cause de l'insurrection contre Charles Ier, et la révolution de 1688 l'avait consacrée.

2 Cette nomination remonte en réalité à 1753.

devant des hommes qui, se disant aussi les représentants d'un peuple libre, [C2] ne pouvaient, sans trahir leur devoir, ne pas regarder une même liberté comme une propriété égale et inaliénable pour toute l'espèce humaine ; [A] de l'entendre, opposant la simplicité du courage et de la raison à l'orgueil de la richesse et du pouvoir, annoncer qu'on ne parviendrait ni à séduire, ni à intimider, ni à vaincre les Américains, et le prouver par sa contenance et par son exemple ; montrant aux Anglais les écueils contre lesquels leur politique et leur puissance devaient se briser ; leur révélant le secret de la force de l'Amérique, sans dissimuler celui de sa[y] faiblesse, et parlant à ce conseil de rois ennemis avec la même franchise que si, au milieu de l'abandon de la confiance, il eût versé dans le sein d'un ami ses opinions et ses conjectures. L'ascendant de la vérité l'emporta cette fois sur celui du ministère ; la chambre des communes fut entraînée par l'opinion publique, et l'acte du timbre fut révoqué[1]. Mais les ministres s'obstinant à juger du peuple de l'Amérique par ceux de l'Europe, ne crurent pas qu'il pût s'exposer à des dangers, se condamner à des sacrifices pour déconcerter leur politique[z]. Ils reconnaissaient l'impossibilité d'établir une taxe dans l'intérieur même du pays ; mais ils croyaient possible d'en faire supporter une, pourvu qu'elle fût levée dans les ports, [C2] et ne doutèrent pas qu'on ne finît par acquitter paisiblement comme droit d'importation en Amérique, ce qu'on payait déjà en Angleterre comme droit d'exportation ; car c'était à cette seule différence qu'ils avaient su réduire la modestie perfide de leurs prétentions. [C3] On ne conserva donc du premier projet qu'un droit léger sur le thé porté en Amérique[2].

[A] Les Américains n'imaginèrent pas de se soulever contre cette insidieuse tyrannie, et se contentèrent de prendre la résolution de se

---

1 [Note de l'auteur] [A] Cet impôt est vicieux en lui-même. Partout il est l'ennemi du commerce et de la liberté des conventions. Mais, en Amérique, les mœurs, la dispersion des habitants, le rendaient plus onéreux encore. Les ministres s'étaient trompés même dans le choix de leurs moyens, et malheureusement pour l'Angleterre ils s'imaginèrent n'avoir commis que cette erreur.

2 [Note de l'auteur] [A] C'était une double imprudence ; car on avertissait par là les Américains que le privilège exclusif du commerce renfermait des moyens sûrs, quoiqu'indirects, de les assujettir arbitrairement à l'impôt, et on leur rendait odieux ce joug qu'ils portaient encore avec patience. Mais aussi, pour que le peuple anglais pût voir tranquillement les ministres employer la violence contre les colonies, il fallait lier la discussion sur le droit de taxer à l'intérêt de la conservation de ce privilège, que dans ses préjugés mercantiles l'Angleterre regardait comme une des principales sources de sa richesse.

passer de thé, [C2] et même de renoncer aux marchandises anglaises. [A] Les ministres ne jugèrent pas qu'un tel parti pût être sérieux[aa]. Ils envoyèrent du thé à Boston. Depuis quelque temps les gouverneurs avaient fatigué, par de petites vexations, le caractère paisible, mais ferme, des Américains, et ils ne savaient pas combien est terrible la longue patience d'un peuple qui n'est ni abruti ni corrompu. C'est la lutte de la raison et du courage, [C1] et le moment où elle cesse est celui d'une force irrésistible. [A] Quelques-uns des habitants de Boston, de la classe la moins éclairée, la moins préparée par l'éducation à réprimer les premiers mouvements des passions, se soulevèrent et brûlèrent le thé. Les ministres anglais[ab] crurent qu'un acte de vigueur répandrait l'épouvante. Le port de Boston fut fermé, et l'Amérique perdue à jamais pour la Grande-Bretagne. M. Franklin était resté en Europe pendant tout ce temps. Cinq des colonies l'avaient successivement chargé de leurs intérêts.

Les ministres l'appelaient quelquefois pour le consulter. Ils regardaient comme un ennemi de l'Angleterre quiconque n'était pas de leur avis. C'était annoncer qu'ils voulaient être trompés, et les gouverneurs des colonies les avaient trop bien entendus. Cependant M. Franklin, fidèle à sa politique, continuait seul de leur dire la vérité. Aussi, non contents de lui ôter une place en Amérique, où déjà ils n'avaient plus le pouvoir de lui donner un successeur, ils arrêtèrent le paiement de ses appointements comme député ; enfin, ils lui suscitèrent un procès injuste. Dans un pays libre, ces procès sont les lettres de cachet des ministres, et c'est ainsi que peu d'années auparavant on s'était vengé de Wilkes[1] [2].

[C2] Le procès de M. Franklin n'eut pas de suites bien graves ; on ne put trouver dans aucune loi un prétexte pour le condamner, et la vengeance ministérielle se réduisit à lui faire dire publiquement des injures par un avocat dont la complaisance a depuis été récompensée par les honneurs de la pairie.

---

1 [Note de l'auteur] [A] L'intérêt qu'ont les ministres à ne pas perdre ces moyens d'une oppression indirecte est une des principales causes qui s'opposent à la perfection des lois anglaises. – Des lois criminelles vagues, ou qui soumettent à des peines des actions innocentes en elles-mêmes, des lois civiles obscures et appliquées par des tribunaux qui, soit par leur constitution, soit par leur peu de force, ne sont pas à l'abri de l'influence, sont autant d'instruments que l'indolence ou la corruption laissent trop souvent entre les mains du despotisme, et toute nation qui veut rester vraiment libre doit se hâter de les lui arracher.

2 John Wilkes, homme politique et journaliste anglais aux positions radicales. Il fut poursuivi en 1763 pour libelle séditieux à la suite d'attaques contre le ministère et le roi.

[A] M. Franklin quitta l'Angleterre, laissant les ministres déterminés à employer la force et sûrs d'entraîner le gros de la nation par la crainte de perdre le commerce des colonies, et il trouva l'Amérique décidée à se défendre. Déjà un congrès général, formé des députés des divers états, s'occupait des moyens de résistance. Les états n'avaient pas eu le temps de régler ni ce qu'ils voulaient conserver d'indépendance, ni ce qu'ils devaient en abandonner. Ils auraient même craint de troubler par la discussion de cette question difficile, leur union naissante, et s'en rapportèrent avec une généreuse sagesse à la modération de leurs députés et au zèle de chaque état pour l'intérêt commun. Dès le lendemain de son arrivée, M. Franklin fut nommé membre du congrès.

Mais en se séparant de l'Angleterre, les colonies restaient sans constitution, sans gouvernement, et c'était en partie sur les suites de cette anarchie que leurs ennemis avaient fondé leur espoir.

Ils furent encore trompés ; ils ne connaissaient pas la sagesse de ce peuple, sa noble confiance dans les lumières de ses chefs. Accoutumés aux subtilités de la vieille politique, [C1] corrompus par l'orgueil des nations riches, [A] ils ne pouvaient croire qu'il existât dans les forêts du Nouveau Monde des hommes qui avaient approfondi les principes de la société[ac], et qui, dès leurs premiers essais, donneraient des leçons à l'Europe[ad]. [C3] Il ne faut pas sans doute en conclure que les Américains nous surpassaient en lumières ; mais les hommes s'accordent aisément quand une douce égalité les a préservés des sophismes de l'intérêt et de la vanité ; la vérité est facile à trouver pour un peuple naissant et sans préjugés, et c'est surtout contre les erreurs systématiques de la corruption et de l'habitude que les vieilles nations ont besoin de toutes les ressources de l'instruction, de toutes les forces du génie.

[A] Dans chaque colonie le soin de faire les constitutions fut confié à une assemblée qui reçut le nom de *convention*, et qui fut distinguée de celle par qui le pouvoir législatif devait être exercé. Presque partout on fixa un terme après lequel ces constitutions pouvaient être changées par un pouvoir délégué exprès par la nation. [C2] Dans quelques états il ne devait être conféré qu'à un corps absolument distingué des législatures ; dans les autres, il suffisait qu'en élisant les représentants on les eût investis de cette fonction extraordinaire. [A] Ainsi, pour la première fois, on sut éviter également et les inconvénients d'une constitution incertaine livrée aux intérêts de ceux qui doivent en exercer les pouvoirs, et ceux d'une constitution éternelle qui ne se prêtant ni aux progrès ni aux changements de l'espèce humaine, renferme par cela seul le germe de tous les maux. [C2] En effet, les lumières mêmes ne deviendraient-elles pas dangereuses, si on pouvait en abuser pour profiter des défauts d'une constitution établie, sans qu'il fût permis de s'en servir pour la réformer ?

[A] Partout la liberté religieuse fut respectée, et dans plusieurs états la religion rendue à sa dignité naturelle[ae] ne fut plus rabaissée à n'être qu'un établissement politique. Dans le plus grand nombre une déclaration des droits des hommes assigna aux pouvoirs de la société les limites que la nature et la justice leur imposent ; idée sublime dont les anciens traités des peuples avec les rois[af] n'étaient que le germe encore grossier[1], et dont la France devait donner le premier exemple à l'Ancien Monde. Enfin, la proscription absolue de toute inégalité héréditaire, [C3] consacrée à la fois comme un droit naturel, et stipulée comme une des clauses de la fédération, mit pour jamais l'Amérique à l'abri de l'esclavage.

[A] M. Franklin fut nommé en 1776 un des représentants de la ville de Philadelphie à la convention de Pennsylvanie, qui le choisit pour président. La constitution de cet état fut en partie son ouvrage. Elle se distingue de la plupart des autres par une égalité plus grande[ag], et de toutes en ce que le pouvoir législatif y est confié à une seule chambre de représentants[2] ; la voix de M. Franklin décida seule cette dernière disposition[ah]. Il pensait que les lumières devant naturellement faire des progrès rapides, surtout dans un pays à qui la révolution allait donner des relations nouvelles, il fallait y favoriser les moyens de perfectionner la législation, et non les entourer d'obstacles étrangers ; et que, si les lois se trouvaient assez bonnes pour redouter tout changement comme un mal, la nation qui avait été assez éclairée pour les faire, le serait sans doute assez pour ne pas les détruire.

---

1 [Note de l'auteur] [C3] Ces pactes sont même une véritable violation plutôt qu'une déclaration des droits, puisqu'ils supposent que les individus existants peuvent engager la liberté de leurs descendants.

2 La constitution originale de la Pennsylvanie (1776) était en effet remarquable par son radicalisme démocratique. Non seulement concentrait-elle le pouvoir législatif en une seule chambre de représentants élus au suffrage populaire direct, mais elle confiait le pouvoir exécutif à un conseil exécutif composé de douze membres, également élus. Comme l'indique Condorcet, elle fut remplacée en 1790 par un système bicaméral, avec un gouverneur à la tête de l'exécutif. On retrouve un corps législatif composé d'une chambre unique et un conseil exécutif élu dans le plan de constitution présenté par Condorcet à la Convention en février 1793 (voir *Exposition du plan de constitution*, *OC*, t. 12, p. 354-374).

Il savait qu'une constitution compliquée peut convenir à un peuple que des circonstances passagères[ai] ont entraîné vers la liberté sans l'aimer ou sans la connaître ; mais qu'une constitution simple est seule digne d'un peuple où l'amour de la liberté est le premier sentiment de tous les citoyens, et l'étude de ses principes, le premier usage de leur raison. [O] M. Franklin n'ignorait pas qu'on peut trouver dans la forme des délibérations d'une seule assemblée tout ce qui est nécessaire pour donner à ses décisions cette lenteur, cette maturité, qui répond de leur vérité et de leur sagesse ; au lieu que l'établissement de deux chambres ne fait éviter des fautes nouvelles qu'en perpétuant les erreurs établies. [A] L'opinion contraire à la sienne tient à cette philosophie décourageante qui regarde l'erreur et la corruption comme l'état habituel des sociétés ; les moments de vertu et de raison comme des espèces de prodiges qu'il ne faut pas espérer de rendre durables. Il était temps qu'une philosophie à la fois plus noble et plus vraie présidât aux destins de l'espèce humaine, et M. Franklin était digne d'en donner le premier exemple[1].

[C1] On pardonne aux législations antiques d'avoir prétendu soumettre à des lois éternelles des hommes ignorants et grossiers, qui recevaient comme un présent du ciel ces fruits du génie et d'un vertueux enthousiasme, dont ils ne pouvaient ni embrasser l'ensemble, ni prévoir les influences. Mais aujourd'hui tout législateur qui ne parlerait pas à la raison seule serait un fourbe, et celui qui voudrait enchaîner les générations futures aux combinaisons de son génie serait un tyran.

[A] À peine la constitution de Pennsylvanie était-elle terminée, que M. Franklin fut envoyé pour traiter avec les Canadiens. Les Américains avaient fait devant Québec une tentative inutile[2], et ces hostilités, en rappelant le souvenir de l'ancienne animosité, ne pouvaient qu'éloigner un rapprochement également utile aux deux nations. L'intérêt des citoyens les plus accrédités[aj] dans le Canada y opposait d'autres obstacles. Les Anglais avaient laissé aux habitants leur religion et leurs lois. Ce qui

1 [Note de l'auteur] [O] Nous ne dissimulerons point que depuis la mort de M. Franklin, une nouvelle convention a divisé en deux chambres la législature de Pennsylvanie, soit que l'autorité de l'exemple l'ait emporté sur la raison, soit que n'ayant pas pris dans la première constitution les précautions nécessaires pour empêcher une seule chambre de décider sans une discussion sérieuse, sans un examen réfléchi, et sans avoir pu s'aider du concours des lumières publiques, on ait éprouvé des inconvénients réels, et qu'on ait mieux aimé recourir à un remède insuffisant et dangereux, mais déjà employé, que d'en essayer de nouveaux.

2 Bataille de Québec (1775), défaite américaine au début de la guerre d'indépendance.

restait de noblesse française craignait de s'unir à des nations où la proscription absolue des prérogatives héréditaires était regardée avec raison comme l'égide de la liberté. Le clergé romain aimait mieux être toléré mais protégé par le gouvernement anglais, que de voir s'établir une liberté d'opinions toujours si effrayante pour des hommes accoutumés à dominer les esprits[ak]. M. Franklin ne réussit point, et le Canada resta fidèle au pays dont le gouvernement faisait espérer plus sûrement la conservation de quelques abus.

[O] Mais c'était dans l'Ancien Monde que les Américains devaient trouver un appui. [A] Les dispositions de l'Europe leur étaient favorables. La découverte de l'imprimerie avait établi une communication rapide entre des nations où le latin était la langue commune de tous les hommes instruits. Elles avaient cessé d'être étrangères l'une à l'autre, et tous les hommes qui savaient lire étaient devenus compatriotes. Pendant longtemps, des disputes religieuses furent presque le seul fruit de cette réunion ; mais lorsque, par le progrès des lumières, une véritable science eut remplacé les systèmes, et qu'une philosophie fondée sur la nature et sur l'observation eut succédé aux préjugés des écoles[al], les hommes éclairés de tous les pays commencèrent à ne former qu'un seul corps, dirigé par les mêmes principes, et marchant vers un but unique. Alors la raison et la liberté eurent partout de paisibles apôtres, indépendants dans leurs opinions, mais réunis par le culte qu'ils rendaient à ces divinités bienfaisantes. Bientôt les préjugés ne comptèrent plus pour sectateurs que des hommes ignorants ou corrompus, et les talents ou le génie ne combattirent que pour la cause de la vérité. Chaque nation, suivant ses progrès vers la civilisation, se trouva plus ou moins soumise à l'influence de deux partis opposés, l'un jaloux de maintenir des préjugés dont il profitait seul, l'autre occupé de les détruire pour le bien de tous. Quelquefois les lumières descendaient du trône sur le peuple ; plus souvent elles remontaient du peuple jusqu'au trône, en effrayant dans leur passage ceux qui, placés entre eux et profitant de leur ignorance et de leurs erreurs, auraient voulu les condamner l'un et l'autre à des ténèbres éternelles. Ainsi l'Amérique pouvait partout compter sur des amis zélés et fidèles, faibles dans chaque pays, le plus souvent sans pouvoir apparent, mais forts par leur noble concert[am], et puissants sur l'opinion par l'autorité de la raison et des talents. Les circonstances politiques ajoutaient encore aux espérances des Américains. La France et l'Espagne n'avaient pu oublier la hauteur avec laquelle l'Angleterre avait abusé de ses dernières victoires. Gibraltar et l'inutile commissaire de Dunkerque[1], que l'orgueil seul avait conservés, étaient un éternel aliment de haine[an].

Depuis longtemps la Hollande voyait avec une douleur impuissante les Anglais vendre leur protection à l'ennemi de sa liberté, pour qu'il leur facilitât les moyens d'opprimer son commerce. Se croyant inaccessibles dans leur île, et fiers de cet empire de la mer qu'ils croyaient éternel, ils s'en étaient rendus les tyrans, et[ao] il n'existait aucune puissance de l'Europe qu'ils n'eussent ou vexée dans son commerce ou offensée par des hauteurs. On devait prévoir que les unes saisiraient l'occasion d'abaisser la puissance anglaise, et que les autres se contenteraient d'applaudir en secret à ses pertes. Cependant, la France obérée, gouvernée par des ministres faibles[ap], retenue par le souvenir de ses derniers désastres, pouvait craindre de voir altérer la paix nécessaire à son rétablissement. L'Espagne, qui possède dans l'Amérique méridionale un empire plus vaste, plus riche, plus heureusement situé que les colonies anglaises, pouvait redouter pour elle-même l'exemple contagieux de l'indépendance. Le parti de l'Angleterre dominait encore en Hollande, et les Américains n'avaient fait que d'inutiles tentatives, n'avaient recueilli que des vœux incertains et timides, lorsque le congrès chargea M. Franklin de négocier auprès de la France.

C'était le seul homme de l'Amérique qui eût alors en Europe une grande réputation. Ne pouvant, dans leur heureuse égalité[aq], et au moment de leur naissance politique, envoyer un ambassadeur décoré aux yeux des préjugés par quelques-uns des hochets de la vanité européenne, ou illustré par de grands emplois, ils choisirent un homme qui n'était grand qu'aux yeux de la raison et illustre que par son génie. Le succès répondit à leurs espérances. La célébrité de M. Franklin dans les sciences lui donna pour amis tous ceux qui les aiment ou qui les cultivent, c'est-à-dire, tous ceux qui exercent sur l'opinion publique une influence réelle et durable. À son arrivée, il devint un objet de vénération pour tous les hommes éclairés, et de curiosité pour les autres. Il se prêtait à

1 L'Espagne avait cédé Gibraltar à la Grande-Bretagne en 1713, à la fin de la guerre de succession d'Espagne (traité d'Utrecht). Le traité de Paris (1763), qui mit fin à la guerre de sept ans, avait établi un commissaire britannique à Dunkerque. Ce commissaire fut expulsé en 1783, après la victoire des alliés en Amérique.

cette curiosité avec la facilité naturelle de son caractère, et la conviction que par là il servait la cause de sa patrie. On se faisait honneur de l'avoir vu ; on répétait ce qu'on lui avait entendu dire. Chaque fête qu'il voulait bien recevoir, chaque maison où il consentait d'aller, répandait dans la société de nouveaux admirateurs qui devenaient autant de partisans de la révolution américaine.

Il avait senti d'avance qu'il n'avait à combattre que l'incertitude et la faiblesse des ministres, qu'il s'agissait de les entourer de l'opinion publique, de vaincre leur timidité par la crainte ; il savait que ce n'était pas auprès d'eux, mais auprès de la nation qu'il était réellement envoyé.

Les hommes que la lecture des livres philosophiques avait disposés en secret à l'amour de la liberté, se passionnaient pour celle d'un peuple étranger, en attendant qu'ils pussent s'occuper de recouvrer la leur et saisissaient avec joie cette occasion d'avouer publiquement les sentiments que la prudence les avait obligés à tenir dans le silence[ar].

[C2] À peine M. Franklin avait-il traversé les mers, et déjà le génie de la liberté avait suscité ce jeune héros qui, né pour elle seule, devait consacrer sa vie à la soutenir en Amérique, à la conquérir en France et à la servir toujours, tantôt combattant pour elle les soldats de la tyrannie, tantôt empêchant les vils ennemis des lois de souiller son triomphe par des attentats que leur sanguinaire hypocrisie ose couvrir de son nom sacré[1].

[A] Un cri général s'éleva bientôt en faveur de la guerre d'Amérique, et les amis de la paix n'osèrent même se plaindre qu'elle fût sacrifiée à la cause de la liberté. La condescendance des ministres pour les Anglais excitait une indignation que la hauteur déplacée de leurs agents augmentait encore, et dix mois après l'arrivée de M. Franklin, le ministère français, entraîné par la voix publique, encouragé par la prise d'une armée entière, obligée de mettre bas les armes devant les milices américaines[2], inquiet du départ de commissaires anglais chargés de porter en Amérique des propositions séduisantes, signa enfin un traité d'alliance avec les États-Unis[3].

On lui a peut-être trop reproché cette lenteur. La France n'avait pas alors une constitution libre ; mais les Français n'étaient pas esclaves. Si le peuple gémissait sous une tyrannie arbitraire, et plus encore sous le

1 [Note de l'auteur] M. de Lafayette.
2 Bataille de Saratoga (1777).
3 1778.

joug des mauvaises lois, les âmes n'étaient point asservies, les esprits avaient conservé leur indépendance. Elle ne ressemblait pas à ces pays où il n'existe qu'un despote, un trésor et une armée ; il n'était pas indifférent que la guerre fût conforme ou contraire au vœu national, et les Français étaient déjà dignes que leurs ministres suivissent la politique adoptée chez les nations libres, et que pour ordonner la guerre ils attendissent qu'elle fût sollicitée par la voix du peuple.

Comme négociateur, M. Franklin observait beaucoup et agissait peu. Il laissait les ministres des puissances alliées décider sur la manière d'attaquer l'Angleterre et de secourir l'Amérique, dans la crainte qu'un mauvais succès imputé à ses conseils ou à ses demandes ne refroidît leur intérêt. C'était à maintenir en France l'idée de la constance et des ressources des Américains, à soutenir cet enthousiasme qui avait été son ouvrage, qu'il employait tous ses soins ; tandis qu'observant les mouvements de l'opinion publique en Angleterre, il épiait[as] l'instant où la chute du ministère qui avait voulu la guerre annoncerait que l'Amérique était libre. Il le vit arriver enfin, et signa d'une main tranquille le salut et la gloire de son pays, comme il en avait contemplé d'un œil ferme les dangers et les revers. Ce calme n'était pas de l'indifférence, c'était le résultat d'une conviction profonde[at] que l'indépendance américaine pouvait être achetée plus ou moins cher, reconnue quelques années plus tard, mais qu'elle ne pouvait être en danger. C'était la supériorité de raison d'un homme qui savait que le monde moral est assujetti comme le monde physique à des lois certaines, et qui voyait d'avance dans ces lois immuables le triomphe de sa patrie. C'était surtout l'absence si rare de toute considération personnelle ; car ce sont elles dont l'influence corruptrice souille si souvent l'amour de la liberté par ces inquiétudes, ces craintes, ces fureurs qui le dégradent en le rendant trop semblable aux viles passions de l'intérêt et de la vanité[au]. [C2] Le patriotisme de M. Franklin devait être calme comme celui de Socrate et de Phocion, que des orateurs vendus à des factions, ou payés par des tyrans, accusaient aussi de ne pas aimer assez leur pays.

[A] La France, durant cette guerre, lui avait offert un spectacle bien digne d'intéresser son génie observateur[av]. Il avait vu les opinions que l'on condamnait dans les ouvrages des philosophes, établies dans les manifestes ; un peuple tranquille dans ses chaînes antiques s'enivrer du bonheur de briser celles d'un autre hémisphère ; les principes républicains ouvertement professés sous un gouvernement arbitraire ; les droits des hommes violés par les lois et par l'autorité, mais établis et approfondis dans les livres ; des lumières en politique dignes du siècle le plus éclairé et du peuple le plus sage briller au milieu d'une foule d'institutions absurdes et barbares ; la nation applaudissant aux maximes de la liberté sur ses théâtres[aw], mais obéissant dans sa conduite aux maximes de la servitude : libre dans ses sentiments, dans ses opinions, dans ses discours même, et paraissant voir avec indifférence que ses actions restassent soumises à des lois qu'elle méprisait. Il lui était aisé de prévoir qu'un peuple déjà si digne de la liberté devait bientôt la reconquérir, et que la révolution de la France, comme celle de l'Amérique, était un de ces événements que la raison humaine peut soustraire à l'empire du hasard et des passions.

M. Franklin resta en France après la paix, pour essayer de resserrer par le commerce les liens fondés par la reconnaissance et la politique. Les nations européennes ont constamment sacrifié dans leurs lois l'intérêt des citoyens à celui des riches spéculateurs. Mais en Amérique, les nobles enfants de la liberté avaient aussi brisé ce honteux esclavage, et généreusement opposé aux avides combinaisons de l'esprit mercantile ce bouclier contre lequel viendront éternellement se briser les traits de toutes les tyrannies, leur déclaration des droits, d'autant plus puissante chez eux qu'ils savent l'entendre, [C2] et que chacun y voyant le gage de sa sûreté, de sa tranquillité personnelle, rougirait de la sacrifier aux vils calculs de l'intérêt[ax]. [A] L'opposition des principes commerciaux de l'Europe et de l'Amérique faisait naître des difficultés qu'il était utile de lever[ay] ; [C2] d'ailleurs on pouvait craindre que l'habitude, la conformité des goûts ou des usages, ne conservât à l'Angleterre le commerce exclusif de l'Amérique, et il était important de l'empêcher, parce que tout commerce exclusif, le fût-il volontairement, entraîne toujours une dépendance dangereuse.

[A] Ainsi, M. Franklin paraissait attendre tranquillement en France la fin de sa douce et glorieuse carrière. Les savants, les philosophes, les amis de la liberté étaient ses compatriotes, et il se consolait en servant sa patrie du regret de ne pas jouir du spectacle de son indépendance.

Sa vie était plus retirée, plus paisible depuis que son pays avait cessé d'avoir besoin de multiplier ses partisans. Dans sa retraite de Passy, une société peu nombreuse, quelques amis, des travaux faciles, remplissaient le soir d'une belle vie. Mais une infirmité douloureuse en troubla le cours ; dès ce moment, son âme se tourna vers sa patrie, et il quitta la France, à qui, pour prix de ses services, il laissait[az] un grand exemple et des leçons qui ne devaient plus rester longtemps inutiles. [C2] Il s'embarqua dans un port d'Angleterre, où il fut accompagné par M. le Veillard qui, pendant son séjour à Passy, lui avait constamment prodigué tous les soins d'une tendresse filiale, et avait voulu retarder l'instant si douloureux d'une séparation éternelle. Mais M. Franklin ne fit que toucher les côtes d'Angleterre, et il eut la générosité d'épargner à ses ennemis humiliés le spectacle de sa gloire. S'il regardait les Français comme ses amis, les Anglais étaient pour lui des parents dont on aime à oublier les torts et à l'égard desquels on doit respecter encore les liens de la nature, quand même leur injustice les a rompus.

[A] Son entrée à Philadelphie fut un triomphe, et il n'avait point besoin qu'un esclave l'avertît qu'il n'était qu'un homme[1], car rien dans ce triomphe n'appartenait à la fortune.

Tous les corps de l'état, tous les citoyens de la ville, les habitants de la campagne rassemblés au bruit de l'arrivée de son vaisseau, allèrent à sa rencontre ; il marchait au milieu des bénédictions d'un peuple libre, en qui un intervalle de plusieurs années n'avait pas affaibli le sentiment de ses services.

Les guerriers, qui avaient versé leur sang pour l'indépendance assurée par sa courageuse sagesse, s'honoraient de lui montrer leurs glorieuses blessures ; il était entouré de vieillards qui avaient demandé au ciel de vivre assez pour le revoir encore, et d'une génération nouvelle qui s'empressait de connaître les traits du grand homme dont les talents, les services, les vertus avaient excité dans leur cœur les premiers élans de l'enthousiasme. Il s'avançait dans ce port désormais ouvert à toutes les nations ; [C2] il revoyait dans un état de splendeur cette maison d'instruction publique et cet hôpital, dont l'établissement avait été un de ses premiers services, dont les accroissements étaient dus à sa sage prévoyance, et dont le succès remplissait ses voeux les plus chers, le soulagement de l'humanité souffrante et les progrès de la raison. [A] Il portait ses regards sur ces campagnes riantes, embellies par la liberté,

---

1 Au cours des triomphes romains, l'esclave qui accompagnait l'empereur ou le général victorieux sur son char aurait été chargé de lui rappeler fréquemment qu'il n'était qu'un simple mortel.

dans lesquelles, au milieu des monuments de la prospérité publique, quelques vestiges des ravages de l'Angleterre ne servaient qu'à faire goûter davantage les plaisirs de la paix et de la victoire ; et dans ce jour, qui lui retraçait et les douces pensées de sa jeunesse et le souvenir plus doux encore de ses utiles travaux, son âme réunissait en un seul instant tout ce que dans le cours d'une longue vie elle avait goûté de bonheur et de gloire.

Bientôt après il fut élu président de l'assemblée de Pennsylvanie[1] ; mais il était destiné à rendre un dernier service à sa patrie.

Les états américains n'avaient encore réglé ni la forme, ni l'autorité du congrès qui, chargé de la sûreté commune, devait ne former qu'une seule puissance de treize républiques indépendantes.

M. Franklin fut un des membres de la convention qui devait poser cette dernière pierre si nécessaire à la solidité de l'édifice politique le plus vaste et le plus noble que jamais la raison humaine eût élevé. Il vit avec peine la pluralité vouloir donner une forme compliquée à une assemblée qui, par la nature de ses fonctions, semblait forcée à préférer la plus simple ; établir d'inutiles contrepoids à une autorité qui ne devait presque jamais s'exercer sur des individus isolés et faibles, mais seulement sur des états puissants[ba] ; [C2] investir enfin un président, déjà trop accrédité peut-être par la longue durée de ses fonctions, d'un droit négatif qu'il est toujours dangereux de confier à un seul homme, et qu'il est inutile de lui donner, parce qu'un tel pouvoir ne peut servir ni à maintenir l'unité dans les lois, ni à produire l'activité dans l'exécution. [A] Mais c'était un dernier hommage que l'Amérique rendait à son insu aux préjugés de la mère patrie. Il fut également affligé de voir la même pluralité déterminer les fonctions du congrès, plutôt selon des idées vagues d'utilité et les vues de la politique vulgaire, que d'après les principes approfondis de la nature des sociétés et du droit des citoyens. Cependant il fallait cimenter l'union entre les treize états ; et pour les déterminer tous à recevoir le plan arrêté par la convention, il croyait nécessaire de leur offrir l'autorité du vœu unanime de leurs représentants.

Il signa donc ; mais, dans un discours plein de modération et de finesse[2], il avertit qu'il avait cru devoir faire à l'unanimité le sacrifice

---

1 Plus exactement, Franklin fut président du conseil exécutif de Pennsylvanie de 1785 à 1788.

2 Voir ci-dessus le « supplément », p. 102-103.

de son opinion. C'était dire à ses compatriotes : acceptez ce plan, le meilleur que l'état actuel des opinions permette de vous présenter, et sachez remettre à un autre temps l'espérance d'une institution moins imparfaite. Sacrifiez à la nécessité d'acquérir au dehors une existence politique ce désir de la perfection, qui, lorsque les moyens de l'atteindre un jour demeurent tout entiers, pourrait être une erreur de l'orgueil plutôt que le fruit d'un patriotisme éclairé. Ses compatriotes l'entendirent, et l'Amérique adopta cette constitution, en énonçant des vœux pour que de nouvelles lumières fissent disparaître les défauts que les hommes éclairés croyaient[bb] y rencontrer[bc].

[O] M. Franklin n'aurait pu refuser la place de président de l'assemblée de Pennsylvanie sans blesser le sentiment de vénération et de reconnaissance qui l'y avait appelé, malgré son âge et ses infirmités ; mais bientôt [A] il s'éloigna peu à peu des affaires pour vivre dans un repos honorable, n'appartenant plus à la chose publique que par ses vœux et ses souvenirs. [C2] Il avait cédé à la prière de ses amis qui lui avaient demandé d'écrire les mémoires de sa vie, et ce fut la douce occupation de ses dernières années. Il pouvait se reporter sur le passé sans craindre ni les regrets ni les remords ; [A] sa vie avait été heureuse, pure[1] et paisible[bd] ; aussi disait-il *qu'il consentirait volontiers à la recommencer*, en ajoutant *qu'il voudrait seulement en effacer quelques fautes, comme un auteur qui donne une nouvelle édition de son ouvrage.*

Sa mort fut tranquille et seulement accompagnée de cette mélancolie d'une âme sensible qui, en se séparant des objets qu'elle a aimés, n'est troublée ni par l'inquiétude de leur avenir[be], ni par des retours douloureux sur le passé. Il laissait à une famille chérie une fortune acquise par ses travaux et ses talents, la reconnaissance publique attachée à son nom et l'exemple de sa vie. Il voyait sa patrie délivrée de ses antiques fers, libre de chercher le bonheur, et capable de le trouver[bf] [O] dans une raison que lui-même avait affranchie des préjugés.

---

1 [Note de l'auteur] [C2] Il n'a eu, dans sa longue carrière, qu'une seule maladie dangereuse ; elle le conduisit aux portes du tombeau ; il envisagea la mort sans crainte, mais non sans avoir besoin de quelque courage pour renoncer à la vie, et il ne vit pas sans un sentiment de douleur qu'il lui faudrait recommencer à mourir. – [A] Après son retour à Philadelphie, sa santé s'affaiblit de plus en plus ; il était depuis plusieurs années attaqué de la pierre, et il n'avait voulu opposer que le régime à sa maladie, parce qu'il le croyait suffisant pour écarter de lui les grandes douleurs, et qu'il ne voulait point acheter par une opération dangereuse l'espérance incertaine de quelques années de vieillesse.

[A] L'humanité et la franchise étaient la base de sa morale ; une gaieté habituelle, une douce facilité dans la vie commune, une inflexibilité tranquille dans les affaires importantes formaient son caractère. Ces deux dernières qualités s'unissent aisément dans les hommes qui, doués d'un esprit supérieur et d'une âme forte, abandonnent les petites choses au doute et à l'indifférence. Son système de conduite était simple, il cherchait à écarter de lui la douleur et l'ennui par la tempérance et le travail : « le bonheur », disait-il, « comme les corps, se compose d'éléments insensibles ». Sans dédaigner la gloire, il savait mépriser les injustices de l'opinion, et, en jouissant de la reconnaissance, pardonner à l'envie.

[C2] Dans sa jeunesse, il avait porté le pyrrhonisme[1] jusque sur les fondements de la morale ; la bonté naturelle de son cœur, la droiture de son esprit étaient ses seuls guides, et ils l'égarèrent rarement. Plus tard, il reconnut qu'il existait une morale fondée sur la nature de l'homme, indépendante de toutes les opinions spéculatives, antérieure à toutes les conventions. Il pensait que nos âmes recevaient dans une autre vie la récompense de leurs vertus et la punition de leurs fautes ; il croyait à l'existence d'un Dieu bienfaisant et juste à qui il rendait dans le secret de sa conscience un hommage libre et pur. Il ne méprisait pas les pratiques extérieures de religion, les croyait même utiles à la morale, mais il s'y soumettait rarement. Toutes les religions lui paraissaient également bonnes, pourvu qu'une tolérance universelle en fût le principe, et qu'elles ne privassent point des récompenses de la vertu ceux qui en la pratiquant suivaient une autre croyance, ou n'en professaient aucune.

[A] Il n'a laissé aucun grand ouvrage. Ses découvertes sur l'électricité, qui lui assurent une éternelle renommée, sont renfermées dans quelques lettres écrites à ses amis. Ses autres travaux sur la physique sont répandus également dans des lettres ; on y trouve toujours des vues ingénieuses et fines, plus de cette sagacité qui pénètre les objets et en saisit les rapports, que de cette force de tête qui les combine et les approfondit.

L'application des sciences physiques aux usages de la vie, à l'économie domestique, était souvent le sujet de ses recherches ; il y trouvait le plaisir de prouver que, même dans les choses les plus communes, la routine et l'ignorance sont de mauvais guides, et que nous sommes bien loin

1 Forme extrême de scepticisme.

d'avoir épuisé ce que la nature prépare de ressources à ceux qui savent l'interroger[1].

Il n'a écrit sur la politique que des ouvrages commandés par les circonstances. On voit qu'il cherche toujours à ramener les questions aux éléments les plus simples, à les présenter de manière que les hommes les moins instruits puissent les entendre et les résoudre. C'est à eux qu'il s'adresse toujours[bg]. [O] C'est tantôt une erreur dont il veut les détromper, tantôt une vérité utile à laquelle il veut doucement préparer leurs esprits, afin qu'ils la reçoivent, et surtout qu'ils la conservent. On y chercherait vainement une ligne qu'on puisse le soupçonner d'avoir écrite pour sa gloire.

[A] Souvent il employait ces formes qui ne déguisent en apparence la vérité que pour la rendre plus sensible, et, au lieu de l'apprendre, laisser le plaisir de la deviner. C'est ainsi qu'en paraissant enseigner les moyens les plus sûrs de diminuer l'étendue d'un état qu'on trouve trop difficile à gouverner, il met au jour l'imprudence de la conduite du ministère anglais à l'égard de l'Amérique[bh] ; ou que pour montrer l'injustice des prétentions de la Grande-Bretagne sur ses colonies, il suppose un rescrit par lequel le roi de Prusse soumet l'Angleterre à des taxes, sous prétexte que les habitants des rives de l'Oder l'ont autrefois conquise ou peuplée[2].

[O] Sa conversation était comme son style, toujours naturelle et souvent ingénieuse. Dans sa jeunesse, la lecture de Xénophon lui avait donné le goût de la méthode socratique, et il se plaisait à l'employer, tantôt par des questions adroites, conduisant ceux qui soutenaient une opinion fausse à la réfuter eux-mêmes ; tantôt par une application de leurs principes à des objets familiers, les obligeant à reconnaître la vérité dégagée des nuages dont la routine ou les préjugés l'avaient environnée ; d'autres fois décidant par un apologue, par un conte, par une anecdote, des questions que l'orgueil d'une discussion sérieuse aurait obscurcies. Chargé de demander l'abolition de l'usage insultant d'envoyer les

1 [Note de l'auteur] [A] Il s'est occupé longtemps, et à plusieurs reprises, des moyens de perfectionner les cheminées, de concilier l'économie du combustible, l'intensité, l'égalité de la chaleur et le renouvellement de l'air dans les endroits échauffés. Plusieurs années avant sa célébrité, et le temps où il a commencé à jouir d'une fortune indépendante, on lui proposa un privilège pour un poêle qu'il avait imaginé ; il le refusa. « J'ai profité des inventions des autres », répondit-il, « n'est-il pas juste qu'ils profitent des miennes ? »

2 *Règles selon lesquelles un grand empire peut être réduit à un petit* et *Édit du roi de Prusse*, deux pamphlets satiriques de 1773.

malfaiteurs dans les colonies, le ministre lui alléguait la nécessité d'en délivrer l'Angleterre. « Que diriez-vous », répondit-il, « si nous ordonnions l'exportation des serpents à sonnette[1] ? »

[A] M. Franklin ne s'était pas formé un système général de politique ; il examinait les questions à mesure que l'ordre des événements ou sa prévoyance les présentaient à son esprit[bi], et il les résolvait avec les principes qu'il puisait dans une âme pure et dans un esprit juste et fin. En général, il paraissait ne pas chercher à donner d'une seule fois aux institutions humaines le plus grand degré de perfection ; il croyait plus sûr de l'attendre du temps ; il ne s'obstinait pas à combattre de front les abus, il trouvait plus prudent d'attaquer d'abord les erreurs qui en sont la source. Il avait, en politique comme en morale, cette sorte d'indulgence qui exige peu, parce qu'elle espère beaucoup, et qui pardonne au présent en faveur de l'avenir ; il proposait toujours les mesures les plus propres à conserver la paix, parce qu'elle ne livre ni le bonheur des hommes aux hasards des événements, ni la vérité aux intérêts de parti. Il préférait le bien qu'on obtient de la raison à celui qu'on attend de l'enthousiasme, parce qu'il se fait mieux, arrive plus sûrement et dure plus longtemps.

Il craignait pour la liberté, comme pour la prospérité des sociétés, ces opinions exagérées, sous lesquelles des esprits superficiels ou vains cachent la nullité de leurs principes[bj] ou la perversité de leurs projets. [O] Il détestait surtout ce machiavélisme coupable, qui ne rougit point d'employer pour la liberté des moyens réprouvés par la justice, et qui ne craint pas d'en avilir et d'en compromettre la cause en la confiant à des talents que le vice a déshonorés. Celui, disait-il, qui se permet le crime pour devenir libre, le commettrait sans remords pour se rendre maître ; et l'homme qui a souillé sa vie par des perfidies ou par des bassesses, incapable d'aimer la liberté, ne la sert que pour la trahir.

En un mot, sa politique était celle d'un homme qui croit au pouvoir de la raison et à la réalité de la vertu, et qui avait voulu se rendre l'instituteur de ses concitoyens avant d'être appelé à en devenir le législateur.

[A] Sa mort fut un jour de deuil pour les amis de la liberté dans les deux mondes. Aucun peuple ne voyait un étranger dans celui dont les travaux, l'influence ou l'exemple avaient été utiles à tous les hommes. [C2] Ses compatriotes se rappelaient ses heureux efforts pour les former

1 [Note de l'auteur] [O] Je lui ai entendu raconter ce trait, qui a été ridiculement défiguré dans quelques-uns de nos journaux.

à l'habitude de discuter leurs affaires communes, pour répandre dans les générations nouvelles la connaissance de leurs droits et de leurs devoirs ; ils comparaient ce qu'ils étaient, lorsqu'ils le reçurent parmi eux, à ce qu'ils étaient devenus ; ils voyaient que ses travaux pour assurer leur indépendance n'étaient pas le plus grand de ses bienfaits, et qu'ils lui devaient plus que la liberté, puisque c'était par lui qu'ils étaient devenus dignes d'en jouir et de la conserver. [A] En Angleterre, il fut pleuré par tous ceux qui ne sont esclaves ni du ministère, ni des préjugés[bk].

L'assemblée nationale de France lui rendit un hommage public, et eut le noble orgueil d'avouer tout ce que nous devions[bl] à l'exemple de l'Amérique, tout ce qu'une nation peut devoir au génie d'un seul homme. [O] Par une circonstance heureuse, elle avait alors pour président un philosophe qui, comme Franklin, avait éclairé ses concitoyens sur leurs droits, avant d'être choisi pour en être le réparateur, et qui, comme lui, n'a vu dans cet honneur qu'une occasion précieuse de réaliser tout ce qu'une âme forte et un génie élevé lui ont révélé pour le bonheur des hommes[1].

[A] L'Académie des Sciences s'était empressée d'appeler dans son sein le savant qui avait arraché à la nature un de ses secrets et détourné un de ses fléaux ; elle accueillit avec transport à son arrivée le sage qui venait apprendre aux tyrans à connaître la justice[bm], aux hommes à ne plus dépendre que de leurs droits[bn]. Elle vit avec une douce satisfaction un de ses membres réunir la gloire d'affranchir les deux mondes, d'éclairer l'Amérique, et de donner à l'Europe l'exemple de la liberté. Toujours libres au milieu de toutes les servitudes, les sciences communiquent à ceux qui les cultivent quelque chose de leur noble indépendance ; ou elles fuient les pays soumis au pouvoir arbitraire, ou elles y préparent doucement[bo] la révolution qui doit le détruire ; elles y forment une classe nombreuse d'hommes accoutumés à penser par eux-mêmes[bp], à placer leurs jouissances dans la recherche de la vérité, et dans le suffrage de leurs égaux, trop éclairés enfin pour ne pas connaître leurs droits, lors même qu'ils sont assez prudents pour attendre en silence le moment de les recouvrer[bq]. [O] Si elles ont une utilité indépendante des révolutions des empires et de la forme des gouvernements, si elles n'abandonnent pas les hommes à tous les maux de l'ignorance, quand ils éprouvent ceux de la servitude, si elles embellissent, en les adoucissant, les chaînes d'un

1 [Note de l'auteur] M. l'abbé Sieyès.

peuple asservi, [A] elles contribuent à rendre plus prompt, plus paisible et plus sûr le retour vers la liberté. Que l'on compare les tentatives des siècles peu éclairés, si rarement couronnées d'un succès durable et toujours souillées par des guerres, des massacres et des proscriptions, avec les heureux efforts de l'Amérique et de la France ; que l'on observe dans un même siècle, mais à des époques différentes, les deux révolutions de l'Angleterre fanatique et de l'Angleterre éclairée[1], on verra d'un côté les contemporains de Prynne [C2] et de Knox qui, en se vantant de combattre pour le ciel et la liberté, couvrent de sang leur malheureuse patrie pour cimenter la tyrannie de l'hypocrite Cromwell, [A] de l'autre, les contemporains de Boyle et de Newton établir avec une sagesse paisible la constitution la plus libre qui pût alors exister sur la terre.

Qui peut ignorer encore que les peuples n'ont pas à choisir entre cultiver les sciences ou ramper sous le joug du préjugé[2] ? Car, dans l'ordre naturel, les lumières politiques marchent à leur suite, s'appuient sur leurs progrès, ou ne jettent, comme chez les anciens, qu'un éclat incertain, passager et troublé d'orages. Défions-nous donc de ces détracteurs envieux, qui osent les accuser de se plaire sous le despotisme ; sans doute, ils sentent confusément que les nations dépourvues de lumières sont plus aisées à tromper ou à conduire, que plus un peuple est éclairé, plus ses suffrages sont difficiles à surprendre. [O] Ils craignent ce patriotisme de la raison et de la vertu dont l'hypocrisie ne peut ni contrefaire le caractère, ni tromper la pénétration ; [A] et, cachant l'envie de dominer sous le masque de l'enthousiasme pour la liberté, ils semblent avoir deviné que, même sous la constitution la plus libre, un peuple ignorant est toujours esclave.

1 La première Révolution anglaise (1640-1660 : guerre civile, exécution de Charles Ier, Commonwealth et Protectorat sous Cromwell) et la « Glorieuse Révolution » de 1688, par laquelle Jacques II, qui était catholique, fut déposé et remplacé conjointement sur le trône par Guillaume d'Orange et sa femme Marie, fille de Jacques II mais protestante comme son mari. Cette seconde révolution marque aussi le véritable établissement d'une monarchie constitutionnelle en Angleterre.

2 Dans ce dernier paragraphe, Condorcet s'en prend à Rousseau et à tous ceux qui considéraient les sciences et les arts contraires à la vertu et à l'égalité et donc comme un danger pour la liberté politique. La fausse alternative qu'il dénonce est entre la science, considérée à tort comme un obstacle à la liberté politique, et la liberté, conçue à tort sur le modèle communautaire de vertueuse simplicité des républiques antiques. Fausse alternative, pense Condorcet, puisque science et liberté sont les deux piliers de l'entreprise des Lumières, deux aspects indissociables d'un même processus d'émancipation.

VARIANTES

Les variantes des manuscrits de la bibliothèque du Congrès à Washington sont identifiées comme suit :

- A : brouillon autographe
- C1 : première copie
- C2 : seconde copie
- C3 : troisième copie

A et C1 sont numérotés par page, C2 et C3 par feuillet.

Dans A (p. 1), la religion presbytérienne est décrite comme « la religion dominante » à Boston.

a. *A, p. 1 ; C1, p. 1 ; supprimé dans les versions ultérieures* : ou à celle du culte.

b. *A, p. 1 ; supprimé dans les versions ultérieures* : d'hommes libres.

c. *C1, p. 3-4 ; paragraphe supprimé dans les versions ultérieures* : Quelque temps avant de quitter Boston M. Franklin avait été frappé de la lecture d'un ouvrage sur le régime végétal où Tryon opposait à l'usage de se nourrir d'animaux tous les motifs que peuvent fournir la sensibilité, la justice, l'utilité d'augmenter l'horreur pour le meurtre de nos semblables en l'étendant à celui de tous les êtres sensibles, et d'éloigner la férocité même des âmes brutes et grossières, enfin les avantages pour le bonheur de cette douceur de mœurs qui doit être la suite morale ou même physique de l'abstinence pythagorienne ; et il avait embrassé cette abstinence. Tryon avait senti que les hommes ne pouvaient se multiplier sur la terre sans détruire les espèces qui lui en disputeraient les fruits. L'usage d'en élever quelques-unes pour sa nourriture, tendait plutôt à les conserver qu'à les détruire, mais il était inexorable sur celui de manger les poissons qui n'ont rien à nous disputer. Cependant dans sa traversée, M. Franklin fut tenté de manquer au précepte le plus sévère de la règle qu'il s'était donnée. S'apercevant bientôt que les poissons se mangeaient les uns les autres, il en conclut que puisque la nature les destinait à être la nourriture d'autres animaux de leur espèce son scrupule n'avait plus d'objet ; et il céda en observant combien il est utile à l'homme d'être doué de la faculté de raisonner qui lui fournissait si heureusement des motifs pour justifier tout ce qu'il était tenté de faire.

d. *Ce paragraphe est un peu plus développé dans C1 (p. 5)* : Les principes en déplurent à Palmer mais il ne put s'empêcher de redoubler d'estime pour le jeune auteur, que son goût pour la philosophie, son ardeur pour l'étude, sa naïveté piquante, sa sagesse prématurée, avaient déjà fait admettre dans la société de plusieurs hommes alors très célèbres, Mandeville, Lyons, Pemberton, Hans Sloane. – *Et devient dans C2 (f° 2v°-3r°)* : Palmer, quoiqu'un peu scandalisé, ne put s'empêcher de redoubler d'estime pour le jeune auteur, que son goût pour la philosophie, son ardeur pour l'étude, sa naïveté piquante, sa sagesse prématurée, avaient déjà fait admettre dans la société de plusieurs hommes alors très célèbres, Mandeville, Lyons, Pemberton, Hans Sloane. *C3 donne le texte imprimé.*

e. *C2, f° 2ar° ; cette apposition est remplacée par* : seul guide de ceux qui ne jugent point par eux-mêmes. *C3 donne le texte imprimé.*

f. *C2 (f° 2av°) ajoute la phrase suivante, supprimée dans C3* : C'était à éclairer les hommes et non à les tromper, à former leur raison et non à égarer leurs passions qu'il avait consacré son ouvrage.

g. *A, p. 4 ; la fin de ce paragraphe est remplacée par* : Franklin conçut le projet de donner en quelque sorte une nouvelle éducation à ses concitoyens, mais ils ne sentaient pas le besoin de l'instruction, et en montrant une intention qui eût averti de sa supériorité il eût manqué son objet. Il forma entre ceux des habitants de Philadelphie dont la fortune se rapprochait de la sienne une de ces associations libres connues en Angleterre sous le nom de club. L'amusement en était l'objet mais Franklin sut mettre la lecture, l'instruction, au nombre des amusements. La facilité de se rencontrer pour parler des affaires communes avait été un des principaux motifs de la réunion. Franklin en étendit la sphère et bientôt l'on agita dans la société les questions les plus importantes de la politique qu'il a su simplifier et rendre populaires.

h. *C1, p. 7 ; à partir d'ici, même fin de paragraphe que dans A (voir note précédente)* : Il forma entre ceux des habitants de Philadelphie… *C2 (f° 3v°) présente une ébauche partielle du texte imprimé.*

i. *C2, f° 3v° ; supprimé dans C3* : …, se créer une influence,

j. *C2, f° 4r° ; la note de Condorcet commence par la phrase suivante, supprimée dans C3* : Un petit nombre de questions renfermait tout ce qu'il était important d'apprendre ou de discuter pour le bien général du pays et l'utilité personnelle des membres de l'association.

k. *A, p. 4 ; le début de cette proposition relative est remplacé par* : si naturel. *C1, C2 et C3 donnent le texte imprimé.*

l. *A, p. 4 ; la suite de ce passage, jusqu'à « de les désarmer », est remplacée par* : on combattait le même ennemi [*C1, p. 8* : la philosophie déclarait la guerre au fanatisme mais elle le combattait] avec des armes différentes parce que dans l'une il suffisait de dissiper les illusions de l'imagination égarée, et que dans l'autre il fallait dévoiler [*C2 (f° 4r°) ajoute* : et rendre odieux] un système de tyrannie que l'envie de dominer avait fondé sur l'erreur. *C2 (f° 4r°) donne un texte intermédiaire entre A et C3, qui donne une version très proche du texte imprimé.*

m. *A, p. 5 ; C1, p. 9 ; C2, f° 4v°* : une université. *C3 donne le texte imprimé.*

n. *Cette phrase est légèrement différente dans C2 (f° 4v°)* : Tout homme qui veut influer sur l'opinion publique marche entre l'enthousiasme et l'envie, et sachant combien il est difficile de soumettre l'enthousiasme à la marche de la raison, il aimait mieux désarmer l'envie même aux dépens de sa gloire. *C3 donne le texte imprimé.*

o. *Nous donnons ici les deux versions d'un passage qui termine ce paragraphe dans A et C1 et qui est supprimé dans les états ultérieurs du texte. A, p. 6-7* : Longtemps auparavant il avait déterminé l'état de Pennsylvanie à une nouvelle création de papier circulant. L'état le prêtait aux particuliers qui en payaient un intérêt avec lequel on acquittait les dépenses du gouvernement. Les colonies américaines avaient peu d'argent, et la nécessité d'acheter de l'Angleterre presque tous les objets manufacturés, et même une partie des objets de consommation diminuait encore la quantité du numéraire. Mais par un effet de cette même nécessité les prix au-delà [d'être *(ajouté par Condorcet dans la version biffée de C1, p. 10)*] réglés sur la quantité du numéraire se déterminaient d'après ceux d'Angleterre, tandis que la facilité de former un établissement lorsqu'on avait amassé quelques fonds par son travail, diminuait le nombre des ouvriers et maintenait le haut prix des salaires. Ces circonstances rendaient un papier de circulation vraiment nécessaire, on en payait l'intérêt parce qu'on aurait payé celui de l'argent qu'il remplaçait, et comme ceux qui l'avaient emprunté à l'état étaient obligés de le rendre, tant qu'il n'excédait les besoins, tant qu'il n'excédait pas une certaine portion de la fortune de ceux à qui on le confiait, il devait conserver sa valeur. – *C1, p. 10* : Longtemps auparavant il avait déterminé l'état de Pennsylvanie à une nouvelle création de papier circulant. La plupart des salariés avaient à peine rassemblé quelques épargnes, qu'ils s'empressaient de former un établissement et leur nombre toujours très petit par rapport à celui des propriétaires avait porté très haut le prix des salaires. C'était aussi sur les prix courants d'Angleterre, et non sur la quantité du numéraire que se réglaient ceux de tous les objets manufacturés et même d'un grand nombre de denrées de consommation qu'on était obligé d'en tirer. Un papier monnaie était donc nécessaire, et cette nécessité devait en maintenir la valeur. On en payait un intérêt comme on l'aurait payé pour l'argent que ce papier remplaçait ; et comme l'état conservait le droit de le retirer à certaines époques de ceux qui l'avaient emprunté, il devait se soutenir tant qu'il n'excèderait pas le besoin, et que la somme avancée aux particuliers n'excèderait pas une certaine partie de leur fortune.

p. *C2, f° 6v° ; la fin de cette phrase est remplacée par* : à obtenir beaucoup des Quakers éclairés, qu'il laissait sans même avoir l'air de le remarquer chercher les moyens de ne pas scandaliser leurs frères ignorants, et qu'il aidait même quelquefois. *C3 donne le texte imprimé.*

q. *Cette phrase est légèrement différente dans A (p. 10)* : La France les rejeta, mais dans la guerre de l'Amérique on vit à la honte de l'humanité des physiciens anglais chercher à l'anéantir par de trompeuses expériences, et vouloir enlever à Franklin une découverte pour le punir de leur avoir fait perdre treize provinces. *C1, C2 et C3 se rapprochent progressivement du texte imprimé.*

r. *C2, f° 8v° ; supprimé dans C3* : …, et prenant de nouvelles forces dans les progrès de chacun d'eux

s. *A, p. 14 ; C1, p. 15 ; supprimé dans les versions ultérieures* : civilisées

t. *C2, f° 9r°* : des sauvages. *C3 donne le texte imprimé.*

u. *A, p. 16-17 ; la fin de ce paragraphe est remplacée par* : Ennemi de cette politique turbulente et sanguinaire, qui se plaît à entourer de victimes l'autel de la liberté, qui croit qu'elle ne peut s'établir que sur des ruines, et qu'il faut l'acheter aux dépens de la paix, il croyait que le bonheur des sociétés ne pouvait être l'effet de l'enthousiasme mais le fruit des lumières, qu'il fallait éclairer les hommes et non exalter leurs passions pour s'en rendre maître [*C2, f° 10r°* : pour les gouverner à son gré], que le bien finissait toujours par se faire et que le grand art de la politique consistait à savoir l'attendre, à le préparer quelquefois, plus souvent à empêcher d'y mettre des obstacles. *Les textes de C1 (p. 17) et C2 (f° 9v°-10r°) présentent des intermédiaires entre A d'une part, et C3 et le texte imprimé d'autre part.*

v. *A (p. 17) ajoute* : …, et d'un ennemi catholique ce qui était alors beaucoup. *C1 (p. 18) et C2 (f° 10r°) ajoutent à la place* : et surtout professant la religion Romaine. *Ces additions sont supprimées dans C3.*

w. *A, p. 18 ; supprimé dans les versions ultérieures* : ni que la prévoyance d'un peuple pouvait s'étendre jusqu'à voir les conséquences de cette tentative

x. *A (p. 21-22) ajoute* : Il ne voulut point au milieu de ces discussions remettre sa place, il attendit qu'on la lui ôtât. Il voulait même au hasard de s'exposer à la calomnie éviter toute action qui pût annoncer qu'il avait cessé d'espérer la paix. Il ne pouvait être l'ennemi personnel de George III, il n'était point l'ennemi de la nation, il aimait sa patrie et désirait le bien des deux pays. *C1 (p. 22) donne un texte très proche, C2 (f° 11v°-12r°) met la dernière phrase avant « Telle est l'explication ». Tout le passage est supprimé dans C3.*

y. *A, p. 22* : leur. *C1, C2 et C3 donnent le texte imprimé.*

z. *A, p. 23 ; C1, p. 23 ; C2, f° 12v°* : pour éviter un mal éloigné. *C3 donne le texte imprimé.*

aa. *A, p. 24 ; C1, p. 24* : et que des hommes se privassent d'un besoin d'habitude [*C2 (f° 13r°) ajoute* : et presque même de leur nécessaire] uniquement pour déconcerter leur politique. *Supprimé dans C3.*

ab. *A, p. 24 ; C1, p. 25 ; C2, f° 13r° ; supprimé dans C3* : trompés par les correspondances des gouverneurs

ac. *A, p. 27 ; C1, p. 27-28 ; la fin de cette phrase est remplacée par* : et qui pourraient combiner des constitutions supérieures à celles de l'Europe

ad. *C2 (f° 14r°) ajoute* : où l'Angleterre elle-même trouverait à profiter si le bandeau de l'orgueil cessait de l'aveugler. *Supprimé dans C3.*

ae. *A, p. 27* : cessa d'être un tribut imposé aux hommes, et... *C1, p. 28* : cessant d'être un tribut imposé aux hommes... *Ces additions sont supprimées dans les versions ultérieures.*

af. *A, p. 27 ; C1, p. 29 ; supprimé dans les versions ultérieures* : connus sous le nom de chartes, de pacta conventa, de capitulations

ag. *A, p. 28 ; C1, p. 29 ; supprimé dans les versions ultérieures* : ..., par ce qu'elle n'exige rien au-delà de la croyance d'un Dieu,

ah. *A (p. 28) ajoute* : Il ne croyait pas que les hommes fussent assez stupides, ou assez éclairés pour avoir besoin d'opposer aux changements des obstacles difficiles à vaincre. *Remplacé dans C2 (f° 15r°) par* : Il ne croyait pas que ses concitoyens fussent assez ignorants pour qu'il fût nécessaire d'opposer aux changements des obstacles difficiles à vaincre ou assez éclairés pour n'avoir besoin de rien changer. *C1 (p. 29) présente un texte intermédiaire. Ces additions sont supprimées dans C3, qui s'arrête au tout début du paragraphe suivant.*

ai. *A, p. 29 ; supprimé dans les versions ultérieures* : et la voix de quelques chefs

aj. *A, p. 30 ; la fin de cette phrase est remplacée par* : et les préjugés y mettaient de nouveaux obstacles. *C1 et C2 sont plus proches du texte imprimé.*

ak. *A, p. 30 ; C1, p. 31 ; cette dernière proposition est remplacée par* : que de jouir d'une liberté qu'il eût fallu partager. *C2 donne le texte imprimé.*

al. *A, p. 53* : eut pris la place des préjugés de l'école, et des dogmes des sectes. *Ce développement sur les effets de l'invention de l'imprimerie ne figure dans aucune autre version manuscrite mais est censé s'y insérer.*

am. *A (p. 55) ajoute* : ..., qui n'avait pas besoin des ressources honteuses de l'intrigue

an. *Ces deux dernières phrases deviennent dans A (p. 30) et C1 (p. 32)* : La hauteur avec laquelle les Anglais avaient traité la France et l'Espagne dans le traité de 1763, la possession de Gibraltar, l'existence d'un commissaire anglais à Dunkerque, monuments de l'orgueil britannique, étaient un éternel aliment de haine. *Et dans C2 (f° 16r°)* : Le souvenir de la hauteur avec laquelle les Anglais avaient traité la France et l'Espagne dans le traité de 1763, la possession de Gibraltar, l'existence d'un inutile commissaire que l'orgueil anglais s'obstinait à entretenir à Dunkerque, étaient un éternel aliment de haine.

ao. *A, p. 31 ; ce qui précède depuis « et fiers » est remplacé par* : et s'arrogeant l'empire de la mer,... *C1 et C2 sont très proches du texte imprimé.*

ap. *A, p. 31 ; C1, p. 33 ; C2, f° 16r°-16v°* : gouvernée par des ministres dont la conservation de leurs places était la seule politique

aq. *A, p. 32 ; C1, p. 33-34 ; la fin de cette phrase et la phrase suivante sont remplacées par* : envoyer un homme distingué par ses dignités, on choisit un homme illustre par son génie. Un choix si sage fut couronné par le succès. *C2 est très proche du texte imprimé.*

ar. *C1, p. 35 ; cette phrase est précédée par* : L'enthousiasme pour les insurgents [*sic*] devint presque général. *Supprimé dans C2. Fin de C1.*

as. *A, p. 35 ; ce qui précède depuis « tandis qu'observant » est remplacé par* : ..., tandis qu'il suivait en Angleterre les mouvements de l'opinion, qu'il y observait les progrès que faisait chaque jour celle de l'impossibilité de soumettre l'Amérique, qu'il voyait l'espérance de réparer la perte de l'Amérique par la conquête des colonies ennemies s'évanouir peu à peu, et dissiper avec elle la confiance que les ministres d'Angleterre avaient fondée sur ces illusions ; et il attendait... – *Passage légèrement différent dans C2 (f° 18r°)* : ..., tandis qu'il suivait en Angleterre les mouvements de l'opinion, qu'il observait quels progrès celle de l'impossibilité de soumettre l'Amérique y faisait et chez les politiques et dans le peuple, qu'il voyait l'espérance de réparer ses pertes par la conquête des colonies ennemies s'évanouir peu à peu, et dissiper avec elle la confiance que les ministres d'Angleterre avaient fondée sur ces illusions ; et il attendait...

at. *A, p. 36 ; supprimé dans C2* : que le succès n'était pas livré au hasard,

au. *A, p. 36 ; C2, f° 18r°-18v° ; cette phrase est légèrement différente* : C'était surtout l'absence si rare de toutes passions personnelles [*C2, f° 18v°* : de toute vue personnelle], car ce sont elles qui donnent souvent aux sentiments patriotiques, ces inquiétudes, ces craintes, ces fureurs qui les dégradent en les rendant trop semblables aux viles passions de l'intérêt et de la vanité.

av. *A, p. 37 ; C2, f° 18v°* : un philosophe

aw. *A (p. 37) et C2 (f° 18v°) ajoutent* : et dans ses assemblées

ax. *A, p. 39 ; ce qui précède depuis « d'autant plus » est remplacé par* : d'autant plus puissante pour eux qu'ils savent l'entendre et la respecter. *C2 est très proche du texte imprimé.*

ay. *A, p. 39 ; la fin de cette phrase est remplacée par* : ..., il fallait de plus enlever dans le fait à l'Angleterre le privilège exclusif dont elle avait perdu le droit, parce qu'un commerce exclusif le fût-il volontairement entraîne toujours une dépendance dangereuse. *Et devient dans C2 (f° 19r°)* : ..., d'ailleurs si l'Angleterre avait perdu dans le droit son privilège exclusif sur l'Amérique, il était à craindre que l'habitude, la conformité des goûts, ou des usages ne le maintînt dans le fait ; et il était important de le lui enlever parce qu'un commerce exclusif le fût-il volontairement entraîne toujours une dépendance dangereuse.

az. *A, p. 40 ; C2, f° 19v°* : l'Amérique avait laissé

ba. *A, p. 43 ; la fin de cette phrase est remplacée par* : ..., et consacrer une inégalité politique qui toute faible qu'elle est doit encore effrayer tout véritable ami de la liberté. *Supprimé dans C2 qui donne le texte imprimé.*

bb. *A, p. 44* : que chacun croyait. *C2 donne le texte imprimé.*

bc. *C2 (f° 21r°) ajoute* : Peu d'hommes ont assez observé la marche de l'esprit humain, pour savoir distinguer le bien pour lequel il faut saisir les circonstances et le mieux qu'on peut différer parce qu'il sera l'ouvrage insensible du temps, et distribuer d'une manière certaine en suivant l'ordre tracé par la nature la suite des opérations successives qui doivent conduire sûrement une société à ce point où à l'abri des événements elle n'a plus que des perfectionnements à espérer.

bd. *C2, f° 21r° ; ce qui précède depuis « sa vie » est remplacé par* : sa vie avait été heureuse et pure, condition sans laquelle il ne peut exister de bonheur

be. *A, p. 45 ; C2, f° 21r°* : de l'avenir

bf. *A, p. 45 ; C2, f° 21v° ; la fin de cette phrase est remplacée par* : ... ; et ses progrès, dont il avait été la cause et le témoin lui répondaient de l'avenir

bg. *A, p. 47-48 ; C2, f° 22v° ; la fin de ce paragraphe est remplacée par* : ..., mais les philosophes peuvent trouver à s'instruire, du moins dans l'art de rendre populaires les vérités abstraites, de leur ôter ce qu'elles présentent de difficile aux esprits peu exercés, de leur donner en quelque sorte de l'intérêt et de la vie par des comparaisons sensibles tirées des objets les plus communs et par là même plus piquantes, de ménager enfin l'intelligence des lecteurs, non en multipliant les mots mais en sachant les choisir, non en expliquant tout mais en présentant les choses de manière qu'elles n'aient point besoin d'être expliquées

bh. *A, p. 48 ; cette proposition est remplacée par* : il montre les vices du système adopté par le ministère britannique et annonce les conséquences de ses fautes. *C2 donne le texte imprimé.*

bi. *A, p. 49 ; C2, f° 23r°* : ou des conjonctures qu'ils prévoyaient les lui présentaient bj. *A, p. 50 ; la fin de ce paragraphe et le suivant sont remplacés par* : …, ce zèle outré qui couvre sous un masque hypocrite ou les projets de l'intérêt personnel ou les petitesses de la vanité, et ces hommes pervers qui flattent les erreurs du peuple comme les courtisans flattent les passions des rois. *Supprimé dans C2.*

bk. *A (p. 50) et C2 (f° 23v°) ajoutent* : …, et qui préfèrent les jouissances de la liberté à celle de l'orgueil national

bl. *A, p. 50 ; C2, f° 23v°* : ce que la France devait

bm. *A, p. 50 ; la fin de cette phrase est remplacée par* : aux hommes à connaître la liberté

bn. *C2, f° 23v°* : que de la nature

bo. *A, p. 51 ; C2, f° 23v° ; cette proposition se termine par* : à la liberté

bp. *A (p. 51) et C2 (f° 24r°) ajoutent* : …, à juger les choses comme elles sont

bq. *A, p. 51 ; supprimé dans C2* : …, prompts à le prévoir, habiles à l'accélérer, et à le saisir. *À partir d'ici, la conclusion des versions manuscrites de l'*Éloge *diffère assez nettement du texte imprimé. Nous donnons cette conclusion en entier (A, p. 51-52, plus le fragment conservé à la bibliothèque de l'Institut [ms. 865, f° 418r°], qui est en fait un feuillet manquant de A)* : Elles contribuent à rendre plus paisibles, et plus sûrs les retours vers la liberté. Que l'on compare les tentatives des siècles peu éclairés si rarement couronnées d'un succès durable, et toujours souillées par des guerres interminables, des massacres, et des proscriptions, avec les heureux efforts de l'Amérique et de la France. Que l'on compare dans un même siècle mais à des époques différentes les deux révolutions de l'Angleterre fanatique et de l'Angleterre éclairée, les efforts des contemporains de Prynne, et ceux des contemporains de Boyle et de Newton ; on verra les uns conduire violemment au despotisme, les autres amener doucement [*C2, f° 24r° ; après « Angleterre éclairée »* : on verra d'un côté les contemporains de Prynne et de Knox croyant combattre pour le ciel et la liberté, couvrir de sang leur malheureuse patrie pour cimenter la tyrannie d'un hypocrite, de l'autre les contemporains de Boyle et de Newton établir avec une sagesse paisible] une constitution la plus libre qui alors existât sur la terre, et qui ne put être surpassée que dans un siècle où les sciences avaient fait de nouveaux [progrès *(ajouté par le copiste de C2, f° 24r°)*] et s'étaient plus généralement répandues. – Sans doute les savants n'ont pas refusé le secours de leurs lumières à ceux que le sort avait chargés du destin des peuples, comme s'il fallait [*C2, f° 24r°-24v°* : ils n'ont pas cru qu'il fallût] laisser aux hommes tous les maux de l'ignorance parce qu'ils éprouvent ceux de la servitude. Ils n'ont pas dédaigné de récompenser [ceux *(ajouté par le copiste de C2, f° 24v°)*] qui leur offraient les moyens de se rendre utiles. – On ne les voyait point par d'imprudentes clameurs compromettre la cause de la liberté parce qu'ils savaient que les révolutions politiques, comme les opérations de la nature ont une marche prescrite qu'on ne peut troubler sans en retarder le cours ou risquer le succès. Mais sans doute les sciences n'ont point besoin d'apologie dans une nation éclairée. Il [*sic*] sait assez qu'il n'y a pas [à *(ajouté par le copiste de C2, f° 24v°)*] choisir entre la culture des sciences et l'esclavage [*C2, f° 24v° ; après « risquer le succès »* : Mais pourraient-ils avoir besoin d'apologie dans une nation éclairée ? Elles savent assez qu'elles n'ont pas à choisir entre cultiver toutes les connaissances ou ramper esclaves] des préjugés, que dans l'ordre naturel les lumières politiques s'appuient sur celles [*C2, f° 24v°* : sur le progrès] des sciences ou ne jettent comme chez les anciens qu'un éclat incertain, passager et troublé d'orage. Ceux qui les accusent [*supprimé dans C2* : tantôt auprès des rois de favoriser l'indépendance, tantôt] auprès des peuples de se plaire sous le despotisme sont conduits par un intérêt que peut-être leur présomptueuse ignorance ne décèle point. Ils sentent confusément que les nations dépourvues de lumières sont plus aisées à tromper ou à conduire, que ce n'est pas sur eux que peuvent jamais tomber les suffrages d'un peuple éclairé, cachant l'envie de dominer sous le nom d'enthousiasme de la liberté et paraissant avoir deviné que n'importe sous quelle constitution un peuple ignorant est toujours esclave [*C2, f° 24v°-25r°; après « ou à conduire »* : que plus un peuple est éclairé plus ses suffrages sont difficiles à surprendre, ils cachent l'envie de dominer sous le nom d'enthousiasme de la liberté et paraissent avoir deviné que sous la constitution la plus libre un peuple ignorant est toujours esclave].

APPENDICE

Nous donnons ici deux des longues et nombreuses notes ajoutées par Condorcet, Pierre-Samuel Dupont de Nemours et Jean-Antoine Gauvin-Gallois (avec probablement d'autres collaborateurs, voir notre introduction, note 2, p. 19-20) à la traduction de l'ouvrage de John Stevens, *Observations on Government* (1787), faussement attribué à William Livingston : *Examen du gouvernement d'Angleterre, comparé aux constitutions des États-Unis*, Londres et Paris, chez Froullé, 1789. La première (note 19, p. 177-182, probablement de Dupont de Nemours) éclaire la réflexion sur les déclarations de droits présentée par Condorcet dans *Idées sur le despotisme* (sections 18-23, p. 120-127 *supra*) ; la seconde (note 28, p. 225-240, peut-être de Condorcet et Mazzei) constitue un nouveau commentaire sur la constitution fédérale de 1787, qui complète celui figurant dans le supplément aux *Recherches sur les États-Unis* de Mazzei (voir ci-dessus, p. 92-100).

NOTE XIX

Sur ce qu'il faut entendre par l'autorité législative, et jusqu'où on peut la déléguer

Il ne suffit point qu'il soit vraisemblable que l'on n'abusera pas du pouvoir législatif ; il faut qu'il soit impossible d'en abuser.

Les nations et même les philosophes ont encore des idées très confuses sur *l'autorité législative.*

L'autorité de faire toute espèce de lois, même celles qui seraient absurdes et injustes, ne peut être déléguée à personne, car elle n'appartient pas même au corps entier de la société.

Si le corps entier de la société mû par des idées fanatiques, voulait faire une loi contraire à la liberté, à la sûreté, au droit de propriété des citoyens, ou d'un seul citoyen, ordonner par exemple qu'on brûlerait les sorciers, comme on le faisait naguère dans toute l'Europe, qu'on immolerait ou qu'on mutilerait les fils premiers nés, ou seulement les enfants estropiés ou hideux (ces lois barbares ont eu lieu, même quelques-unes d'entre elles à Sparte et à Rome), ou seulement qu'on jetterait une partie des récoltes à la rivière sans indemniser les possesseurs ; le citoyen isolé qui s'opposerait à l'exécution d'une telle loi, pourrait être opprimé par la force supérieure des autres ; il ferait vraisemblablement contre eux une guerre malheureuse, mais il ne serait point *rebelle*, et en l'accablant de leur puissance, les autres citoyens, la société entière feraient un acte de tyrannie.

Il faut donc poser en principe que *l'autorité législative* prise dans un sens étendu, qui embrasserait le pouvoir de tout faire ou de tout proscrire, est un droit que la nature s'est réservé, dont nulle association d'hommes ne peut s'emparer, qu'elle peut encore moins déléguer.

La législation toute entière est renfermée dans une bonne *déclaration de droits*.

La nation assemblée ne peut donner à personne l'autorité de faire des lois contraires à la déclaration des droits. En faisant cette déclaration, elle a reconnu ce qui était juste. Nul corps de nation ne peut être assez corrompu pour dire ouvertement : *Je veux l'autorité de faire ce qui est injuste* ; nul ne doit être assez insensé pour donner à qui que ce soit une telle autorité.

Reste donc *l'autorité* de faire *des règlements* pour assurer d'autant mieux la conservation des droits : c'est cette *autorité* que, dans un sens restreint, l'on peut nommer *législative*.

Le mot est parfaitement appliqué à la chose, et semblerait indiquer que dans l'origine des sociétés les hommes ont eu des principes plus sûrs et des idées plus justes que nous ne le croyons communément. Ils n'ont point dit *LÉGISFAITEUR*, ce qui aurait indiqué le pouvoir de *faire* arbitrairement des lois ; ils ont dit *LÉGISLATEUR*, *porteur de loi*, ce qui détermine que celui qui est chargé de cette fonction respectable, n'a d'autre droit que de prendre *la loi* dans le dépôt immense de la nature, de la justice et de la raison, où elle était toute *faite*, et de la porter, de l'élever, de la présenter au peuple.

Ex natura, jus, ordo et leges. Ex homine, arbitrium, regimen et coercitio[1], disait le profond penseur Quesnay.

1 « De par la nature, le droit, l'ordre et les lois. De par l'homme, le jugement, le gouvernement et le châtiment. » – François Quesnay (1694-1774), chef de file de l'école des physiocrates.

Tout *règlement* a une pierre de touche : *Est-il conforme à la déclaration de droits ou ne l'est-il pas ?*

Tout citoyen a le droit de lui faire subir l'essai de cette pierre de touche par une discussion libre, et communiquée aux autres citoyens avec toute l'étendue possible. C'est en cela que l'invention de l'imprimerie est infiniment secourable[1] ; c'est pour cela que la liberté de la presse doit être placée au nombre des droits imprescriptibles de tous et de chacun.

Cependant cette inaliénable liberté de discuter les *règlements*, qu'on appelle improprement *lois*, et de les comparer avec la *déclaration de droits*, qui doit comprendre toutes les véritables lois de la société, ne doit jamais emporter le droit de résister à ceux que la société a chargés, et de rédiger, et de promulguer ces règlements. L'exécution provisoire de ses ordres doit toujours être assurée à l'autorité publique ; et cela même est conforme à la loi fondamentale ou à la déclaration de droits, qui ne saurait permettre que la volonté arbitraire, ou l'opinion d'un seul, ni de plusieurs individus, puisse porter atteinte à l'ordre général de la société.

Mais, plus il est nécessaire que l'on obéisse avec une sévère exactitude au *règlement* ou à l'ordre provisoire, plus il importe, s'il est injuste, que cette obéissance ne soit pas prolongée au-delà de ce qui est indispensable pour le bon ordre, et que la déclaration de droits puisse reprendre aussitôt qu'il est possible toute son autorité, et que le règlement dérogatoire à cette déclaration puisse être promptement réformé.

Il n'est donc nullement indifférent de confier de telle ou telle manière l'autorité législative qui appartient à l'homme, ou celle de faire des règlements, pendant un an ou pendant sept.

On ne peut pas la déléguer pour moins d'une année, parce que la nature, en nous donnant une récolte tous les ans, nous a fixé une époque pour renouveler nos mesures politiques ; c'est celle où nous en pouvons solder la dépense, et où la suspension des travaux champêtres nous donne le loisir de conférer entre nous sur des objets plus étendus.

---

1 « Les modernes accoutumés à regarder les anciens comme leurs modèles, n'ont presque jamais senti combien l'invention de l'imprimerie leur pouvait procurer d'avantages, par le moyen qu'elle donne aux hommes dispersés de discuter paisiblement toutes les affaires, et en même temps par ce qu'elle ôte de force à l'éloquence trop souvent trompeuse, pour augmenter celle de la raison qui ne trompe jamais. » (*Lettres d'un bourgeois de New Haven*, *SE*, p. 252)

Il y a cependant un inconvénient assez grave à employer toujours pour les affaires de l'état des hommes nouveaux et inexpérimentés ; et ce n'est point une raison pour être renvoyé du service, que de l'avoir fait pendant un certain temps, si on l'a bien fait.

Pour éviter cet inconvénient, et ne pas tomber dans celui de trop prolonger l'obéissance due aux règlements provisoires qui seraient imparfaits, le remède paraît être de renouveler tous les ans une partie considérable du conseil auquel on confie *l'autorité* qu'on nomme *législative*, en laissant aux électeurs le pouvoir de nommer les mêmes sujets : de sorte que l'homme habile et vertueux puisse rester longtemps en place, mais seulement par l'effet d'une nouvelle élection qui ne lui assure cette place que pour peu de temps.

Cette mesure, qui devrait s'appliquer à toutes les fonctions publiques, a été adoptée pour l'autorité législative par tous les États-Unis d'Amérique, à l'exception de la Pennsylvanie, et l'on peut espérer du progrès de leurs lumières, que dans la suite ils la prendront pour règle dans le renouvellement de tous les mandataires de leur souveraineté.

NOTE XXVIII

Examen des réflexions du cultivateur de New Jersey[1] *sur le projet de constitution fédérative*

Les raisonnements justes et profonds du cultivateur de New Jersey sur les vices fondamentaux de la constitution d'Angleterre, et sur l'illusion produite par l'abus des expressions vagues ou impropres, font regretter qu'il n'ait pas donné autant de soin à ses réflexions sur le projet de constitution fédérative. On peut croire par la date de son pamphlet que la brièveté du temps en a été la principale cause.

Tout bon citoyen d'Amérique, disons mieux, tout ami du genre humain, désirera certainement de voir démontrer par le fait « que l'homme est maintenant capable de se gouverner lui-même, et que

1 La page de titre de l'*Examen du gouvernement d'Angleterre* indique : « Par un cultivateur de New Jersey ».

malgré la faiblesse de sa nature, il n'est point indispensablement obligé de se laisser conduire par un ou plusieurs maîtres[1] ». Il n'est point d'homme qui, avec du bon sens et quelques lumières, puisse douter de ce principe, et qui ne reconnaisse en même temps que, pour le mettre en pratique, notre situation est beaucoup plus favorable que ne l'a jamais été jusqu'à ce jour celle d'aucun peuple connu, ancien et moderne ; mais il ne conviendra pas, avec le cultivateur de New Jersey, que le meilleur moyen d'*apprendre au genre humain cette importante leçon*, est d'adopter la constitution qu'on propose ; il n'en conviendra pas, à moins qu'on n'y fasse plusieurs changements très essentiels.

« L'homme », dit-il, « qui prendrait à tâche de s'opposer à l'adoption de ce plan, ne pourrait être porté que par de mauvaises intentions ; car, en le supposant même plus défectueux qu'il ne l'est réellement, aurions-nous quelque apparence de raison d'en espérer un meilleur[2] ? » Comment a-t-il pu, si telle est vraiment son opinion, proposer lui-même des changements ?

Il n'est point d'Américain tant soit peu judicieux, qui ne sente la nécessité d'une bonne constitution fédérative. Personne n'est d'avis de rejeter entièrement le plan proposé. Ceux qui en ont comparé les avantages et les inconvénients, disent leur sentiment, ou le diront, comme ils en ont le droit, comme leur devoir l'exige, enfin, comme a fait le cultivateur de New Jersey. Mais on aurait tort de prétendre que désirer qu'on le corrige, avant de l'adopter, est *une preuve de mauvaise intention.*

L'inactivité qui règne dans les affaires de l'union, influe plus ou moins sur la conduite particulière de chaque état. C'est pour cela que plusieurs citoyens voudraient qu'elle fût adoptée telle qu'elle est, par un nombre d'états suffisant pour mettre la chose en mouvement, dans l'espoir que la contrariété d'avis du petit nombre, jointe aux bons effets d'une discussion libre et générale, au désir et à l'intérêt commun de rester unis, amèneraient les changements nécessaires.

L'intention est louable sans doute, et je ne crois pas que cet espoir soit mal fondé. Mais cela peut-il autoriser des reproches injurieux contre ceux qui tâchent d'en faire connaître les défauts, avec tous les maux qu'on aurait lieu d'en attendre ? On pourrait accuser avec plus de justice celui qui serait capable de les dissimuler par égoïsme, et parce qu'il préférerait la cessation

1 *Examen du gouvernement d'Angleterre*, p. 62.

2 *Examen du gouvernement d'Angleterre*, p. 61.

des désordres actuels au bonheur des générations futures. Il est certain que si nous n'avions considéré que la génération présente, à l'époque où nous avons calculé, d'après la probabilité des événements, la somme des biens et des maux auxquels nous devions nous attendre, nous ne nous serions point exposés aux inconvénients d'une révolution. Le même motif qui nous anima dans le principe, doit nous animer encore aujourd'hui.

Si la constitution proposée était reçue unanimement sans y faire les changements nécessaires, et même sans parler de ses défauts, il en pourrait résulter des effets funestes pour la liberté. Si on avait différé de les mettre au jour jusqu'après son établissement, on aurait eu sujet de craindre que les gens mal intentionnés ne fissent passer les meilleurs citoyens, les patriotes les plus zélés, pour des ennemis de la tranquillité publique. La mort de quelques citoyens distingués, la prévention du peuple en faveur de l'ouvrage de tant d'hommes vertueux, un penchant naturel à l'indolence, le retard des mauvais effets d'un établissement vicieux, auraient pu rendre le remède impossible. Ainsi, quelle que puisse être la résolution des états, tout Américain qui s'intéresse au bonheur de ses descendants, doit insister sur la nécessité d'une bonne constitution fédérative, et prouver que celle qu'on propose actuellement ne peut offrir cet avantage sans plusieurs changements très essentiels.

Le fermier de New Jersey convient que « quoique la constitution soit excellente, tout le monde avoue qu'elle a des défauts[1] », mais il dit aussi, « pour peu que l'on se représente la multiplicité d'intérêts opposés, qu'on ne pouvait concilier que par des sacrifices réciproques, on doit être étonné de voir un système de législation dans lequel il se rencontre si peu d'imperfection[2] ».

La diversité, l'opposition d'intérêts sont les seuls motifs d'après lesquels les partisans de la constitution proposée prétendent en excuser les défauts. Ils pourraient tout au plus excuser ceux qui sont relatifs au commerce, de même que la complication du corps législatif, au moyen de laquelle chacun des états jouit dans une des deux chambres du droit qui lui appartient à raison de sa population, tandis que dans l'autre chambre les petits états sont au niveau des grands[3] ; mais comment

1 *Examen du gouvernement d'Angleterre*, p. 62.
2 *Examen du gouvernement d'Angleterre*, p. 61.
3 [Note des auteurs] On lit à ce sujet dans le supplément aux *Recherches historiques et politiques* du citoyen de Virginie (Filippo Mazzei [N. d. É.]) : « Toutes complications de système,

l'intérêt même d'un seul état exigera-t-il jamais qu'en certain cas on accorde au président plus de pouvoir qu'il ne convient au bon ordre, et au maintien de la liberté ? Que la même personne puisse être continuée à chaque nouvelle élection[1] ? Que le congrès fixe lui-même ses propres appointements ? Qu'il ne rende aucun compte au public que lorsqu'il lui plaira, tandis qu'il faudrait fixer l'époque à laquelle il serait tenu de le faire, et qu'il ait le droit de régler les élections de manière à pouvoir établir un jour une oligarchie formidable ? Enfin, on ne conçoit pas comment pourrait être dangereuse, pour aucun des états, une déclaration des droits qui ôtât tout prétexte à quiconque imaginerait par la suite des interprétations contraires à la liberté.

M. Wilson, l'un des députés de Pennsylvanie, homme très distingué par ses talents, tâche de prouver, dans son apologie de la constitution proposée, que la déclaration des droits serait superflue. Il prétend que dans la constitution d'un état, tout le pouvoir que le peuple ne se réserve pas expressément, est censé accordé aux représentants ; et qu'au contraire, dans une constitution fédérative, tout ce qui n'est pas accordé expressément aux représentants, est censé réservé. Il présente cette assertion comme un axiome, et en conséquence il ne suppose pas que cela soit susceptible d'aucune difficulté. Suivant son idée, il n'y aurait pas un de nos états dont la déclaration des droits ne fût absolument inutile, parce que les maximes contenues dans toutes ces déclarations sont incontestables, et à la portée de tout le monde. Il me semble que M. Wilson eût raisonné avec plus d'exactitude, s'il fût convenu du

toutes distinctions sont mauvaises de leur nature, et ne peuvent être justifiées que par la nécessité. L'autre distinction entre le sénat et la chambre des représentants, à l'égard de l'influence des différents états, est une source de discorde. – [...] comme les résolutions de l'un de ces corps doivent être soumises à l'approbation de l'autre, il n'est pas vraisemblable qu'un tel expédient produise l'effet qu'on en espère ; si les états moins grands se croient lésés par une résolution des représentants, ils la rejetteront dans le sénat. – On a tort de se flatter de pouvoir concilier des principes opposés. De tels expédients serviront peut-être quelquefois comme remèdes momentanés, jamais ils ne formeront la base d'un édifice bien solide. » (p. 94-95 *supra* [N. d. É.])

1 [Note des auteurs] Je conviendrai que la *ré-éligibilité* des sujets est plus conforme aux véritables principes de la liberté, et qu'on ne devrait pas l'empêcher, pourvu qu'on ait la sûreté que l'abus du pouvoir ne puisse exister, et qu'une plus grande pluralité soit requise pour élire la même personne ; mais pour obtenir à cet égard la sûreté, il faudrait changer tout à fait le plan du gouvernement. Le pouvoir que la constitution proposée confère au président est tel, que plutôt que de le laisser rééligible, je consentirais à le changer tous les deux mois comme le doge de Lucques.

défaut que la constitution proposée renferme à cet égard, et qu'il eût rendu justice à l'écrivain qui s'est hâté d'en avertir ses concitoyens, et de démontrer la nécessité d'un acte solennel, où l'on fixe, avec toute la clarté possible, le pouvoir que le peuple ne pourrait, sans imprudence, confier à ses agents. Les raisonnements de M. Wilson sur ce point, sont tels que tout homme qui connaît la supériorité de ses talents, tirera de son apologie même des conséquences défavorables à sa cause.

Il a toujours existé comme il existe encore, parmi mes concitoyens, une erreur dangereuse. La prévention pour l'ancienne constitution[1], cette prévention enracinée depuis longtemps a fini par ériger en axiome l'idée de sa prétendue perfection ; en sorte qu'au lieu de regarder ce faux principe comme la source des maux actuels, on a cru les voir dans les articles où l'on s'en est écarté. Le cultivateur de New Jersey a le premier combattu cette erreur. Il n'a pas hésité de relever ouvertement des défauts qu'ensuite il approuve et admet dans la constitution fédérative, comme si cette constitution n'était pas au fond le même système : tant il est vrai que, quoique la raison agisse en liberté dans la théorie, souvent dans l'application des principes, elle se trouve étouffée par les préjugés[2].

« Je suis vraiment surpris », dit cet auteur au sujet des parties qui composent la constitution anglaise, « qu'il soit venu dans l'idée de MM. Adams et Delolme[3], et de plusieurs autres, d'élever un temple à la liberté avec de tels matériaux[4]. » Mais en quoi diffèrent les principes sur lesquels repose la constitution dont il s'agit ? Assurément les différences ne sont pas de nature à pouvoir nous rassurer. Ni les places du sénat, ni celle du président, ne sont héréditaires. Mais que toutes ces places, et même celles de représentant, ne puissent fort aisément le devenir un jour, c'est ce qui ne paraîtra que trop vraisemblable à tout esprit attentif et non prévenu.

---

1 C'est-à-dire ici la constitution de l'Angleterre.

2 [Note des auteurs] Il est inconcevable que le cultivateur de New Jersey, qui a si bien tourné en ridicule le système des balances, et qui a condamné si justement *le combat des pouvoirs armés les uns contre les autres* (*Examen du gouvernement d'Angleterre*, p. 32 [N. d. É.]), n'ait pas fait attention à l'équilibre imaginaire, ainsi qu'au contraste de pouvoirs qui se trouvent dans la constitution proposée.

3 L'*Examen du gouvernement d'Angleterre* est essentiellement une critique des ouvrages de John Adams, *Défense des constitutions de gouvernement des États-Unis d'Amérique* (1787), et de Jean-Louis de Lolme, *Constitution de l'Angleterre* (1771).

4 *Examen du gouvernement d'Angleterre*, p. 36.

Il admet le principe suivant, qui ne peut être contesté, « qu'on ne doit point déléguer plus de pouvoir qu'il ne convient à la bonne administration du gouvernement[1] ». Il n'est pas besoin d'une attention extraordinaire pour reconnaître qu'on n'a pas beaucoup respecté cette *maxime fondamentale*, sans laquelle un gouvernement libre ne pourra jamais se maintenir.

« Je n'ai point prétendu », dit le citoyen de Virginie dans le supplément aux *Recherches historiques et politiques sur les États-Unis*, « examiner scrupuleusement tout ce qui serait peut-être dans le cas de mériter une discussion ; par exemple si le pouvoir accordé au congrès n'est pas de nature à rendre presque nuls les gouvernements des états respectifs[2]. » Cet objet mérite d'être approfondi.

Il est de la plus grande importance que tous les citoyens d'un pays libre soient obligés, par la constitution même, de veiller à l'administration des affaires publiques fréquemment et à des époques fixes. L'éloignement du lieu où les affaires se traitent tend à refroidir le zèle pour le bien public, et le trop long intervalle de temps est propre à l'éteindre. Au contraire, une attention générale et soutenue entretient l'esprit d'égalité, augmente et répand les lumières, satisfait cette espèce d'ambition qui honore l'homme et tient, si j'ose m'exprimer ainsi, toute la nation aux aguets, en sorte que les germes funestes à la liberté peuvent être aisément étouffés dès leur principe.

Quoique l'ancien proverbe, *pour éviter Charybde tomber dans Scylla*, se vérifie tous les jours, on en profite peu. Si la constitution fédérative n'a pas le pouvoir nécessaire, les citoyens seront toujours prêts à remédier, pour l'avantage commun, aux inconvénients qui pourront résulter de ce défaut ; mais si son pouvoir est trop grand, infailliblement on verra quelques individus dont l'intérêt particulier ne cherchera qu'à le conserver, et même à l'augmenter. Ils formeront une ligue étroitement unie ; le corps des citoyens, épars et divisé, ne pourra, faute de force centrale, opposer aucune résistance. L'expérience ne nous apprend que trop, qu'en pareil cas la supériorité du nombre est une faible ressource.

Une fois que la constitution fédérative serait établie, telle qu'elle est proposée, et qu'elle aurait pris consistance, il n'est aucun objet dont le congrès ne pût se mêler, et dont il ne pût dépouiller les gouvernements

1 *Examen du gouvernement d'Angleterre*, p. 26.

2 P. 100 *supra*.

des états respectifs. Cet événement n'arriverait pas aussitôt; les ambitieux auraient la prudence d'attendre que le peuple se fût endormi à l'ombre de la sécurité, et qu'il se fût familiarisé avec le nouveau gouvernement. Mais dès que la force impérieuse de l'habitude aurait commencé de s'enraciner, l'amour du repos et la crainte faciliteraient infiniment l'usurpation du pouvoir suprême. La ligue n'aurait pas de peine à se former; moins de cent individus composent la chambre des représentants, le sénat, la présidence et la vice-présidence. Les troupes et le trésor public sont à leur disposition; ils sont juges de la quantité nécessaire, et ont droit de faire des levées d'hommes et d'argent, sans être astreints légalement, ni à désarmer, ni à rendre compte des finances. On ne doit pas se flatter qu'une ligue domestique puisse se découvrir et se dissiper aussi aisément qu'une ligue étrangère. Il serait encore difficile de déterminer les esprits à la combattre. Faute de moyens légaux, on serait réduit à chercher son unique ressource dans un soulèvement, auquel les hommes même les plus courageux s'opposeraient peut-être, arrêtés par l'horreur d'une guerre civile[1].

On dit que le président, s'il veut être continué dans son office, dépendra de la faveur du peuple, et qu'il ne manquera pas conséquemment de veiller à ses intérêts, et de s'opposer à tout dessein qui pourrait être pernicieux. Cette raison est de toutes la plus plausible pour excuser le pouvoir trop étendu que la constitution proposée lui accorde. Mais alors ne pourrait-on point demander s'il ne vaudrait pas mieux éviter le mal que de le faire naître et de rendre le remède nécessaire? Bien plus, ce ne pourrait être un remède, à moins que le destin, toujours propice à l'Amérique, ne lui procurât une succession d'hommes égaux en talents au général Washington. Sans cela le peuple aura seulement la nomination de cinq sujets, parmi lesquels la chambre des représentants nommera le président, et le sénat le vice-président. Voyons si la conjecture est bien fondée.

Dans chacun des états, le peuple doit élire autant d'hommes que son état envoie de députés aux deux chambres du congrès. Les élus doivent s'assembler et donner leur voix par scrutin à deux sujets, dont au moins

1 [Note des auteurs] C'est mal à propos qu'on a donné le nom de guerre civile à la guerre de la révolution. Parmi le petit nombre d'Américains qui refusèrent de soutenir la cause de la liberté, fort peu combattirent contre elle; et s'il s'est trouvé des Anglais, parents des Américains, qui aient porté les armes dans cette conjoncture, il faut que le nombre en ait été bien peu considérable, puisqu'on n'en a point entendu parler.

un doit être habitant d'un autre état. Les voix examinées, ils doivent en envoyer la liste cachetée au président du sénat qui doit l'ouvrir en présence des membres des deux chambres du congrès. S'il arrive qu'un seul ait la pluralité des voix des électeurs de tous les états, il est président, et le sénat doit élire le vice-président parmi les cinq qui en ont le plus après lui. Si plus d'un a la pluralité, le second est vice-président. S'il arrive que personne ne l'ait, la chambre des représentants doit élire le président parmi les cinq premiers, et le sénat doit élire le vice-président parmi les quatre autres, et le premier de ceux qui restent[1].

Il est aisé de concevoir combien il est peu vraisemblable que quelqu'un ait jamais la pluralité dans une élection de cette nature, à moins que quelque citoyen, par l'effet d'un mérite extraordinaire, n'acquière une réputation universelle. Mais les circonstances qui font paraître avec éclat les grands hommes sont bien rares. Il est d'ailleurs très vraisemblable qu'il ne s'en présentera plus de telles pour nous, et cela est fort à désirer. Si plusieurs citoyens d'un mérite transcendant parvenaient à se faire un grand nom, il serait encore peu vraisemblable qu'aucun d'eux eût la pluralité, et l'invraisemblance serait en proportion de leur nombre. S'il y en avait quatre, et s'ils étaient les premiers sur la liste, les représentants pourraient les exclure tous, et leur préférer le cinquième, quoique sans mérite, s'ils le trouvaient plus propre à leurs vues.

Au reste, comme la nouvelle constitution porte expressément que pour y faire les changements nécessaires, les suffrages réunis de neuf états suffiront[2], il est à désirer qu'on l'adopte malgré tous ses défauts. Le remède sera praticable, lorsqu'il ne faudra plus que le concours de neuf états. Suivant la présente constitution, il faut le concours de tous les treize, et la raison, l'expérience, tout en un mot démontre l'absurdité d'une pareille loi. Rien de plus absurde que de demander l'unanimité parfaite de treize états, toutes les fois qu'on découvrira quelque chose à corriger dans leur constitution confédérative. Autant vaudrait, pour ainsi dire, défendre d'y rien jamais changer.

---

1 Cette description n'est pas tout à fait exacte pour ce qui concerne l'élection du vice-président. Par ailleurs, cette procédure électorale a été légèrement modifiée par le 12e amendement (1804), en demandant notamment aux grands électeurs de distinguer leur vote pour président et leur vote pour vice-président.

2 Ceci est le minimum requis pour la ratification de la constitution elle-même (article VII) ; le minimum requis pour la ratification des amendements est l'approbation de trois quarts des états (article V).

Ce serait *le liberum veto*[1] des Polonais. Tout le mal qui vous arrive, disait quelqu'un il n'y a pas longtemps aux patriotes hollandais, vient de cette erreur de votre *soi-disant* constitution, qui, dans plusieurs cas importants, demande une parfaite unanimité. Si vos ancêtres avaient examiné dans le dictionnaire du sens commun la définition d'*unanimité parfaite*, ils y auraient trouvé *discorde perpétuelle.* « L'unanimité », dit le comte Wielhorski, « est contraire à l'esprit et au but de toute société ; bien loin de concourir au maintien de la liberté, elle ne fait que détruire l'égalité parmi les citoyens ; celui qui use du droit du *liberum veto*, suite naturelle de l'unanimité, enchaîne la volonté de tous ses compatriotes, et exerce sur eux l'acte le plus despotique[2]. »

L'unanimité qu'exige la présente constitution des États-Unis ne peut être qu'extrêmement rare. En vain les améliorations les plus utiles seront-elles proposées ; il suffira qu'un seul état ne juge pas à propos de les accepter, et le concours des douze autres sera forcé de céder à l'intérêt ou au caprice d'un seul. C'est ainsi que le mal s'enracine, s'étend, se multiplie, et l'on ne peut plus le détruire que par les remèdes les plus violents[3].

---

1 Droit de veto accordé à tous les membres de la Diète polonaise.

2 [Note des auteurs] *Essai sur le rétablissement de l'ancienne forme du gouvernement de Pologne*, Londres, 1775, pages 168-169.

3 [Note des auteurs] Le lecteur peut consulter le supplément aux *Recherches historiques et politiques sur les États-Unis*, s'il désire de plus grands détails sur la nouvelle constitution.

BIBLIOGRAPHIE

ŒUVRES DE CONDORCET

RECUEILS

Œuvres complètes de Condorcet, éd. Mme M.-L.-S. de Condorcet, A.-A. Barbier, P.-J.-G. Cabanis et D.-J. Garat, 21 vol., Brunswick, chez Vieweg, et Paris, chez Henrichs, Fuchs, Kœnig, Levrault et Schoell, 1804 (édition Cabanis). Édition préparée sous la direction de la femme de Condorcet, Sophie de Grouchy, marquise de Condorcet.

Œuvres de Condorcet, éd. A. Condorcet O'Connor et M. F. Arago, 12 vol., Paris, Firmin Didot, 1847 (édition Arago). Réimpression : Stuttgart-Bad Cannstatt, Friedrich Frommann Verlag, 1968. Édition préparée à l'initiative de la fille de Condorcet, Éliza Condorcet O'Connor.

Ces deux éditions sont loin d'être complètes dans la mesure où elles omettent les ouvrages scientifiques et d'autres textes.

PRINCIPALES ÉDITIONS ANTÉRIEURES DES ŒUVRES INCLUSES DANS LA PRÉSENTE ÉDITION

[*Influence de la Révolution de l'Amérique sur l'Europe*], s. l., s. n., s. d. [1786]. Bibliothèque Nationale, cote 8-PB-4016.

Influence de la Révolution de l'Amérique sur l'Europe, dans Filippo Mazzei, *Recherches historiques et politiques sur les États-Unis de l'Amérique Septentrionale*, 4 vol., Colle (Virginie) et Paris, chez Froullé, 1788, t. 4, p. 237-283.

De l'influence de la Révolution de l'Amérique sur l'Europe, édition Cabanis, t. 11, p. 235-294.

De l'influence de la Révolution d'Amérique sur l'Europe, édition Arago, t. 8, p. 1-42.

De l'influence de la Révolution d'Amérique sur l'Europe, éd. Pierre Musso, Houilles, Éditions Manucius, 2010.

« Supplément », dans Filippo Mazzei, *Recherches historiques et politiques sur les*

États-Unis de l'Amérique Septentrionale, 4 vol., Colle (Virginie) et Paris, chez Froullé, 1788, t. 4, p. 284-364.
« Supplément », édition Cabanis, t. 11, p. 295-395.
« Supplément », édition Arago, t. 8, p. 43-113.
Idées sur le despotisme, édition Cabanis, t. 12, p. 203-242.
Idées sur le despotisme, édition Arago, t. 9, p. 145-173.
Éloge de M. Franklin, Paris, chez Pyre et chez Petit, 1791.
Éloge de Franklin, dans Condorcet, *Éloges des académiciens de l'Académie royale des sciences, morts depuis l'an 1666, jusqu'en 1790 ; suivis de ceux de l'Hôpital et de Pascal*, 5 vol., Brunswick et Paris, chez Vieweg et chez Fuchs, 1799, t. 5 : *Éloges des académiciens de l'Académie royale des sciences, morts depuis l'an 1789*, p. 3-93.
Éloge de Franklin, édition Cabanis, t. 4, p. 91-165.
Éloge de Franklin, édition Arago, t. 3, p. 372-423.

PRINCIPALES ÉDITIONS MODERNES D'AUTRES ŒUVRES DE CONDORCET

Réflexions sur l'esclavage des nègres, et autres textes abolitionnistes, éd. David Williams, Paris, l'Harmattan, 2003.
Réflexions sur l'esclavage des nègres (1781/1788), éd. Jean-Paul Doguet, Paris, GF-Flammarion, 2009.
Sur l'admission des femmes au droit de cité (1790), dans Condorcet *et al.*, *Paroles d'hommes (1790-1793)*, éd. Élisabeth Badinter, Paris, P.O.L, 1989, p. 53-62.
Cinq mémoires sur l'instruction publique (1791), éd. Charles Coutel et Catherine Kintzler, Paris, GF-Flammarion, 1994.
Sur les élections, et autres textes (1782-1794), textes choisis et revus par Olivier de Bernon, Paris, Fayard, 1986. – Ce volume contient :
« Discours préliminaire » de l'*Essai sur l'application de l'analyse à la probabilité des décisions rendues à la pluralité des voix.*
Discours de réception à l'Académie Française.
Lettres d'un bourgeois de New Haven à un citoyen de Virginie, sur l'inutilité de partager le pouvoir législatif entre plusieurs corps.
Essai sur la constitution et les fonctions des assemblées provinciales (première partie).
Sur la forme des élections.
Sur les élections.
Éléments du calcul des probabilités, et son application aux jeux de hasard, à la loterie, et aux jugements des hommes ; avec un discours sur les avantages des mathématiques sociales (*Tableau général de la science qui a pour objet l'application du calcul aux sciences politiques et morales*).

Sur la persistance de l'âme.
Esquisse d'un tableau historique des progrès de l'esprit humain (1795), éd. O. H. Prior, Paris, Vrin, 1970.
Esquisse d'un tableau historique des progrès de l'esprit humain, éd. Monique et François Hincker, Paris, Éditions Sociales, 1971.
Esquisse d'un tableau historique des progrès de l'esprit humain, suivi de Fragment sur l'Atlantide, éd. Alain Pons, Paris, GF-Flammarion, 1988.
Tableau historique des progrès de l'esprit humain : projets, esquisse, fragments et notes (1772-1794), éd. Jean-Pierre Schandeler et Pierre Crépel *et al.*, Paris, Institut national d'études démographiques, 2004.

ŒUVRES D'AUTEURS CONTEMPORAINS DE CONDORCET

ADAMS, John, *Défense des constitutions américaines, ou De la nécessité d'une balance dans les pouvoirs d'un gouvernement libre*, trad. D. Leriguet, 2 vol., Paris, chez Buisson, 1792. Original : *A Defence of the Constitutions of Government of the United States of America*, 3 vol., New York, Da Capo Press, 1971 (1787).

BRISSOT DE WARVILLE, Jacques-Pierre, *Nouveau voyage dans les États-Unis de l'Amérique Septentrionale, fait en 1788*, 3 vol., Paris, chez Buisson, 1791.

CHASTELLUX, François-Jean de Beauvoir, marquis de, *Voyages dans l'Amérique Septentrionale dans les années 1780, 1781 et 1782* (1786), Paris, Tallandier, 1980.

CONSTANT, Benjamin, *De l'esprit de conquête et de l'usurpation, dans leurs rapports avec la civilisation européenne* (1814), éd. Éphraïm Harpaz, Paris, GF-Flammarion, 1986.

CONSTANT, Benjamin, « De la liberté des anciens comparée à celle des modernes » (1819), dans *De l'esprit de conquête et de l'usurpation*, p. 265-291.

CRÈVECŒUR, J. Hector St. John de, *Lettres d'un cultivateur américain, écrites à W. S. écuyer, Depuis l'Année 1770, jusqu'à 1781*, 2 vol., Paris, chez Cuchet, 1784. Original : *Letters from an American Farmer* (1782), éd. Albert E. Stone, Harmondsworth (GB) et New York, Penguin, 1981.

FRANKLIN, Benjamin, *La Science du bonhomme Richard, ou, Moyen facile de payer les impôts*, trad. Antoine-François Quétant, Philadelphie et Paris, chez Ruault, 1777. Original : *Poor Richard's Almanack* (1732-1758), dans *Autobiography, Poor Richard, and Later Writings*, éd. J. A. Leo Lemay, New York, Library of America, 1997.

FRANKLIN, Benjamin, *Autobiographie* (1791), trad. Jean Castéra, dans *Moi, Benjamin Franklin, citoyen du monde, homme des Lumières*, éd. Jean Audouze, Paris, Dunod, 2006.

LOLME, Jean-Louis de, *Constitution de l'Angleterre ou État du gouvernement anglais comparé avec la forme républicaine et avec les autres monarchies de l'Europe* (1771), éd. Jean-Fabien Spitz, Paris, Dalloz, 2008.

MABLY, Gabriel Bonnot de, abbé, *Observations sur le gouvernement et les lois des États-Unis d'Amérique*, Amsterdam, J. F. Rosard, 1784.

MAZZEI, Filippo, *Recherches historiques et politiques sur les États-Unis de l'Amérique Septentrionale*, 4 vol., Colle (Virginie) et Paris, chez Froullé, 1788.

MONTESQUIEU, *De l'esprit des lois* (1748), éd. Robert Derathé, 2 vol., Paris, Classiques Garnier, 1973.

PAUW, Cornelius de, *Recherches philosophiques sur les Américains* (1768), 2 vol., Paris, Jean-Michel Place, 1990 (1774).

RAYNAL, Guillaume-Thomas, abbé, *Histoire philosophique et politique des établissements et du commerce des Européens dans les deux Indes*, 10 vol., Genève, Jean-Léonard Pellet, 1780.

The Records of the Federal Convention of 1787, éd. Max Farrand, 3 vol., New Haven, Yale University Press, 1911-1937.

ROUSSEAU, *Du contrat social* (1762), dans *Œuvres complètes*, éd. Bernard Gagnebin et Marcel Raymond, 5 vol., Paris, Gallimard, coll. « Pléiade », 1959-1995, t. 3, p. 347-470.

STEVENS, John, *Examen du gouvernement d'Angleterre, comparé aux constitutions des États-Unis*, Londres et Paris, chez Froullé, 1789. Original : *Observations on government, including some animadversions on Mr. Adams's Defence of the constitutions of government of the United States of America : and on Mr. De Lolme's Constitution of England*, New York, W. Ross, 1787.

ÉTUDES SUR CONDORCET

ÉTUDES GÉNÉRALES

ALENGRY, Franck, *Condorcet, guide de la Révolution française, théoricien du droit constitutionnel et précurseur de la science sociale*, Paris, Giard et Brière, 1903.

BADINTER, Élisabeth et Robert, *Condorcet. Un intellectuel en politique*, Paris, Fayard, 1988.

BAKER, Keith M., *Condorcet, raison et politique*, trad. Michel Nobile, Paris, Hermann, 1988. Original : *Condorcet. From Natural Philosophy to Social Mathematics*, Chicago et Londres, University of Chicago Press, 1975.

CAHEN, Léon, *Condorcet et la Révolution française*, Paris, Alcan, 1904.

CHOUILLET, Anne-Marie, et CRÉPEL, Pierre (édit.), *Condorcet, homme des Lumières et de la Révolution*, Fontenay/Saint-Cloud, ENS Éditions, 1997.

CRAMPE-CASNABET, Michèle, *Condorcet, lecteur des Lumières*, Paris, Presses Universitaires de France, 1985.

CRÉPEL, Pierre, et GILAIN, Christian (édit.), *Condorcet, mathématicien, économiste, philosophe, homme politique*, Paris, Minerve, 1989.

ROSENFIELD, Leonora C. (édit.), *Condorcet Studies I*, Atlantic Highlands (New Jersey), Humanities Press, 1984.

WILLIAMS, David (édit.), *Condorcet Studies II*, New York, Peter Lang, 1987.

WILLIAMS, David, *Condorcet and Modernity*, Cambridge, Cambridge University Press, 2004.

ÉTUDES SUR CONDORCET ET L'AMÉRIQUE

ALBERTONE, Manuela, « Condorcet, Jefferson et l'Amérique », dans Chouillet et Crépel, *Condorcet*, p. 187-199.

ALDRIDGE, Alfred O., « Condorcet et Paine : Leurs rapports intellectuels », *Revue de littérature comparée*, n° 32, 1958, p. 49-65.

ALDRIDGE, Alfred O., « Condorcet, Paine, and Historical Method », *Condorcet Studies I*, p. 49-60.

DIPPEL, Horst, « Condorcet et la discussion des constitutions américaines en France avant 1789 », dans Chouillet et Crépel, *Condorcet*, p. 201-206.

GIDNEY, Lucy M., *L'Influence des États-Unis d'Amérique sur Brissot, Condorcet et Mme Roland*, Paris, Rieder, 1930.

HUGGINS, Dorette, « John Adams et ses réflexions sur Condorcet », dans Chouillet et Crépel, *Condorcet*, p. 207-221.

LUDASSY, Maria, « La tradition libérale divisée : Condorcet et Burke devant les révolutions anglaise, américaine et française », dans Crépel et Gilain, *Condorcet*, p. 341-348.

MCLEAN, Iain, et HEWITT, Fiona, « Condorcet and the Americans : bicameralism and the separation of powers », dans *Condorcet. Foundations of Social Choice and Political Theory*, éd. et trad. Iain McLean et Fiona Hewitt, Aldershot (GB) et Brookfield (Vermont), Edward Elgar, 1994, p. 64-69.

MCLEAN, Iain, et URKEN, Arnold B., « Did Jefferson or Madison understand Condorcet's theory of social choice ? », *Public Choice*, vol. 73, n° 4, 1992, p. 445-457.

ROSENBLUM, Victor G., « Condorcet as Constitutional Draftsman », *Condorcet Studies I*, p. 187-205.

ROSENKRANZ, Nicholas Q., « Condorcet and the Constitution : A Response to *The Law of Other States* », *Stanford Law Review*, vol. 59, n° 5, 2007, p. 1281-1308.

SCHOFIELD, Norman, « The intellectual contribution of Condorcet to the founding of the US Republic 1785-1800 », *Social Choice and Welfare*, vol. 25, n° 2-3, 2005, p. 303-318.

SCHOFIELD, Norman, « Madison, Jefferson, and Condorcet », dans *Architects of Political Change : Constitutional Quandaries and Social Choice Theory*, Cambridge et New York, Cambridge University Press, 2006, p. 98-134.

URKEN, Arnold B., « Condorcet-Jefferson : un chaînon manquant dans la théorie du choix social ? », dans Crépel et Gilain, *Condorcet*, p. 107-118.

URKEN, Arnold B., « The Condorcet-Jefferson connection and the origins of social choice theory », *Public Choice*, vol. 72, n° 2-3, 1991, p. 213-236.

AUTRES ÉTUDES SUR CONDORCET

ALBERTONE, Manuela, « Enlightenment and Revolution : The Evolution of Condorcet's Ideas on Education », *Condorcet Studies I*, p. 131-144.

ANSART, Guillaume, « Condorcet, Social Mathematics, and Women's Rights », *Eighteenth-Century Studies*, vol. 42, n° 3, 2009, p. 347-362.

BAKER, Keith M., « Condorcet », *Dictionnaire critique de la Révolution française*, édit. François Furet et Mona Ozouf, 4 vol., Paris, Flammarion, 1992, t. 1 (« Acteurs »), p. 113-128.

BENOT, Yves, « Condorcet journaliste et le combat anti-esclavagiste », dans Crépel et Gilain, *Condorcet*, p. 376-384.

BROOKES, Barbara, « The Feminism of Condorcet and Sophie de Grouchy », *Studies on Voltaire and the Eighteenth Century*, n° 189, 1980, p. 297-361.

CAILLAUD, Eugène, *Les idées économiques de Condorcet*, Poitiers, Bousrez, 1908.

COUTEL, Charles, *Condorcet, instituer le citoyen*, Paris, Michalon, 1999.

FRICHEAU, Catherine, « Les femmes dans la cité de l'*Atlantide* », dans Crépel et Gilain, *Condorcet*, p. 355-369.

GAINOT, Bernard, « La réception de Condorcet dans les milieux néo-jacobins sous le Directoire », dans Chouillet et Crépel, *Condorcet*, p. 263-271.

GROFMAN, Bernard, et FELD, Scott L., « La volonté générale de Rousseau : une perspective condorcetienne », dans Crépel et Gilain, *Condorcet*, p. 101-106.

JURT, Joseph, « Condorcet : l'idée de progrès et l'opposition à l'esclavage », dans Crépel et Gilain, *Condorcet*, p. 385-395.

KINTZLER, Catherine, *Condorcet : l'instruction publique et la naissance du citoyen*, Paris, Le Sycomore, 1984.

KINTZLER, Catherine, « Trois modèles politiques. Condorcet, critique de Montesquieu et de Rousseau », dans *La République en questions*, Paris, Minerve, 1996, p. 175-190.

MAGRIN, Gabriele, *Condorcet : un costituzionalismo democratico*, Milan, FrancoAngeli, 2001.

POPKIN, Richard H., « Condorcet, Abolitionist », *Condorcet Studies I*, p. 35-47.

REICHARDT, Rolf, *Reform und Revolution bei Condorcet. Ein Beitrag zur späten Aufklärung in Frankreich*, Bonn, Röhrscheid, 1973.

REY, Roseline, « Histoire et philosophie des sciences dans les Éloges de Condorcet », dans Crépel et Gilain, *Condorcet*, p. 214-224.

ROTHSCHILD, Emma, *Economic Sentiments : Adam Smith, Condorcet, and the Enlightenment*, Cambridge, Harvard University Press, 2001.

WILLIAMS, David, « Condorcet and the art of eulogy », *Voltaire and his World*, édit. Robin J. Howells *et al.*, Oxford, Voltaire Foundation, 1985, p. 363-380.

AUTRES ÉTUDES

ALBERTONE, Manuela, et DE FRANCESCO, Antonino (édit.), *Rethinking the Atlantic World. Europe and America in the Age of Democratic Revolutions*, Houndmills (GB), Palgrave Macmillan, 2009.

ALDRIDGE, Alfred O., *Benjamin Franklin et ses contemporains français*, Paris, Didier, 1963.

ANSART, Guillaume, « Variations on Montesquieu : Raynal and Diderot's *Histoire des deux Indes* and the American Revolution », *Journal of the History of Ideas*, vol. 70, n° 3, 2009, p. 399-420.

APPLEBY, Joyce, « America as a Model for the Radical French Reformers of 1789 », *William and Mary Quarterly*, vol. 28, n° 2, 1971, p. 267-286.

BAKER, Keith M., « Political languages of the French Revolution », *The Cambridge History of Eighteenth-Century Political Thought*, édit. Mark Goldie et Robert Wokler, Cambridge, Cambridge University Press, 2006, p. 626-659.

DUCHET, Michèle, *Diderot et l'*Histoire des deux Indes *ou l'Écriture fragmentaire*, Paris, Nizet, 1978.

ECHEVERRIA, Durand, *Mirage in the West : A History of the French Image of American Society to 1815*, New York, Octagon Books, 1966 (1957).

GERBI, Antonello, *La disputa del Nuovo Mondo ; storia di una polemica, 1750-1900*, Milan, Ricciardi, 1955.

HABERMAS, Jürgen, *L'Espace public : archéologie de la publicité comme dimension constitutive de la société bourgeoise*, trad. Marc B. de Launay, Paris, Payot, 1978. Original : *Strukturwandel der Öffentlichkeit. Untersuchungen zu einer Kategorie der bürgerlichen Gesellschaft*, Neuwied et Berlin, Luchterhand, 1962.

JENNINGS, Jeremy, « The Debate about Luxury in Eighteenth- and Nineteenth-Century French Political Thought », *Journal of the History of Ideas*, vol. 68, n° 1, 2007, p. 79-105.

LACORNE, Denis, *L'invention de la république. Le modèle américain*, Paris, Hachette, 1991.

LUTZ, Donald S., « The Relative Influence of European Writers on Late Eighteenth-Century American Political Thought », *American Political Science Review*, vol. 78, n° 1, 1984, p. 189-197.

MANIN, Bernard, « Montesquieu », dans Furet et Ozouf, *Dictionnaire de la Révolution française*, t. 4 (« Idées »), p. 315-338.

MARGAIRAZ, Dominique, « La querelle du luxe au XVIIIe siècle », *Le luxe en France du siècle des Lumières à nos jours*, édit. Jacques Marseille, Paris, ADHE, 1999, p. 25-37.

PAUL, Charles B., *Science and Immortality : The* Éloges *of the Paris Academy of Sciences (1699-1791)*, Berkeley, University of California Press, 1980.

RAYNAUD, Philippe, « Révolution américaine », dans Furet et Ozouf, *Dictionnaire de la Révolution française*, t. 4 (« Idées »), p. 437-455.

RÉTAT, Pierre, « Luxe », *Dix-huitième siècle*, n° 26, 1994, p. 79-88.

INDEX DES NOMS PROPRES

INDEX DES ŒUVRES DE CONDORCET

TABLE DES MATIÈRES

IMPRIM'VERT®

Achevé d'imprimer par Corlet Numéric,
Z.A. Charles Tellier, Condé-en-Normandie (Calvados),
en juin 2021
N° d'impression : 172138 - dépôt légal : juin 2021
Imprimé en France